Peter Orban · Die Reise des Helde

Peter Orban

Die Reise des Helden

Die Seele auf der Suche nach sich selbst

Kösel-Verlag München

Dieses Buch widme ich
Andy
dessen Seele mir die Kraft
zur Versöhnung gab

CIP-Kurztitelaufnahme der Deutschen Bibliothek

Orban, Peter:
Die Reise des Helden : d. Seele auf d. Suche nach
sich selbst / Peter Orban. – München : Kösel, 1983. –
ISBN 3-466-34081-0

ISBN 3-466-34081-0

Gesamtherstellung: Kösel, Kempten.
Umschlag: Günther Oberhauser, München.

Inhalt

Mit Gott ging Noah. Noah hing Gott so sehr an, daß ihm jeder Schritt, den er tat, von Gott geleitet schien, als stünde Gott ihm gegenüber und setzte ihm die Füße zurecht und führte ihn, wie ein Vater, der seinem kleinen Sohn das Gehen beibringt.
Darum, wenn sich der Vater von ihm entfernte, wußte Noah: »Das ist, damit ich gehen lerne.«

(Dem Baal Schem Tow zugeschrieben)

Einleitung

Dieses Buch hat keinen einheitlichen Gegenstand, und doch kreist es unaufhörlich um dasselbe Thema. Dieses Thema ist noch am ehesten mit dem amerikanischen Wort des »soul-making« zu benennen. Das heißt, es geht um ein »Bearbeiten von Seele«, es geht um Arbeit an der Seele.
Keinesfalls darf das mißverstanden werden – so als könne jemand eines anderen Seele bearbeiten. Es geht *immer* um Arbeit an der eigenen Seele.
Immer wieder entsteht ein heilloses Durcheinander, wenn in Büchern über Psychologie oder Therapie so getan wird, als handele es sich um fremde »Psychen«, über die man etwas sagen könne, oder die man gar aufschließen könne. Und das gleiche Durcheinander entsteht, wenn man sich einbildet (wie ich es jahrelang getan habe), man therapiere *andere,* ohne zu sehen, daß es dabei um etwas ganz anderes geht: um die *eigene* Seele, die in jeder Therapiesitzung ihr alter ego findet, ihren anderen Teil, ihren fehlenden Teil.
Aber dieses Buch handelt nicht von Therapie, es handelt nur auch davon. Ich bin der tiefen Überzeugung, daß Therapie sich heute weit von ihrer ursprünglichen Bedeutung entfernt und zu einer heillosen Einengung auf eine Zweier-Beziehung geführt hat, die in keinem Verhältnis mehr zu dem steht, was damit gemeint sein könnte und ehedem mit »Therapeia« auch gemeint war: die »Arbeit der Götter« tun. Ob man das nun allein, zu zweit oder mit vielen tut, ist dieser Arbeit gegenüber gleichgültig. Es macht keinen Unterschied, denn es bleibt immer *Arbeit.*
Ich werde mich diesem Thema der »Arbeit an der Seele« von vielen Seiten her nähern. Mir schwebt vor, das sternförmig zu tun, von der Peripherie jeweils strahlförmig zum Kern hin. Je

mehr ich allerdings zur Mitte hin gerate (ich werde sie nie erreichen), desto mehr werde ich in Bildern, in Analogien, in Signaturen, in Symbolen reden müssen. Die Mitte der Seele ist nicht mehr sagbar; in ihr kann man *sein,* wer aber über sie redet, wer ihren Namen nennt, kennt sie nicht.

Ich werde also in diesem Buch um die Seele herumreden, ich werde um die Seele herumlaufen, wie Rumpelstilzchen um sein Feuer, und der Leser tut gut daran, mich nicht ernst zu nehmen, denn im Gegensatz zu Rumpelstilzchen weiß ich *nicht,* wie ich heiße.

Und so ist auch dieses Buch zu verstehen: Es ist geschrieben aus meiner Ratlosigkeit, weder zu wissen, wo ich stehe, noch zu wissen, was ich tue. Es ist der Versuch, ein wenig meine eigene Heldenreise zu systematisieren und vielleicht die eine oder andere Etappe dieses langen Weges zu be-greifen. Es ist soul-making. Und ich weiß hier – an dieser Stelle – nicht, in welche Gegenden es mich führen wird. Oder den Leser. Weite Strecken des Buches werde ich in Trance schreiben – die Augen nach außen geschlossen und nach innen geöffnet.

Ich empfehle dem Leser, das Buch ebenso zu lesen. Schließe also die Augen nach außen und öffne sie nach innen! Wie du dabei dieses Buch lesen sollst, wirst du fragen. Es ist paradox – aber gerade darum geht es!

Kapitel 1: Logik

> Ich möchte zwar um keinen Preis sündigen; aber wenn ich gesündigt habe, so möchte ich um keinen Preis nicht gesündigt haben.
>
> (Meister Eckehart)

Hat die Seele Logik? Ist die Seele logisch? Wohl kaum. Was ist die Seele? Was ist Logik? Irgendwo müssen wir anfangen. Logik fragt nach dem Grund. Logik fragt: Was folgt aus was? Logik fragt nach Ursachen. Welches Ereignis A ist die Ursache für den Zustand B. Und wenn ein Ereignis A die Ursache für den Zustand B ist, kann ich dann jedesmal beim Auftreten von Zustand B automatisch auf das Vorliegen von A schließen? In der Logik heißt das Kausalität. A ist die causa für B. Wenn A dann B.

Dazwischen liegt die Zeit. Denn ohne Zeit geht es nicht. Und sei es, daß es sich nur um Bruchteile von Sekunden handelt. Wenn A dann B, heißt notwendigerweise: A muß zeitlich zuerst da sein. Logik braucht Zeit. Eigentlich eine bestimmte Abfolge von Zeit, nämlich eine Art *Gleichmaß,* und wir haben uns angewöhnt, es als eine Achse zu betrachten, die gleichförmig (zumindest in Gedanken) in den Stationen Vergangenheit – Gegenwart – Zukunft verläuft. Wie eine Straßenbahn an drei Haltestellen: A-Straße, B-Straße und C-Straße. An der A-Straße ist die Bahn schon vorbei (vor drei Minuten), auf der B-Straße steht sie jetzt und zur C-Straße kommt sie bald (in drei Minuten), sofern nicht irgend etwas dazwischenkommt.

Das gehört als Zeitmodell in die normale Logik. Linearität. Wir wissen, daß es so ist. Wir wissen, daß wir einmal 10 Jahre jünger waren (damals vor 10 Jahren), das ist vergangen. Und wir wissen, daß wir heute – jetzt, in diesem Augenblick – x Jahre alt sind (jedesmal wenn irgendwo x steht, sollte der Leser sein eigenes Alter einsetzen). Und wenn nichts dazwischenkommt, werden wir heute in 10 Jahren x + 10 Jahre alt sein . . . Das alles wissen wir.

Oder? Woher wissen wir, wie es in der Vergangenheit war – vor 10 Jahren? Waren wir da? Waren wir jemals in der Vergangenheit? Nie! Noch niemals war jemand 10 Jahre jünger. Denn damals, als wir x – 10 Jahre alt waren, waren wir nicht in der Vergangenheit. Wir waren damals hier – im Jetzt, nicht in der Vergangenheit. Und niemand war in der Zukunft (x + 10) und niemand wird je in der Zukunft sein, denn am Punkt x + 10 werden wir wieder im Jetzt sein (wenn nichts dazwischenkommt). Woher also wissen wir, daß es Zeit gibt? Wir schließen es, es ist logisch. Wir sind nie in der Zeit. Nie! Wir sind immer nur auf dem Punkt. Immer da. Immer im absoluten Jetzt. In dieser Sekunde – hier. In dieser Tausendstelsekunde. Der Leser sollte einmal das Wort »jetzt« sagen, sich aber genügend vorbereitete Zeit nehmen – *jetzt* – und dann genügend Zeit, das Jetzt auszusprechen – »jetzt« – und jetzt genügend Zeit, das Jetzt verklingen zu lassen: *jetzt.*

Wo ist das »Jetzt geblieben? Es ist nicht mehr da. Es ist verschwunden. Wohin? In die Vergangenheit? Was ist die Vergangenheit? Ist es ein Ort, in dem alle Jetzte aufbewahrt liegen, alle Jetzte der Menschheit? Alle Lebenden, alle Toten? Und wie ist es in der Zukunft? Wo ist das Jetzt, das du vielleicht sagst, wenn du diese Zeilen liest, also lange nachdem ich sie – jetzt – hingeschrieben habe? Wo sind diese Jetzte *jetzt?* Sie sind noch nicht geboren? Aber gesät – mit diesen Zeilen? Sind diese Zeilen die Ursache – causa – für die Jetzte der Leser in der Zukunft? Für die Jetzte, die jemand sagen wird, wenn ich schon längst andere Dinge tun werde (wenn nichts dazwischenkommt)?

Und wenn diese Zeilen die Ursache für die Jetzte des Lesers in der Zukunft sind – was ist dann causa dieser Zeilen? Was also sind die Ursachen der Ursachen? Mein Wunsch, ein Buch zu schreiben? Und dafür die Ursachen? Mein Wunsch, mehr Klarheit in meine Gedanken zu bringen? Und dafür die

Ursachen? Meine Erfahrungen der letzten Jahre? Und dafür...?
Ich kann dieses Fragen nach den Ursachen jetzt so weit treiben, daß ich am Punkt meiner Geburt anlange, ja sogar noch weiter, denn auch meine Eltern haben zu tun mit diesem Jetzt, das du – der Leser – vielleicht gerade sagst (während ich dies schreibe oder – später – während du dies liest). Also sind meine Eltern die Ursache für dein Jetzt? Wohl kaum. Auch nicht deren Eltern.*
Halten wir hier einen Moment inne.
Der Leser wird sich schon seit einiger Zeit fragen, was dieses Fragen soll und wann denn die Pointe kommen mag. Ich antworte: Weder gibt es eine Pointe, noch gibt es Antworten. Jedenfalls weiß ich sie nicht. Ich werde das ganze Buch hindurch oft Fragen stellen – ich weiß die Antworten nicht, und wenn es eine Pointe gibt, so diese: Ich weiß oft noch nicht einmal die Fragen. Aber deshalb schreibe ich ja dieses Buch!
Früher, als ich – theoretisch versiert – noch alle Antworten wußte, oder zumindest die meisten, hatte ich noch ganz klare Fragen. Heute, nachdem ich durch eine harte Schule gehen mußte und meine Unkenntnis mir immer schmerzhafter deutlich wurde, *vermute* ich, daß es überhaupt nicht um die Antworten geht – jede Antwort wirft nämlich sofort eine neue Frage auf –, sondern um das Fragen selbst. Es ist eine noch sehr zerbrechliche Erfahrung in mir, daß in dem Moment, in dem die Frage richtig gestellt ist, der Nebel verschwindet, der Spuk sich lichtet, und es erscheint nicht etwa die Antwort, sondern *die Frage verschwindet!*
Vielleicht macht ein Bild diesen Sachverhalt etwas deutlicher: Als Parzival nach einem langen äußeren Kampf, der eigentlich

* Wir betreten hier einen Boden, den die Philosophen den »regressus in infinitum« nennen, also eine Begründung, die im Unendlichen liegt. Und weil Philosophen auch einmal ihre Ruhe haben müssen, sagten sie eines Tages, es gäbe eine »prima causa«, einen Ursachen-Anfang. Und je nach Gusto haben sie diesen Uranfang »Gott«, »Weltgeist«, »Logos« (»Im Anfang war das Wort...«), »Tao« oder ähnlich benannt.

ein innerer war, endlich die erlösende Frage stellt: »Oeheim, waz wirret dir?« (Oheim, was fehlt dir?), bekommt er darauf nicht etwa eine Antwort, sondern er wird Gralskönig. Und der Oheim, der eine tiefe Wunde litt, wird augenblicklich an der Frage gesund. Nichts mehr »wirret« ihn. Die Frage *ist* die sofortige Heilung. Die Frage schließt die Wunde. Das nenne ich Therapie!

Aber mich wirret noch sehr viel. Vieles macht mich wirr. Also frage ich weiter.

Um dieses Bild aus dem Gralsmythos noch etwas weiter zu treiben: Parzival wurde von seiner Mutter in ein Narrenkostüm gesteckt und in die Welt geschickt – so etwas trügen eben alle Ritter, erzählte sie ihm. Und dort ist er jetzt unfreiwillig der »reine Tor«. Er bildet sich ein, alles zu wissen (seine Mutter hatte ihm doch die drei wichtigsten Lebensregeln mit auf den Weg gegeben), und so eckt er mit seinem »Wissen« immer wieder an und muß bittere Schmerzen leiden. Das Wichtigste freilich hatte sie ihn nicht gelehrt: zu fragen! Und jetzt beginnt eine Heldenreise gigantischen Ausmaßes mit Tausenden von Toten, mit Schmerz und Tränen. So lange, bis er am Ende eines langes Weges dies gelernt hat: zu fragen »Waz wirret dir?«

Zurück zur Logik.

Jede Frage nach den Ursachen führte, wie wir sahen, sofort zu einer neuen Frage nach der Ursache für die Ursache. Logiker mögen von diesem Regreß absehen und sagen können, uns interessiert aber nur die unmittelbare Ursache. Jeder weitere Schritt erfordert eine neue Frage. Jemand, der mit der Seele liebäugelt, darf so blauäugig nicht sein.

Was ist die Ursache dafür, daß jemand in einer überfüllten Straßenbahn einen Schweißausbruch bekommt? Warum beginnt er zu zittern? Warum befällt ihn Angst? Warum kriegt er kaum noch Luft?

- Er ist falsch programmiert (konditioniert) worden: irgendwann einmal ist er für diese Verhaltensweise indirekt belohnt worden, hat Zuwendung erhalten, als er dieses Verhalten ein erstes Mal ausprobierte, jetzt hat es sich in ihm festgesetzt – sagen die *Verhaltenstherapeuten* und versuchen, ein neues Programm für ihn zu entwerfen.

• Er hat in der ödipalen Situation, als er einen starken Triebwunsch nach zärtlicher Berührung an seine Mutter hatte und eine überstarke Aggression gegenüber seinem Vater, dieses Problem nicht lösen können, sondern es an sein Unbewußtes abgegeben. Und die Straßenbahnsituation der Nähe von Berührung bringt die alte Triebspaltung jetzt als Angst vor seinen eigenen Wünschen und vor seiner eigenen Wut wieder in die Nähe der Oberfläche – sagen die *Psychoanalytiker* und versuchen sein Unbewußtes bewußt zu machen.

• Er hat den starken Wunsch seines Körpers nach Energieentladung in seiner frühen Kindheit aus Angst vor Strafe nicht befolgen können, und dieser Wunsch ist jetzt in seinem System festgehalten worden und kreist immer noch darin, so lange, bis es die Energien in ihrer Originalform entladen darf – sagen die *Bioenergetiker* und veranlassen den Körper, die Energien freizusetzen.

• Er ist in der Enge des Geburtsvorgangs sehr schmerzhaft und sehr traumatisch gezwungen worden, sein Fühlen abzuspalten: die Gefühle konnten nicht in ihrer vollen Dramatik gefühlt werden und sie heischen noch heute danach, zu Ende gefühlt zu werden – sagen die *Primärtherapeuten* und helfen ihren Klienten bei ihren Geburts-Primals.

• Er ist in einem früheren Leben mit anderen zusammen eingepfercht worden und dann dort am Hungertod gestorben; er hat diesen Tod nicht integriert, und deshalb ist diese Angst in der Straßenbahn Hinweis auf etwas, was noch nicht akzeptiert worden ist – sagen die *Reinkarnationstherapeuten* und führen ihren Klienten durch die Leiden seiner Tode und Geburten.*

* Es ist mir klar, daß ich jede der Therapieformen hier sehr verkürzt darstelle und jeder Vertreter einer dieser Richtungen würde mir sagen, es sei falsch, was ich hier beschreibe. Außerdem beschränke ich mich hier auf diese 5 Therapieformen, ich möchte jedoch damit ausdrücklich keine Wertung gegenüber allen anderen vorhandenen Therapieformen verbinden: Gestalt,

Was ist denn jetzt die Ursache für die Straßenbahnangst? Wer hat denn jetzt recht? Einer? Oder alle? Oder keiner? Und welche Therapie hilft wirklich? Ich behaupte: Alle helfen. Und damit haben sie auch alle recht. Außerdem stimmt es, daß keine Therapieform recht hat! Sie suchen alle nach Ursachen, und damit haben sie unrecht. Sie arbeiten aber alle im Jetzt, im Hier, sie machen etwas – in der Gegenwart, und damit helfen sie.

Es gibt hier kein Entweder-Oder, und die Primärtherapie hat nicht mehr recht als die Psychoanalyse. Ist denn der Geburtsvorgang höher zu bewerten als die ödipale Situation? Wohl kaum.

Die Psychoanalyse deckt genauso *eine* mögliche Ursache auf wie die Bioenergetik, und die Primärtherapie beschäftigt sich ebenso mit *einer* möglichen Ursache wie die Reinkarnationstherapie. Doch wie viele meiner Leben muß ich in der Therapie durchwandern, bis ich an die letzte Ursache komme? Bis zu Adam? Ist die Schlange die Ursache? – manche behaupten es (und nicht einmal mit schlechten Argumenten). Muß ich also durch meine Tierinkarnationen, oder zu den Gräsern oder den Steinen? Und was kommt dann?

Alle Therapieformen *helfen* – darin, mir über das Problem klarzuwerden, vor dem ich stehe.

Um deutlich zu machen, was ich meine, behaupte ich manchmal, daß sogar ein gezieltes Nasebohren helfen wird – als Therapie formalisiert, mit drei Stunden wöchentlich in einem verdunkelten Raum und mit der Aufforderung: »Bohre dir jetzt tief in der Nase und beachte alles, auf das du stößt als ein Gleichnis für das Problem, vor dem du gerade stehst«.

Ich meine das keinesfalls scherzhaft oder gar zynisch und ich möchte damit auch nicht die sehr ernsthaften Bemühungen

Biofeedback, EST, wie sie auch alle heißen. Allein die Tatsache, daß eine Therapieform einen Namen und Anhänger hat, heißt für mich, daß sie ihre Berechtigung ebenso hat und auch ebenso hilft wie die fünf exemplarisch genannten. Jeder Streit darüber, welche Therapie*form* mehr hilft, ist – zwar als akademisches Machtspiel sehr hübsch – ansonsten sinnlos.

aller Therapieformen lächerlich machen, sondern auf eine Sache hinweisen, die mir sehr wichtig erscheint: Jede Form, in der ich mich ernsthaft *mit mir* beschäftige, jede Form, in der ich etwas über mich herausfinden möchte, taugt dazu, solange *ich dabei bei mir bleibe.*

Jede Form hilft. Und *jede* Therapieform hilft. Aber heilt sie auch? Heilt sie mich? Wohl kaum.

Jeder, dem es schlecht geht – und wem geht es nicht hin und wieder (oder dauernd) schlecht? –, fragt sich, woher das kommt. Wieso geht es mir schlecht? Warum habe ich Angst? Warum habe ich so einen Druck im Magen? Warum klappt es in meiner Beziehung nie so richtig? Warum bin ich in einem so erdrückenden Job – tagaus tagein? Warum machen meine Kinder mir solche Sorgen? Oder meine Gesundheit? Was um alles in der Welt ist die *Ursache?* Wenn ich es doch wüßte! Was kann ich tun, damit ich die Ursache erkennen und dann beseitigen kann?

Früher, als es noch keine Therapie gab, gingen wir mit diesem Problem zum Priester oder zum Doktor. Wir fragten sie nach den Ursachen und was wir tun könnten.

Der *Priester* sagte: Du hast gesündigt, du hast gegen die Gebote Gottes verstoßen, tue Buße, damit du den Herrn mit deinen Gebeten wieder gnädig stimmst.

Der *Doktor* sagte: Du hast gesündigt, du hast gegen die Gebote deines Körpers verstoßen, tue Buße, indem du Diät lebst, nicht mehr rauchst, nicht mehr so viel ißt, damit du die Säfte deines Körpers wieder gnädig stimmst.

Also hast du gebetet und gefastet. Du hattest jetzt eine *Ursache* für deine Beschwerden bekommen und ein Rezept, was du dagegen tun könntest.

Heute kannst du immer noch zu einem Doktor gehen und hörst dort das gleiche wie früher. Aber sehr viel öfter sagt dir der Mediziner heute: Es sind die Nerven, ich überweise Sie mal zu einem Nervenarzt. Und dann gehst du zu einem Therapeuten, und der sagt dir *nicht* mehr: Du hast gesündigt. Sondern je nach seiner theoretischen Ausrichtung sagt er: Es ist das Unbewußte

(die falschen Programme, deine festsitzenden körperlichen Energien, deine Kindheit, deine Geburt, deine früheren Leben, usw.), und wir werden wohl einige Monate (oder Jahre) daran arbeiten müssen.
Irgendwie bist du froh darüber, denn diese Helfer heute sagen nicht mehr: Du bist schuld, du hast gesündigt, du mußt Buße tun oder dich kasteien.
Das erste, was sie dir geben, ist eine *Ursache* (wenn du sie dir nicht schon allein aus den einschlägigen therapeutischen Schriften herausgesucht hast), und damit sagen sie auch: Weißt du, im Grunde genommen bist du unschuldig, irgend etwas anderes ist schuld. Es ist eigentlich eine unglückliche Kette von Zufällen: Du hattest halt damals das Pech, daß du keine Leboyer-Geburt haben konntest, sondern eine 14 Stunden dauernde Zangengeburt. Frauen waren eben früher – aufgrund von psychischen Problemen – sehr viel verkrampfter als heute, und die Ärzte damals – du weißt ja selbst – verstanden ihr Fach nicht. Unmenschlich. Aber wir kriegen das schon wieder hin.
Irgendwie bist du froh darüber, denn mit dir hat das eigentlich nichts zu tun. Du hast halt Pech gehabt und bist zufällig da »rein«geraten.
Ist es so? Wohl kaum.
Ja, um Himmels willen, was ist denn jetzt die Ursache? Oder: Bin ich denn jetzt schuldig oder unschuldig?
Logik will eine Antwort. Aber es gibt keine! Du bist nicht »zufällig« da reingeraten. Es gibt keinen Zufall. Und: Es gibt *keine* Ursachen. Es ist so! Es ist einfach *jetzt* so!
Was du tun kannst?
Der erste Schritt: *Schmeiß die Logik weg!*
Seele hat *keine* Logik. Seele kennt keine Ursachen. Und auch: Im Bereich der Seele gibt es keinen Zufall, es gibt auch sonst keinen. Alles, was dir zufällt, was der Seele zufällt, fällt ihr gesetzmäßig zu, es ist das, was die Seele braucht – zum soul-making. Alles, was der Seele ›zufällt‹, gehört zur Arbeit an der Seele. Das ist ihr Gesetz.

Wir nennen etwas »Zufall« und meinen damit Willkür, als hätte es auch ganz anders oder gar nicht passieren können. Das zeigt aber nur, daß wir Seele noch nicht begriffen haben. Was ist Seele?

Wir alle sind gespalten. Und damit ist nicht nur das gemeint, was unter der Bezeichnung das »Verdrängte« im Laboratorium der Psychotherapien ins Bewußtsein wieder eingefügt werden soll. Dieses lebensgeschichtlich Abgetrennte, das in uns Leiden heraufbeschwört, ist nur *ein* Sonderfall eines allgemeinen Prinzips. In seinem »Traktat über Heilkunde« hat Hans Blüher es so beschrieben:

»Hier ist nur die Rede von dem Leid, *das übrigbleibt,* wenn alle glücklichen Umstände vorher zugestanden sind. Dieses Leid, das übrigbleibt, ist das Leid a priori, das zum Urbestand der gesamten geschaffenen Natur gehört, und das im Menschen allein zu seiner Selbsterkenntnis kommt. Dieses Leid liegt noch tief unter jener für flachsichtige Augen tief gelagerten Schicht, die unsere modernen Psychologen zu ergründen vermögen: es ist ein ursprüngliches Leid, das keine Kausalität mehr hat; es ist so wenig verursacht, wie der Raum und die Zeit.«

Freilich: Leiden ist immer Ausdruck von Gespaltensein. Auf die kürzeste Formel gebracht, bemißt sich Leiden immer an dem Auseinanderklaffen zwischen *dem, was ist* und *dem, was* (nach der Vorstellung unseres alltäglichen Bewußtseins) *sein soll.* Und je größer der Spannungsbogen, der Abstand zwischen diesen beiden Polen sich darstellt, desto intensiver wird Leiden wahrgenommen.
Das ist nun wieder nicht ursächlich – kausal – zu verstehen, sondern als Analogie: Gespaltensein ist *nicht* Ursache von Leiden, sondern Leiden ist Ausdruck von Getrenntsein.
Meßtechnisch gesprochen: Leiden zeigt ein Auseinandergerissensein an, genauso wie das Thermometer die Temperatur, aber das Thermometer ist nicht für die Temperatur verantwortlich, ist nicht Ursache von Temperatur.
Leiden ist Ruf.

Ruf der Seele: »Hallo, du gehst den falschen Weg. Auf diesem Weg kommst du nicht nach Hause! Du hast versprochen, daß du uns heimbringst. Deshalb: Kehre um! Du bist in der falschen Richtung, kehre um!«
Meistens verhallt der Ruf jedoch ungehört. Wir hören nicht zu. Wir machen den ganzen Tag Lärm. Wir reden, hören Musik, stellen den Fernsehapparat lauter, wir reisen in den Urlaub. Wir reisen weiter *unseren* Weg, durch das Leben und zu unseren Zielen:

> eine große Wohnung, noch mehr Geld oder endlich einmal überhaupt Geld, oder das vorhandene soll wenigstens gesichert bleiben, die Kinder sollen ja auch einmal etwas haben, eine Reise nach Bangkok, ein guter Studienabschluß, ein Ferienhaus, Freiheit für alle, die 35-Stunden-Woche, Leboyer-Geburten, Sozialismus ...

Die Seele schreit: Das ist nicht der versprochene Weg. Du bist einseitig! Bitte kehre um!«

> ... ein besseres Schulsystem, gleiche Rechte für alle, ein Buch veröffentlichen, eine neue Freundin, neues Glück oder wenigstens eine Video-Anlage, noch mehr Bücher kaufen ...

Die Seele brüllt (aus ganzer Seele!): »Du bist einseitig, hör auf damit, das ist nur die *eine* Seite, die die *du* willst. Aber es ist nicht *das, was da ist.* Was jetzt da ist! Du siehst nicht mehr das, was ist. Du siehst deinen Weg nicht mehr. Kehre um!«
Und dann hört die Seele auf zu rufen. Es hat ihr die Sprache verschlagen. Sie merkt, du hörst ihr sowieso nicht zu. Die Stimme sinkt ab, kippt weg, Seele fällt in die Körperlichkeit. Sie muß sich jetzt anders bemerkbar machen. Sie ruft jetzt anders. Sie drückt dich, sie läßt deinen Nacken schmerzen, du verstauchst dir den Fuß, kriegst ein Magengeschwür. Kurz, du beginnst zu leiden.
»Krankheit ist Ruf und verlangt Umkehr und Neubeginn«, sagt Herbert Fritsche. Jetzt macht deine Seele dir Angst. Sie ruft

dich jetzt auf einer anderen Ebene. Vorher gab sie dir Zeichen. Jetzt zeichnet sie dich. Sie drückt dich körperlich so sehr, daß du dich gequält fühlst. Jetzt muß du hinhören. Du fühlst dein Leid, spürst deine Schmerzen und gehst zum Arzt. Angenommen, du gehst nicht zum Doktor, nicht zum Mediziner, sondern du findest einen *richtigen* Arzt, der etwas von Heilung versteht. Nur einen solchen nenne ich in Zukunft *Arzt.* Ich könnte ihn auch Heiler nennen, doch das klingt für uns fast fremd. Einen Arzt erkennst du daran, daß er nicht fragt, wie der Mediziner (»Was kann ich für dich tun?«), sondern dir die einzig helfende Frage stellt: »Was fehlt dir?« (Waz wirret dir?)

Der tiefe Unterschied zwischen beiden liegt darin, daß der eine glaubt, er könne dir etwas geben, während der andere *weiß,* daß du nur *halb* bist. Daß du halb bist, weil du deinen anderen Teil, der dir vorher vergeblich zugerufen hat, nicht sehen willst. Und der richtige Arzt, der ein Helfer deiner Seele ist, sagt dir einen Satz, der dir eigentlich schon vertraut ist. Er sagt dir: »Kehre um!«

Er sagt dir: »Ich kann dich nicht heilen, das kannst nur du selbst. Dir helfen keine Pillen, keine ›Therapie‹, keine Operationen – das alles sind Dinge von außen, und Dinge von außen helfen dir nicht, solange du nicht in dir selbst bereit bist, diesen einen Schritt zu tun: umzukehren. Der Schritt ist wichtig, dann hilft dir jede Pille, jede Therapie, jede Operation. Der Schritt hilft dir aber auch allein. Du brauchst diese äußeren Dinge nicht. Hältst du sie für wichtig, kannst du sie unternehmen. Wenn du aber den ersten Schritt nicht tust – die Umkehr –, hilft dir nichts. Tust du ihn, hilft dir alles. Alles auf deinem Weg *zurück* ist dir behilflich, jeder Mensch, jedes Buch, jedes Tier, jedes Ereignis ist dann ein ›Therapeut‹ für dich. Kehre um!«

Und weil er ein wahrer Heiler, ein Arzt ist, legt er seine Hand auf dich, denn er ist ein Be-Handler und sagt weiter zu dir: »Das einzige, was dir helfen kann, ist Religion.« Jetzt zuckst du zusammen, und alle Quälgeister deiner Jugend stehen vor dir auf; wie man dich mit Geboten und Verboten und Gedichten und den Namen der Heiligen und vollkommen unverständli-

chen und unlogischen Geschichten der Jungfrau Maria traktiert hat.
Aber er spricht weiter: »Wahre Religion hat mit dem, was du bisher gelernt hast, *nichts* zu tun. Religion ist nichts anderes, als ich dir gerade gesagt habe. ›Re-ligio‹ heißt ›Rückbindung‹, ›sich zurückwenden‹, es hat nichts zu tun mit Verboten oder Geboten, mit Versen oder Gedichten. Religion hat zu tun mit *Umkehr*. Das Wort ›Tut Buße‹ ist nur eine falsche Übersetzung aus dem Griechischen. Eigentlich steht da »Kehrt um«*. Und das kann jeder tun – mit oder ohne Kirche, mit oder ohne Pfarrer.
Er zieht ein Buch aus dem Regal mit dem Titel »Hallo Mister Gott, hier spricht Anna« und liest dir vor:

»Unser Pfarrer fragte die kleine sechsjährige Anna einmal:
›Glaubst du an Gott, Anna?‹
›Ja‹
›Weißt du, was Gott bedeutet?‹
›Ja‹
›Was bedeutet er also?‹
›Na, eben, daß er Mister Gott ist.‹
›Gehst du in die Kirche?‹
›Nein‹
›Warum nicht?‹
›Weil ich schon alles weiß.‹
›Und was weißt du alles?‹
›Ich weiß, daß ich Mister Gott lieb habe und Leute und Katzen und Hunde und Spinnen und Blumen und Bäume ... und überhaupt alles; ich ganz allein mit meiner ganzen Figur.‹
Die ganze Institution, genannt Kirche, war für Anne eine suspekte Sache. Gab es da tatsächlich Erwachsene, die in diesen Kindergarten gingen, so ging ihr die Beterei im Kollektiv gegen den Strich. Sie hatte ihre eigenen, höchst privaten Gespräche mit Gott. Dafür aber eine Kirche aufzusuchen, das war in hohem Maße lächerlich. War Mister Gott nicht überall zu finden, so gab es ihn überhaupt nicht. Also waren

* Das haben auch die Bibelübersetzer mittlerweile bemerkt: Während in der Lutherbibel (Ausgabe 1978) noch steht: »Tut Buße, denn das Himmelreich ist nahe herbeigekommen« (Matth 3,2) steht in der »Jerusalemer Bibel« (Fassung 1979) an der gleichen Stelle: »Kehret um, denn das Himmelreich ist nahe gekommen«.

diese turmbewehrten Häuser in jedem Fall überflüssig. Das war so einfach wie logisch. Gut, wenn man ein kleines Kind war, so etwa von vier Jahren, dann ging man einmal hin und bekam die heilige Botschaft erzählt. Und dann wußte man sie eben und richtete sich danach. Leute, die später noch weiter in die Kirche rannten, waren zu dumm, oder sie taten das aus Angeberei.«

»Und ich verrate dir noch etwas«, sagt der Arzt weiter zu dir, nachdem er das Buch wieder zugeschlagen hat, denn er weiß, daß du diesen Dingen gegenüber sehr skeptisch bist und dir bereits überlegst, ob du nicht auf einen jener religiösen Schwärmer hereingefallen bist, die heute vor jedem Warenhaus auf dich warten:
»Umkehr, innere Umkehr ist ein Abstieg in die Hölle, eine Entdeckungsreise in die Welt dessen, was wirklich ist. Ist eine Reise in die Abgründe, Zerklüftungen und Schluchten deiner eigenen Zerrissenheit. Das tut weh. Und Ziel dieser Reise ist es, von der einen Seite der Schlucht zur anderen zu gelangen, die Schlucht zu durchmessen und auf der anderen Seite den Teil von dir zu finden, der dir fehlt, dessen Verlust deine Krankheit dir anzeigt. Es ist das alte Gesetz der Homöopathie: Simile similibus curentur. (Gleiches möge durch Gleiches geheilt werden.) Der Weg durch die Hölle ist der Weg der Heilung. Descendendo ascendo. (Indem ich hinabsteige, steige ich empor.) Erst durch den Tod kann Wiedergeburt stattfinden. Es gibt viele Formeln dafür, doch sie sagen alle dasselbe.«
Lassen wir unseren fiktiven Arzt jetzt wieder im Dunkeln verschwinden. – Hat er recht? Gibt es ihn heute noch?
Wo sind heute jene Führer, die einen Dante ins Inferno begleiten? Wo gibt es diese Führer, die wir heute bei unserem Abstieg in das Reich der Schatten benötigten? Wo ist Vergil? Brauchen wir einen Führer durch die Unterwelt? Brauchen wir jemanden, der uns bei dieser Umkehr leitet, der uns jedesmal als Verbündeter, als Begleiter darauf hinweist: »Schau hin, was du siehst und überdenke genau, warum *dir* gerade *jetzt* gerade *das* begegnet. Schau hin, das bist du!« Brauchen wir jemanden, der bei *allem,* was uns begegnet, bei allem, was uns »wirret«,

uns die Worte eineinflüstert: »Du! Du! Du! Das bist immer du! Alles, was dir unangenehm ist, ist das, was du nicht lebst! Alles, was du ablehnst, ist das, was dir fehlt! Alles, was du haßt! ist das, was du *in dir* nicht haben willst – was aber da ist! In dir da ist! Alles, was du tötest, tötest du in dir! Kehre um!«
Brauchen wir unbedingt jemanden, der diese Umkehr anleitet? Nicht unbedingt. Aber es ist harte Arbeit: soul-making, die härteste Arbeit überhaupt.
Wie wir später sehen werden, hat die Seele ihre eigenen Führer, ihren eigenen Therapeuten, ihren eigenen Helfer – sozusagen den inneren Arzt. Wir müssen ihm freilich einen Auftrag geben. Und er verlangt mehr als den Krankenschein. So billig ist er nicht zu haben.

Diese Arbeit an der eigenen Seele, mit dem »inneren Arzt«, diese Arbeit an dem, was ist und nicht an dem, was sein sollte, dieser Abstieg in die Unterwelt, in die Nachtseite, die Hölle unserer Existenz, diese Reise in das Reich der Schatten nenne ich im weiteren Verlauf dieses Buches die »Reise des Helden«.
Sie ist im Unterschied zu dem Weg nach vorn (zu Reichtum, Macht, Glück, Liebe, Frieden usw.), der unsere normale Lebensrichtung kennzeichnet, ein Weg *zurück* oder ein Weg nach *unten.* Ich werde versuchen, einige Merkmale dieses Weges zu skizzieren. Dabei bin ich mir darüber klar, daß das gar nicht geht – denn weder gibt es *die* Hölle (sondern immer nur genauso viele Höllen, wie es Menschen gibt – jeder lebt in seiner eigenen), noch ist das, was nachts (oder drüben) *erlebbar* ist, am Tage *sagbar.* Es ist immer nur der hilflose Versuch, einem geborenen Blinden die Farbe Violett zu erklären. Und dennoch erscheint es mir sehr wichtig, bei dem Versuch sogar noch dessen Scheitern plausibel zu machen. Die Nacht kann nur verstehen, wer sie durchmißt, wer aber nur darüber liest, kann sich höchstens die Frage stellen: An welcher Stelle der Heldenreise bin eigentlich ich?
Da die Gefahr eines Mißverständnisses sehr groß – ja, gar nicht zu vermeiden ist – werde ich viele Dinge sehr oft sagen. Zum

Beispiel: Dieser Weg *zurück* ist *kein zeitlicher*. Es ist *nicht* erforderlich, sich alle Kindheitsphasen, die Geburt, die Inkarnationen anzuschauen. Wir können so etwas tun, wir können uns das Damals anschauen, weil wir *auch* aus dem Damals sehen lernen können. Aber das ist eigentlich mit der »Reise des Helden« nicht gemeint.
Die Zeit gibt es nur in unserem Bewußtsein (und nirgends sonst, schon gar nicht in unserer Seele). Wir können also das Damals als ein Vehikel benutzen, mit dem wir reisen, um uns anzuschauen, wer wir sind. Aber es ist wichtig (und sehr schwierig) zu begreifen, daß der »Weg zurück« ein Weg der veränderten Form ist – ein Weg, die Blickrichtung zu verändern.

Um es noch komplizierter zu machen: Es geht auch nicht um Veränderung, die in einem Tun (oder Unterlassen) liegt. Unsere Zeit fetischisiert den Begriff der Veränderung: wir alle wollen uns verändern. Und genau darin liegt der Pferdefuß. Wir wollen durch unser Tun uns *verändern:* »Bald höre ich auf, zu rauchen« (oder den anderen – oder gleich die ganze Welt: Frieden schaffen ohne Waffen). Und wir begreifen nicht, daß wir uns nicht verändern können, wir uns (aktiv) noch nie verändert haben – ja, es noch nicht einmal versuchen sollten. Warum nicht? Weil es nicht geht! Noch nie hat auf dieser Welt sich jemand willentlich verändert. Natürlich können wir mit dem Rauchen aufhören. Aber dann sind wir ein Raucher, der nicht mehr raucht, d. h. jemand, der noch mehr leidet. Weil wir jetzt sogar noch unseren Wunsch, eine Zigarette zu rauchen, unterdrücken oder verdrängen müssen. Das ist keine Veränderung der Form. Das ist eine Veränderung von Äußerlichkeiten. Das hat mit Heilung überhaupt nichts zu tun. Und mit Veränderung auch nicht. Wir haben uns unser ganzes Leben lang noch nie (willentlich) verändert. Wir sollen das auch gar nicht, es ist nicht unsere Aufgabe. Unsere Aufgabe wäre es, Veränderung geschehen zu lassen. Sie kommt entweder von ganz allein – und es gibt Wege, der Veränderung die Tür zu öffnen – oder gar nicht.
Tun können wir nichts. Und: Durch Nichts-Tun können wir sehr viel tun.

Zurück zur Blickrichtung. Es geht nicht darum, die Ursachen unseres falschen Weges zu suchen (denn es gibt keine), auch darum nicht, *zeitlich* zu vergangenen Ereignissen zu gehen, denn das alles ändert nichts. Damit will ich sagen: *Wenn* wir es tun, dann ist es ein *Hilfsmittel* für etwas ganz anderes. Es ist nicht die Reise, sondern Hilfsmittel für die Reise, so wie der Wanderstab Hilfsmittel für das Wandern ist. Manchmal erleichtert er das Ausschreiten. Aber ich kann ihn auch wegwerfen und komme genauso schnell ans Ziel. Auf dem Weg zurück geht es also nicht um das Suchen nach Ursachen, nicht darum, daß wir uns (willentlich) verändern, und auch nicht um die Zeitregressionen. Es geht zunächst einmal um einen veränderten Blick, um das Fragen, das Hinschauen.

Und weil Mißverständnisse unausweichlich sind (und sie schaden auch nichts), möchte ich dieses Kapitel mit einem Bild abschließen, das das hier Gesagte noch einmal zusammenfaßt. Mit einem Bild, das die ›Reise des Helden‹ in einem ersten Schritt *symbolisch* darstellt:

Wir alle sind Wanderer und wandern auf einer staubigen Ebene der Sonne entgegen. Die Sonne steht ziemlich tief, sie ist der Ausdruck, das Sinnbild für alle Ziele, die wir uns für unser Leben als wichtig gewählt haben. Jeder hat sein Ziel, und das leuchtet hell und warm (sonst hätten wir es nicht). Wir gehen auf die Sonne zu und blicken ins Licht. Und die Sonne sinkt langsam tiefer – ein Bild dafür, daß wir in unserem Leben weiter fortschreiten. Du, lieber Leser, kannst jetzt sehen, wie hoch deine Sonne steht. Jeder kann das sehen. Innerlich. Bei unserem Wandern haben wir uns angewöhnt, nach vorn zu schauen, denn dort ist ja das Ziel. Und je näher wir an das Ziel heranzukommen glauben, je tiefer die Sonne sinkt, desto eiliger haben wir es. Es stellt sich ja auch bald die Frage des Nachtlagers, gemütlich soll es sein, warm und weich. Und je mehr wir uns eilen, desto weniger schauen wir zurück.

Mit »zurückschauen« meine ich nicht, zurück auf den Teil der Ebene, den wir schon durchquert haben, denn sie liegt schon weit *zeitlich* zurück. Die Dinge auf ihr, die uns vorher noch sehr groß erschienen, sind jetzt klein geworden. Was ich meine, ist das *Schauen hinter mich,* auf etwas, was immer bei mir ist, mich

auf Schritt und Tritt begleitet und was auch jetzt da ist: mein Schatten.
Blickten wir regelmäßig zurück, dann hätten wir etwas gesehen: daß nämlich der Schatten, je mehr die Sonne sinkt, länger und länger wird. Er liegt nicht zurück – in der Zeit, er ist ja da. Er hat keine Ursache – außer uns selbst im Licht der Sonne. Der Schatten hinter uns, d. h. jene Teile von uns, die wir mit dem Blick nach vorn nicht sehen können – das ist der Gegenstand der »Reise des Helden«, sie ist eine Entdeckungsreise in das Reich unseres eigenen Schattens.
Wir gehen weiter nach vorn, aber jetzt mit dem Blick auch nach hinten. »Kehre um« heißt nicht mehr und nicht weniger als: Dreh dich um und schau dir an, wer hinter dir steht.

Das zweite Kapitel und in gewisser Weise auch das dritte haben mit der »Reise des Helden« nur indirekt zu tun. Da wir alle daran gewöhnt sind, zu glauben, nur was wissenschaftlich erwiesen ist, tauge dazu, uns etwas über Realität auszusagen, habe ich diese beiden Kapitel eingeschoben. Darin argumentiere ich auch mit Forschungsergebnissen. Ich bin mir darüber klar, daß ich damit nichts beweise, weil die Ebene, auf der ich mich dabei bewege, wissenschaftlicher Beweisführung nicht zugänglich ist.
Es gibt keinen Beweis für irgend etwas, was die gleiche Aussage ist wie: *Ich kann alles beweisen, was ich beweisen will.* Wem an Beweisen gelegen ist, der kann dieses Kapitel lesen. Wer nicht so viel Angst hat, kann sie getrost überspringen, sie sind unwichtig.

Kapitel 2: Physiologie

»Wenn das Gehirn so einfach wäre, daß wir es verstehen könnten, dann wären wir so einfach konstruiert, daß wir es nicht verstehen könnten.«

(Lyall Watsen)

Noch auf einer ganz anderen Ebene sind wir gespalten, geteilt – zu zweit: Unser Gehirn hat zwei Hälften. Und wir erkennen heute, daß der Furche, die beim freigelegten Gehirn schon äußerlich sichtbar die linke von der rechten Hirnhemissphäre teilt, auch eine *inhaltliche* Teilung entspricht. Seit Sperry etwa 1960 den Verbindungssteg zwischen beiden Hälften trennte, wissen wir, daß die linke Hälfte nicht *versteht,* was die rechte *fühlt* und die rechte nicht *sagen* kann, was die linke *denkt.* Dieses »split-brain«-Phänomen* ist seitdem Ausgangspunkt für zahllose Forschungen geworden (leider vorerst im amerikanischen Raum) und präsentiert sich mittlerweile in ziemlicher Deutlichkeit: Bietet man einem split-brain-Patienten in einer Sehapparatur das Wort HEART dar, und zwar so, daß in der Mitte des Wortes ein Trennsteg ist (der seinem linken Auge die Buchstaben HE und seinem rechten die Buchstaben ART anbietet), so liest der Patient laut »Art«. Denn nur das rechte Auge (=linke Hirnhälfte) kann Geschriebenes erfassen und wiedergeben. Läßt man ihn mit der linken Hand einen Apfel ertasten, so *weiß* der Patient, daß er diesen Gegenstand essen kann, und auch wie er schmeckt, aber er kann nicht *sagen,* wie der Gegenstand heißt, denn die rechte Hirnhälfte kann nicht

* »split-brain«-Patienten sind Patienten, denen operativ das corpus callosum durchtrennt worden ist, jene Fissur, jener Steg, der normalerweise die rechte mit der linken Hirnhälfte verbindet. Es waren in der Regel Patienten mit schwerwiegenden epileptischen Anfällen, denen man auf diese Weise zu helfen versuchte.

sprechen. Er könnte jedoch diesen Gegenstand mit der linken Hand zeichnen, und es wäre ihm klar, daß das ein Apfel ist – sagen könnte er dieses Wort aber erst, wenn das rechte Auge (=linke Hälfte) den Gegenstand sieht.

Hierin liegt unter anderem auch eine sinnvolle Erklärung für das Phänomen, daß Stotterer mitunter ausgezeichnet singen können – Singen und Sagen liegen eben in unterschiedlichen Hirnhälften. (Auch das Legasthenieproblem ließe sich unter diesem Licht neu diskutieren.)

Einmal für dieses Phänomen sensibilisiert, erkannte man schnell, daß die Spezialisierung der Hirnhälften auch im Normalbereich (also bei nichtoperierten Menschen) ihre Auswirkungen hat. Das Phänomen war nur vorher – beim intakten Verbindungssteg – stärker verdeckt gewesen.

Mittlerweile hat man das Wissen um diese Eigenart des menschlichen Großhirns bereits für pädagogische Zwecke fruchtbar gemacht. In ihrem Buch »Drawings on the right side of the brain« (1979)* beschreibt die Zeichenlehrerin Betty Edwards ihren Versuch, Kunststudenten das Zeichnen auf eine neue Art beizubringen.

Zunächst erläutert sie, daß üblicherweise beim Zeichnen die linke Hälfte (die »dominante« Hälfte der älteren Hirnforschung) intensiver beteiligt sei als die rechte. Diese linke Hälfte mit ihrem Schwerpunkt auf den Gebieten Logik, Folgerichtigkeit, Kausalität und Intellektualität hat allerdings auf das Artistische eines Vorganges wie das Zeichnen – bei dem ja Intuition, Empathie und Gefühl verlangt sind – eindeutig Nachteile. All diese letztgenannten Eigenschaften (die der rechten Hirnhälfte entsprechen) wären für das Zeichnen angemessener. So sah Edwards ihre Aufgabe darin, ihre Studenten dazu zu bewegen, statt wie bisher mit der linken, jetzt mit der rechten Hirnhälfte an ein Bild heranzugehen. Aber wie? Nach einigen Versuchen fand sie eine Lösung, die so einfach wie verblüffend war. Da es darum ging, Logik,

* Die deutsche Ausgabe ist inzwischen unter dem irreführenden Titel »Garantiert Zeichnen lernen« (Reinbek 1982) erschienen.

Kausalität und Intellektualität für den Moment des Zeichnens auszuschalten, verfiel sie auf den Trick, ihre Schüler erst einmal alle Gegenstände, die abzuzeichnen waren, *auf den Kopf gestellt* abzeichnen zu lassen. Die Logik verschwand, das Ungewohnte, Fremde tauchte auf, die rechte Hirnhälfte übernahm!

Es ist sehr beeindruckend, zu sehen – und in Betty Edward's Buch sind viele Abbildungen, die das belegen –, wie mit einem simplen Trick das Bewußtsein veranlaßt wird, sehr viel gefühlvollere, genauere und künstlerische Bilder von sich zu geben. Nach einiger Zeit konnten die Schüler dann den gleichen Effekt erzielen, indem sie die Bilder nicht mehr auf dem Kopf stehend malten, sondern einfach den Trick beherrschten, Bilder in ihrer Logik aufzulösen, sie auf dem Papier jedoch seitenrichtig abzubilden, z. B. indem nicht der Gegenstand gemalt wurde, sondern der »freie« Raum um den Gegenstand herum. (Am Rande sei vermerkt, daß Scheckfälscher schon seit langem – ohne über die physiologischen Gründe Bescheid zu wissen – Unterschriften fälschen, indem sie das Original auf dem Kopf stehend vor sich hinlegen und auch die Fälschung auf das umgedrehte Formular kopfstehend eintragen.)

Was Betty Edwards ihren Studenten beizubringen versucht, kann man mit dem Begriff »switch« (Umschaltung) bezeichnen. Mit Hilfe bestimmter Techniken führt sie eine Umschaltung der neuralen Prozesse herbei und veranlaßt das Gehirn, jetzt bevorzugt mit der rechten Hälfte an Realität heranzugehen. Es ist fast eine Art Trance-Zustand, in dem der kreative Prozeß jetzt, ungestört von analysierenden – zerlegend verstehenden – Momenten, verläuft. (Auch bestimmte Arten von Musik können als ein derartiger »switch« eingesetzt werden. Darüber später mehr.)

Schon oft haben Wissenschaftler und Künstler derartige Zustände im Zusammenhang mit der Entstehung neuer Gedanken dargestellt:

Henri Poincaré, ein Mathematiker des 19. Jahrhunderts, beschrieb z. B. eine Intuition, die ihm die Lösung eines schwierigen mathematischen Problems brachte, folgendermaßen:

»Eines Abends trank ich, abweichend von meinen sonstigen Gewohnheiten, schwarzen Kaffee und konnte nicht einschlafen. Ideen tauchten in Massen vor mir auf, und ich spürte, wie sie andauernd zusammenstießen, so lange bis schließlich Paare miteinander Verbindungen eingingen und so auf einmal stabile Kombinationen ergaben.« (Diese fremdartigen Phänomene führten dann schließlich zu der Intuition, die das mathematische Problem löste. Poincaré fährt fort:)
»Es scheint, daß man in solchen Fällen Zeuge der eigenen unbewußten Arbeit ist und diese Arbeit teilweise von dem erstaunten Bewußtsein zur Kenntnis genommen wird, ohne daß dabei seine Natur verändert würde. Und so begreifen wir dann vage, was diese zwei Mechanismen oder – wenn man so will – die Arbeitsmethoden der zwei Ichs unterscheidet.«

Henri Matisse, der französische Maler, bringt es auf eine noch kürzere Formel. Gefragt, ob die Tomate, die er gerade ißt, von ihm mit den Augen eines Künstlers gesehen wird, antwortet er:

»Nein, wenn ich eine Tomate esse, dann sehe ich sie, wie jeder sie sehen würde. Doch wenn ich sie male, sehe ich sie anders.«

Schauen wir uns jetzt an, welche Spezifika den beiden Hirnhälften zugeschrieben werden, d. h. also die Art, wie die beiden Denkweisen – besser: Bewußtseinsformen – schwerpunkthaft funktionieren:

linke Hirnhälfte	*rechte Hirnhälfte*
intelligent (rational)	intuitiv
konvergent	divergent
digital	analog
intellektuell	sinnlich
deduktiv	imaginativ
vertikal	horizontal
sekundärprozeßhaft	primärprozeßhaft
historisch	zeitlos
analytisch	holistisch
objektiv	subjektiv
sukzessiv	simultan
abstrakt	konkret
gerichtet	frei flottierend
linear	nicht linear

Es entbehrt nicht einer gewissen Ironie, daß in dem etwa 2000 Jahre alten chinesischen »Buch der Wandlungen« (I Ging) diese beiden Bewußtseins-Modi in der Dualität des Yang (linke Hirnhälfte) und Yin (rechte Hirnhälfte), dargestellt in der Einheit des Tai Gi ☯, bereits in dieser Weise (sogar entscheidend erweitert) enthalten sind.

Yang	*Yin*
Das Schöpferische	Das Empfangende
Vernunft	Emotion
Aggressivität	Nachgiebigkeit
rechte (Körper-)Seite	linke (Körper)Seite
männlich	weiblich
positiv	negativ
hell	dunkel
Tag	Nacht
kalt	warm
bewußt	unbewußt
Sonne	Mond
Leben	Tod

Daß auch der Volksmund und die Sprache von dieser Art des Getrenntseins wesentlich eher etwas wissen als die Wissenschaft, sei nur am Rande angemerkt: das »Rechte« zu tun und »linkisch« zu sein (oder jemanden zu »linken«) – diese Formulierungen haben sicher ihren tieferen Sinn ebenfalls in der Trennung des einen vom anderen.

Daß die Braut immer auf der linken Seite steht, davon konnten sich jüngst anläßlich einer königlichen Hochzeit fast eine Milliarde Fernsehzuschauer überzeugen, und daß der Tod ebenfalls immer auf der linken Seite neben uns durchs Leben geht, davon wissen anthropologische Texte aus den verschiedensten Kulturen.

Kurzum, der Hirnlateralität entspricht eine Aufteilung in zwei voneinander geschiedene Bewußtseins-Modalitäten, die man zunächst formal so untergliedern kann, wie es oben in den beiden Tabellen geschehen ist. Das bedeutet nicht, daß wir uns willentlich für eine dieser beiden Formen entscheiden könnten,

um dann die andere Form nicht mehr zu verwenden. Bewußtseinsprozesse sind immer hochkomplexe *Ineinanderschaltungen* beider Hälften zugleich, und der Zustand, daß nur eine Hälfte arbeitet, dürfte lediglich in Extremsituationen unseres Tagwerkes (bzw. Nachtwerkes) stattfinden.
So könnte z. B. ein Intelligenztest unter Prüfungsbedingungen sich *eher* am linken Ende unseres Bewußtseinsraumes mit analysierend abstrakten Prozessen aufhalten (Intelligenztests messen immer nur den halben Menschen), während das entspannte Zuhören der Musik von Mozart *eher* im rechten Bewußtseinsraum mit dem Hervorbringen von Bildern beschäftigt wäre.
Freilich liegt in jeder dieser Tätigkeiten die Möglichkeit des sofortigen »switches«. Die eine Person könnte über die Beantwortung einer Frage des Tests in einen Tagtraum abdriften (also nach rechts), während die andere Person bei einer falsch gespielten Note in Gedanken über die Unzulänglichkeit heutiger musikalischer Darbietungen ins linke Feld abgleitet. So gibt es – wie gesagt – *Schwerpunkte,* in denen wir uns je nach Sozialisation, Beruf, Berufung, äußerem Druck usw., mehr oder weniger intensiv aufhalten, und es würde plausibel erscheinen, daß ein Finanzbeamter sich häufiger in der linken Hälfte aufhält als beispielsweise ein Geistlicher. Das muß jedoch nicht so sein. Wie wir am Schema des Yin und Yang sehen, hat die Einheit immer zwei Seiten, Tag und Nacht (oder Einatmen und Ausatmen), und so ist es auch mit der Arbeit der Bewußtseinsformen: Je mehr wir tagsüber in den hellen Bereich gehen, desto mehr gehen wir nachts in den dunklen. Der Traum trägt selbstverständlich alle Merkmale der rechten Hirnhälfte (siehe Tabelle), und so ist es gut möglich, daß, wer sich tagsüber in der linken Hälfte verliert, sich des Nachts auch rechts losläßt.
Getrenntsein – so können wir sagen – strebt immer nach Ausgleich, nach Ver*ein*igung, nach *Ein*heit. Das einzige, was krank macht, ist Einseitigkeit, und das einzige, was gesund macht, ist die Einheit (der gegensätzlichen Seiten).

Es könnte der tiefe Sinn der Schlafentzugsexperimente sein, herauszufinden, daß eine Person, der das Träumen nicht gestattet wird, ver-rückt wird. Sie wird gleichsam aus der Einheit gerückt. Und so gehen diese Personen denn auch nach einiger Zeit des im Labor hergestellten Traumentzuges bereits im wachen Zustand in den Bereich der paranoiden Halluzinationen, und das heißt: nach rechts. Sie sehen zum Teil schreckliche Bilder von bedrohlichen Situationen, Dämonen usw., und bieten damit das klinische Bild der Ver-rücktheit. In Wahrheit holen sie nur im wachen Zustand nach, was ihnen im Traum verwehrt wurde. Manche der Traumentzugsexperimente wurden abgebrochen, weil man befürchtete, daß die Versuchsperson psychotisch werden würde. Das ist ganz normal – wer die Einheit verletzt, wird aus ihr gerückt, er ist dann ver-rückt.

Bisher habe ich gleichsam einen horizontalen Zusammenhang innerhalb der Hirnforschung dargestellt. Rechts versus links, emotional versus rational.

Es gibt auch einen vertikalen Zusammenhang, der in die Tiefe des Gehirns hinunterspielt. Der interessanteste Ansatz dieser Richtung wird im Moment von Paul McLean vertreten. Unter der Bezeichnung »triune brain« beschreibt dieser Neurophysiologe eine Dreiteilung des Gehirns, die in die Tiefe geht und etwa folgendermaßen aussieht: Das Großhirn als oberste Schicht in der Hirnhierarchie ist der Träger der instrumentellen Vernunft. Er ist der jüngste Vertreter der Auseinandersetzung mit Realität. Die darunterliegende Struktur, das Zwischenhirn mit dem limbischen System, enthält als zweitälteste Struktur den Bereich der Emotionalität. Es ist die Stufe der Auseinandersetzung mit unserer Nestpflege, Strukturen des Brütens und Aufziehens, also die Ebene des nach außen gerichteten Überlebens. Die tiefste und älteste Struktur schließlich trägt die Basisautomatismen des eigenen körperlichen Überlebens. Diese Teile, die denen des Stammhirnes entsprechen, regeln Blutdruck, Atmung, Körpersekretionen usw. und sind die ältesten Strukturen des Lebens überhaupt.

In McLeans eigenen Worten hört sich diese Aufteilung so an:

»In seiner Evolution entwickelte sich das Gehirn der Primaten entlang dreier Basismuster, die bezeichnet werden können als das Stadium der Reptilien, der Paleosäugetiere und der Neosäugetiere. Daraus resultierte eine bemerkenswerte Verbindung dreier Gehirntypen, die radikal verschiedenartig sind in ihrem Chemismus und in ihrer Struktur und die in einem evolutionären Sinne Äonen voneinander entfernt sind. Es existiert sozusagen eine Hierarchie von drei Gehirnen in einem, oder wie ich es kurz das ›dreieinige‹ (triune) Gehirn nenne. Daraus ist zu folgern, daß jedes dieser Hirnteile seine eigene spezielle Art der Intelligenz hat, sein eigenes spezielles Gedächtnis, seinen eigenen Sinn für Zeit und Raum und seine eigenen motorischen und sonstigen Funktionen. Und obwohl diese drei Teile sehr eng miteinander verbunden sind und in Abhängigkeit voneinander funktionieren, so gibt es doch gute Gründe, zu vermuten, daß jeder Teil auch in gewisser Weise unabhängig voneinander operieren kann.«

Mit dieser Aussage liegt zunächst nur eine theoretische Denkfigur vor, die noch nichts über den Bereich der Realität, die mit diesen Hirnformen abgebildet werden kann, aussagt. Es leitet sich nur die Annahme daraus ab, daß – je tiefer man in das Hirn nach unten vordringt – immer ältere Strukturen und Wahrnehmungsmuster, geologischen Gesteinsformationen gleich, im Hirnaufbau auftauchen.

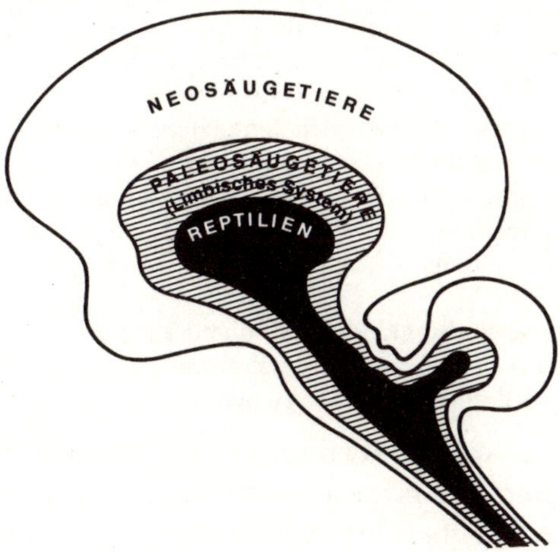

Doch auch diese Forschung ist bereits in die praktische Umsetzung gelangt. Ähnlich wie Betty Edwards die »split-brain«-Forschung experimentell umgesetzt hat, so hat die amerikanische Forscherin Jean Houston ein experimentelles Design entwickelt, die »triune-brain«-Forschung in die Praxis zu überführen. An vielen Plätzen der Welt arbeitet sie mit Gruppen zusammen, denen sie als Ganzes gleichsam einen Abstieg in die phylogenetische Erbschaft ermöglicht. Mit Hilfe von »guided fantasies« und assoziierter Körperarbeit geht sie den Gang der Evolution noch einmal von Anfang an durch, und es gelingt ihr ohne große Schwierigkeiten, die jeweiligen Stadien des Lebendigen abzurufen.

Praktisch sieht das so aus, daß sie zunächst über die Entwicklung der Hirnstruktur spricht, das McLean'sche Modell kurz darstellt und dann die Teilnehmer auffordert (meist im Freien auf einem großen Rasen) sich auf den Bauch zu legen, die Hände an den Seiten, und dann mit sanft wiegenden Bewegungen den ganzen Körper von links nach rechts zu rollen. Dazu sagt sie die Worte: »Dieses ist das Stadium des Fisches. Es korrespondiert mit dem Stadium der frühesten Kindheit, in dem ihr euch auch gerade etwas drehen konntet. Seid euch darüber klar, daß ihr, indem ihr diese Bewegungen ausführt, die Fischstrukturen eures Gehirns aktiviert und überlaßt euch ganz diesen Bewegungen und dem, was ansonsten bei euch ablaufen wird.« Nach 5 Minuten, während derer die Teilnehmer die Bewegungen ausführen, geht sie zum Amphibien-Stadium über: »Ihr entwickelt euch jetzt zu einem Amphibium. Fangt also jetzt an, euch langsam auf euren Ellenbogen zu bewegen und euren langen Schwanz, der aus dem gesamten Unterkörper besteht, hinter euch herzuziehen. Indem ihr das tut, erlaubt ihr den Amphibien Strukturen eures Gehirns, aktiviert zu werden. Falls ihr euch unter oder über anderen Teilnehmern herkriechen findet, solltet ihr wissen, daß dies ein ganz normaler Teil des Amphibien-Lebens ist, und ihr solltet euch einfach weiter fortbewegen.«
Und so geht es weiter durch die Stadien und Strukturen der Reptilien, frühen Säugetieren, frühen Affen, höher entwickelten Affen, frühen Menschen bis zu den heutigen Menschen.

Es ist sehr beeindruckend zu sehen, daß mitunter 80 bis 100 Menschen aller Altersklassen (ich habe schon gleichzeitig 5jährige Kinder über 70jährigen Frauen – beide waren

Amphibien – klettern sehen. Und 70jährige Frauen über 5jährige Kinder!) gleichzeitig durch die Evolution kriechen, hüpfen, kreischen, kämpfen, spielen, lieben, hassen, töten und gebären. Nun kann man Derartiges leicht als Suggestion abtun, wäre da nicht das Phänomen, daß die Teilnehmer in sich Entdeckungen machen, die sie selbst nicht für möglich hielten. Zum Beispiel, welch wichtige Rolle die Zunge auf einmal einnimmt, wie sie im Reptil-Stadium auf einmal wild herausfährt, gar nicht mehr zu kontrollieren ist; wie auf einmal als Fisch die Außenwelt in Gestalt der anderen Fische vollständig gleichgültig wird, was es hier heißt, allein und unabhängig zu sein, niemanden zu brauchen und trotzdem mit der Welt in einem unendlichen Frieden zu sein; die existentielle Erfahrung des Fisches, keine Angst zu kennen; wie es ist, als kleiner oder großer Affe archaisch aggressiv zu sein und die anderen wegzubeißen; wie es ist, als Wolf oder Hyäne (oder als Hund) nur die Nase zur Verfügung zu haben, seinen sexuellen Impulsen nachzugehen. (Es war mir z. B. anfangs eine Sekunde lang sehr peinlich, als ich merkte, daß ich als Hyäne meine Nase mit einem unwiderstehlichen Drang schnüffelnd in weibliche oder männliche Hinterteile bohrte (mein Gott, ich kenne diese Leute doch kaum, sagte mir meine linke Hälfte, während die rechte die weiblichen Hinterteile sehr viel aufregender fand). Aber es war so gut wie ausgeschlossen, mich dem zu entziehen. Es gehörte zum inneren Programm.

Von außen war derartiges nicht vorgegeben, da war nur gesagt: »Ihr betretet nun das Stadium der frühen Säugetiere.« Es wäre ein eigenes Buch wert, diese Entdeckungen der inneren Programme mit all ihren Überraschungen zu präsentieren. Ich habe mittlerweile dieses Evolutionsspiel – Prolepsis genannt – selbst mit vielen Gruppen durchgeführt, und es kommen immer wieder neue Überraschungen zum Vorschein – jeder führt eben sein individuelles Evolutions-Leben.

Mittlerweile stelle ich mir ernsthaft die Frage, ob der Bereich der Tierforschung nicht dadurch wesentlich bereichert werden könnte, daß der Zoologe auch einmal das eigene diesbezügliche Tier – mit dem er sich vordringlich beschäftigt – in sich zum Sprechen brächte. Ich stelle mir vor, daß es ein exquisiter Weg ist, Tiere zu verstehen, ohne sie vermenschlichen, d. h. ohne unsere Logik, unsere linke Hirnhälfte, an ihr Verhalten herantragen zu müssen. (Warum sollte Professor Grzimek nicht mal seinen eigenen Affen freilassen – und das im Fernsehen?)

Zurück zum Thema: Warum führe ich diese Beispiele an? Warum überhaupt bei einem Thema wie der Heldenreise Physiologie?

Das Thema der Reise in die eigenen Abgründe ist schon vor Beginn der Reise verbunden mit einem Gefühl, das vor allen anderen Gefühlen erst einmal herausragt: Angst. Und sie hat – wie jede Angst – einen gewichtigen Aspekt: Wir wissen nicht, wovor wir Angst haben. Wir haben Angst vor dem Unbekannten in uns. Wir haben (oft) Angst vor unseren Träumen, und diese Angst ist es, die verhindert, daß wir andere, neue Erfahrungen machen, die bewirkt, daß wir der Realität ängstlich entgegentreten und damit bereits neue Angst heraufbeschwören. Angst sucht sich immer Angst. Angst macht eng und Angst ist bereits Enge (sprachlich hat Angst mit Enge zu tun).

Um einen Teil dieser Angst begegnen zu können, werde ich physiologisch. Es hat sich gezeigt, daß Menschen, die einmal verstanden haben, daß das, was sie fürchten, nicht von außen kommen kann, sondern immer nur von innen, und die verstanden haben, daß alle Gefahren dieser Welt nur von ihnen selbst ausgehen, die die Mechanismen begriffen haben, auf welche hirnphysiologische Weise das Unbekannte in ihnen steckt, daß diese Menschen mehr Mut haben, sich selbst zu begegnen. Sie verstehen jetzt, daß sie nicht in den Krieg ziehen müssen, sondern nur in die rechte Hirnhälfte, daß sie nicht in die Hölle gehen müssen, sondern nur in die Tiefen ihres Gehirns, um den Geheimnissen ihrer Angst und ihrer Verzweiflung auf die Spur zu kommen. Und den Geheimnissen ihres Lebens. Sie verstehen bald, daß die Beschäftigung mit der

Unterwelt nichts anderes ist als eine Beschäftigung mit den horizontalen und vertikalen Strukturen, die sich untereinander *mischen* (split-brain mit triune brain) und die in dieser Mischung die bizarrsten Bilder aus unserer ontogenetischen und phylogenetischen Erbschaft hervorbringen.
Meine Beschäftigung mit Physiologie ist also – offen gesagt – ein Trick, mit dessen Hilfe ich Angst zu begegnen versuche. Daß man, wie in der Straßenbahn, eine Haltestange hat, an der man sich festhalten, an die man sich klammern kann, wenn die Bahn einmal beachtlich schlingert.
Doch fragen wir uns ernsthaft: Erklären diese hirnphysiologischen Phänomene irgend etwas? Sagen sie die Wahrheit über uns, die ganze Wahrheit? Haben wir jetzt eine Erkenntnis über die Ursachen unserer Schwierigkeiten?
Wohl kaum. Sicher, diese Phänomene sind beobachtbar, und ganz ohne Zweifel stimmen sie auch. Sie stimmen auf einer Ebene.
Und doch sind sie wieder einmal Haltestange, Wanderstab. Wir sollten uns davor hüten, zu sagen: Ver*zwei*flung ist da, *weil* unser Hirn zweigeteilt, dreigeteilt usw. ist. Denn dieser Satz erklärt nichts, er liefert uns wieder nur ein neues Bild. Ein Bild, das wir *wissenschaftlich* nennen dürfen, weil es in einem Bereich entstanden ist, auf einer Ebene, auf der Menschen arbeiten, die sich selbst Wissenschaftler nennen und die nach bestimmten Regeln – die sie sich selber gegeben haben – in die Welt hineinschauen. Und wer – aus welchen Gründen auch immer – eine Nähe zu diesem Arbeitsfeld verspürt, der darf dieses Bild getrost verwenden. Es ist nicht falsch. Aber es ist ein Bild – für etwas, was sich ohne Bilder überhaupt nicht sagen läßt.
Und ob ich jetzt ein hirnphysiologisches Bild wähle oder ein religiöses, ist letztlich gleichgültig, wenn wir nur erkennen: Es geht um die gleiche Sache. Nur, der Pfarrer wählt andere Termini für seine Art, die gespaltene Welt darzustellen. Es scheint mir wirklich beliebig, welche Ebene wir wählen: überall zeigt sich das gleiche Phänomen: Gespaltensein.

Bevor ich zu der eigentlichen »Reise des Helden« komme, möchte ich diesen Sachverhalt der Spaltung noch auf einer weiteren Ebene darstellen, die noch einen sehr wichtigen Aspekt in die Diskussion einfügt. Es ist der Aspekt des »Meinens«: eine Meinung haben.

Kapitel 3: Philosophie

> Wenn die Ereignisse auf der Welt fehlerhaft verlaufen, dann stimmt mit mir selbst etwas nicht!
>
> (C. G. Jung)

Auch philosophisch betrachtet sind wir gespalten.
Eng verbunden mit dem, was ich über Physiologie gesagt habe, ist ein anderer Sachverhalt, den ich jedoch eher unter »Philosophie« einordnen möchte.
Wir Menschen zeichnen uns durch vieles von den anderen uns umgebenden »Reichen« aus. Da gibt es – nach einer sehr alten Einteilung – das Mineralreich, das Pflanzenreich, das Tierreich und das Menschenreich, doch wir Menschen haben ohne Frage eine Sonderstellung, und das in vielerlei Hinsicht: Wir haben Werkzeuggebrauch (Technik), haben einen hochkomplexen Gebrauch von Sprache entwickelt, können Probehandeln, haben ein entfaltetes System der Wertschöpfung und was der typisch menschlichen Eigenschaften mehr sind. Eines aber erhebt uns ganz sicher über alle Reiche hinweg, und darüber wird leider etwas wenig geredet. Wir Menschen sind die einzigen Wesen des uns bekannten Kosmos, die etwas machen, worauf kein Angehöriger eines der anderen Reiche je käme: wir werten. Wir sagen: *dies ist gut,* und damit sagen wir auch: *jenes ist schlecht.* Und schon sind wir – philosophisch gesehen – in der Spaltung. Diesen auf den ersten Blick ziemlich banalen Sachverhalt möchte ich auf den nächsten Seiten erläutern.
Gehen wir noch einmal zurück zur Physiologie. Was ich dort über rechts-links gesagt habe, möchte ich hier konkreter werden lassen. Das Physiologische war zunächst eine Metapher für zwei Arten von Realität. Ich sage bewußt nicht, zwei Arten, die Realität *wahrzunehmen,* sondern zwei Arten von Realität.

Eine Metapher für die Tatsache, daß wir alle in zwei Welten leben oder in zwei verschiedenen Landschaften, auf zwei verschiedenen Realitätsebenen. Und unsere Verwirrung, unsere Neurose, unsere Schizophrenie hat sicher auch damit zu tun, daß wir ständig die Ebenen durcheinanderbringen. Daß nämlich ein Teil von uns auf einer Ebene steht und handelt, während ein anderer Teil von uns – auf einer anderen Ebene stehend – sich permanent einmischt und auch zu seinem Recht kommen will. Und nun anfängt, zu intrigieren, weil beide Ebenen nicht miteinander versöhnt sind (gleichsam ein innerer double-bind: eine Art Beziehungs-Falle). Schauen wir uns beide Welten (Realitäten) an. Hier nur einige Beispiele (der Leser mag sie beliebig verlängern):

Rationale Alltagswelt	*die »andere« Realität*
(als Metapher: linke Hirnhälfte)	(als Metapher: rechte Hirnhälfte)
Universität	Traum
Wohnen	Phantasiereisen
arbeiten	verliebt sein
Behörde	im Kino von einem Film gefangen sein
Straßenlärm	Musik hören
sprechen	tanzen
nachdenken	freies Malen
planen	Bilder anschauen
einkaufen	krank sein
Essen kochen (?)	miteinander schweigen
Urlaub machen	in die Kirche gehen
diskutieren	singen
Opfer sein	Täter sein
Wissenschaft	lachen, niesen
›bumsen‹	zärtlich sein
etc.	usw.

Das sind nur einige Beispiele für die zwei Welten, die einander gegenüberstehen, und es ist dabei unerheblich, daß die Paare, die sich hier begegnen, willkürlich gewählt sind. Erheblich ist jedoch, daß beide Realitäten nach ganz unterschiedlichen Prinzipien aufgebaut sind. Und ganz sicher es ist so, daß wir uns an der Universität (um das oberste Beispiel zu wählen) zunächst einmal auf der hellen Seite, der Seite der Ratio, der männlichen Seite, der des Tages, und das heißt hirnphysiologisch: auf der linken Seite, aufhalten. Sicher spielt auch die rechte Seite in die Universität hinein: die Unfähigkeit, sich hier wohl fühlen zu können, ich kann nicht träumen (und wenn ich es tue, verpasse ich etwas), ich kann nicht mit anderen schweigen (und wenn ich es tue, mache ich mir Vorwürfe: Ich hätte doch etwas sagen können, habe aber Angst das zu tun, will nicht, daß die anderen meine Angst merken, muß sie also wieder verbergen, usw.) kann nicht singen, kann nicht tanzen – all die Dinge müssen in der Universität draußen bleiben. Und schon ist klar, daß ich mich im Konflikt befinde.

Nun müssen wir zuerst einmal sehen, daß uns eigentlich kein Instrument zur Verfügung steht, die rechte Seite adäquat zu begreifen oder gar zu beschreiben. Denn alle Instrumente der Erkenntnis, die wir beherrschen, sind konstruiert und beeinflußt von der rationalen Seite. Aber diese Werkzeuge gelten für die rechte Seite nicht. Greifen wir uns noch einmal die Kategorie »Zeit« heraus (wir könnten auch »Raum« nehmen oder »Kausalität«); Zeit als eine Kategorie unseres Denkvermögens, mit deren Hilfe wir Realität organisieren. »Zeit« heißt für die linke Hälfte immer »Linearität«, also eine in gleiche Stücke gequantelte Abfolge von Vorher, Jetzt und Nachher (Vergangenheit, Gegenwart und Zukunft). Natürlich gibt es auch rechts Zeit – doch eine vollständig andere, die es links fast *nie* gibt. Rechts gibt es immer nur das Jetzt. Das absolute und ewige Jetzt.

Um das zu verstehen, müssen wir uns noch einmal die Gegenseite anschauen, am besten am Beispiel des Wissenschaftlers, der Daten sammelt. Für alle diese Daten gilt: es sind *vergangene* Daten – tot, vorbei, verweht. Und mit Hilfe dieser Daten baut unser Wissenschaftler Konstrukte, Modelle – Theorie genannt. Für sie aber gilt, daß sie auf die *Zukunft* anzuwenden sind, daß sie immer für die Zukunft gedacht werden. Einer Wissenschaft aber, die auf Daten der Vergangenheit beruht und für die Anwendung in der Zukunft konzipiert ist, entgeht der wichtigste Punkt, der auch am schwersten zu fassen ist: »Jetzt«, Gegenwart. Wer so Wissenschaft macht oder solche Wissenschaft weitergibt, achtet nicht darauf, was jetzt, gerade jetzt ist.

Es ginge auch gar nicht. Denn es ist das Prinzip der hellen, der rationalen Seite, daß sie immer um den Punkt des »Hier und Jetzt« herummanövrieren muß, ihn aber nicht greifen kann. Natürlich weiß man, daß es zu den schwierigsten Übungen überhaupt gehört, ganz im Hier und Jetzt zu sein. Wir haben uns angewöhnt, bei allem zu fragen: Was bringt mir das (später)? und wie werde ich das (morgen) umsetzen können? wie wird es sein, wenn ich mich (heute abend) mit Regine treffe? werde ich diesen Monat meine Miete zusammenbekommen? Und bei all diesen Gedanken sind wir auf der Seite der Wissenschaft: links.

Ganz anders die dunkle Seite. Sie können wir nur erleben, wahrnehmen, fühlen, schmecken, riechen, begreifen, wenn wir *da* sind. Wenn wir ganz in ihr sind. Und prinzipiell gilt: Alles, was wir über diese Seite *sagen, diskutieren, aufschreiben* usw., ist falsch. Muß notwendigerweise falsch sein, solange wir nicht da sind, *weil* wir nicht da sind. Und wenn wir da sind, ist das meiste von dem, was die linke Seite uns eingibt, nicht mehr wichtig, gilt nicht mehr.

Das ist, nebenbei gesagt, auch der Grund, warum ich in meinen Seminaren »Phantasiereisen« mache. Wir können die rechte Seite nur erleben, sie nur kennenlernen, wenn wir hingehen. Wenn es irgendwann (auch im Universitäts-Seminar) Augenblicke gibt, in denen wir *da* sind (man beachte die doppelte Wortbedeutung!). Ganz rechts.

Nun kann sich der Leser natürlich fragen: Zu was braucht man diese Seite? Warum muß ich sie zur Kenntnis nehmen? Ich komme ganz gut ohne diese Seite klar. Was soll ich zum Beispiel mit einem plärrenden traurigen Kind, das ich bei der Phantasiereise »Begegne dem kleinen Kind, das tief in dir steckt« auf dem Arm gehalten habe und das mich selbst sehr traurig gemacht hat?

Die Antwort ist ganz einfach: Du solltest diese Seite kennenlernen, weil du diese Seite bist. Weil diese Seite (metaphorisch gesprochen) mindestens die Hälfte von dir ausmacht. Weil du ohne Kenntnis dieser Seite nur halb bist.
Oder, anders gesagt, weil sich sonst diese Seite blind durchsetzt, du ihr ausgeliefert bist.
Denn eines ist sicher, in jeder deiner Handlungen, in jedem deiner Wünsche, Phantasien, Hoffnungen und Pläne (vordringlich auch in deinen Krankheiten) steckt diese Seite drin. Sie ist es, die dich verwirrt, die dich in Konflikt mit dir selbst stürzt, die dich »unheil« macht – die Unheil schafft. (Was nur das Gegenteil von heil, gesund, bedeutet.) Denn diese Seite hat zwei wichtige Vorteile (die du vielleicht zunächst als Nachteile siehst):

1. sie sagt dir die Wahrheit über dich, und
2. sie hat absolut keine Moral.

Und das ist auch der Grund, warum wir sie alle nicht kennenlernen, mit ihr nichts zu tun haben wollen, warum wir uns mit ihr so krank fühlen.
Es gibt auch im Alltag einen vorzüglichen Weg, die finstere Seite kennenzulernen. Wenn du sehr aufmerksam bist und in dir solche Sätze hörst wie: Das (oder die Person) verabscheue ich; das hasse ich; das ist schlecht; das kritisiere ich; darüber empöre ich mich; das lehne ich ab usw., und wenn du dann merkst, daß in dir eine Menge Energie bei diesen Sätzen im Spiel ist, dann kannst du sicher sein, daß deine dunkle Seite genau das tun will (oder unentwegt schon tut) oder dem gleichen will, was deine helle Seite haßt.
Wenn man diese Sichtweise einmal systematisch übt – vielleicht noch nicht sofort bei sich selbst – und sich beispielsweise Reden von Politikern daraufhin anhört, was sie im Brustton der Überzeugung alles nicht wollen, dann weiß man, womit ihre dunkle Seite gerade positiv beschäftigt ist. Es ist schon besser, man fängt bei den anderen an, hellhörig zu werden, bei uns selbst ist das schon schwieriger.

Der eben beschriebene Sachverhalt folgt dem »Gesetz der Polarität«. Dieses Gesetz besagt, daß die Welt nach dem Prinzip der Gegensätze aufgebaut ist. Das heißt, zu jeder Seite gehört notwendigerweise auch ihr Gegenteil. Immer. Und jede Seite lebt auch nur aus ihrem Gegenteil. Schon vor 2500 Jahren hat Heraklit dieses Gesetz formuliert:

»Ein und dasselbe ist Lebendiges und Totes und Wachendes und Schlafendes und Junges und Altes; denn dies schlägt um und ist jenes, und jenes wiederum schlägt um und ist dies.«

Das ist auch der tiefere Sinn des Yin und Yang:

Zum *Tag* gehört notwendigerweise die *Nacht.*
Zum *Einatmen* gehört notwendigerweise das *Ausatmen.*
Zum *Mann* gehört notwendigerweise die *Frau.*
Zur *Frau* gehört notwendigerweise der *Mann.*
Zur *Liebe* gehört notwendigerweise der *Haß.*
Zum *Leben* gehört notwendigerweise der *Tod.*
Zum *Frieden* gehört notwendigerweise der *Krieg.*
Zum *Opfer* gehört notwendigerweise der *Täter.*
Zum *Glück* gehört notwendigerweise das *Unglück.*
Zur *Gesundheit* gehört notwendigerweise die *Krankheit.*

Diese Sätze gelten natürlich immer auch umgekehrt.
Man darf das »Gesetz der Polarität« nicht mißverstehen: »gehört notwendigerweise« heißt, eines kann ohne das andere nicht existieren. Es wäre nicht existent. Das bedeutet: Es kann keine Gesundheit geben, wenn es keine Krankheit gäbe (und es kann keine Krankheit geben, wenn es keine Gesundheit gäbe).
Man muß sich das klarmachen: Es kann keinen Täter geben, wenn es keine Opfer gäbe. Der Satz heißt nicht etwa nur: der Täter produziert das Opfer, sondern auch: das Opfer produziert den Täter. Ohne Opfer gäbe es keine Täter. Nicht etwa: zum Krieg gehört der Frieden, sondern auch: zum Frieden gehört der Krieg.
So funktioniert unsere Welt. Und so funktioniert auch unsere *menschliche* Welt. Schon seit einigen hunderttausend Jahren. Nur für unsere linke Gehirnhälfte funktioniert sie so falsch. Unsere linke Hirnhälfte möchte die Polarität nicht wahrhaben,

sie schreit unentwegt nur nach der einen Seite, nach Liebe, Glück, Frieden, Gesundheit, Leben, Helligkeit, also nach dem, was wir als positive Möglichkeiten, als Möglichkeiten des Glücks uns zu wünschen angewöhnt haben. Und weil die linke Hälfte so rigoros mit der dunklen Seite der Welt umgeht, sie ausschalten möchte, sie nicht haben will, muß diese Seite – die ja da ist, die ja in allen Regungen der Welt vorhanden ist – von der rechten Hirnhälfte ins Spiel gebracht werden. Das macht unsere Verwirrung aus.

Wir kämpfen unentwegt einen aussichtslosen Kampf gegen uns selbst, weil wir die andere Seite, die in uns ist, die wir aber nicht haben möchten, mit allen Mitteln unterdrücken oder rausschmeißen wollen. Und so gehen wir hin und *werten:* Frieden ist gut, Krieg ist schlecht. Gesundheit ist gut, Krankheit ist schlecht usw. Das meinte ich am Anfang dieses Kapitels mit unserem Gespaltensein in philosophischer Hinsicht. Das heißt, wir beginnen einen Kampf gegen das, was unserer Meinung nach schlecht ist, und merken dabei gar nicht, daß wir damit nur eines bekämpfen: uns selbst.

»Tod dem Faschismus« ist eine gesprayte Inschrift in den Fluren der Frankfurter Universität. Der Leser mag selbst über die Anziehungskraft der Gegensätze innerhalb dieses Satzes meditieren. Aber auch andere populäre Slogans wie »Ein Herz für Kinder«, »Kampf dem Rauschgift« und insbesondere »Kampf gegen den Krebs«, tragen ihre eigene Brisanz in sich. Der Schulmedizin sei vor allem ein Satz ins Poesiealbum geschrieben: »Eine Krankheit zu bekämpfen heißt, sie sich zum Feind zu machen.«

Blauäugig gehen wir in jede Beziehung hinein, in jede Freundschaft, wollen immer nur das Gute, Liebe, Schönheit, Glück, Zärtlichkeit usw., und unerbittlich zieht uns unsere rechte Seite auf den rechten Weg.

Wir sind überzeugt davon, *daß nicht wir selbst es nicht sind, die das herstellen,* und so fangen wir an zu projizieren: Der andere ist es, der das Unglück, den Haß, die Häßlichkeit und die Grobheit ins Spiel bringt. Sogar dann noch, wenn unmittelbar

kein Schuldiger auszumachen ist, wenn wir also nicht wissen, woher das Unglück kommt, wissen wir eines doch genau: von uns nicht. Und so bedienen wir uns der »Philosophie des ausgestreckten Zeigefingers«: Der da! Das da ist schuld! Und für »der da« und »das da« kann man jetzt je nach Standpunkt (oder politischer Überzeugung) beliebige Vokabeln einsetzen: Schuld ist »Kindheit«, »Mutter oder Vater«, »Gesellschaft«, »Verhältnis von Lohnarbeit und Kapital«, »Umweltverschmutzung«, »die Universität«, »ein Bazillus«, »Strauß« oder »Schmidt« und dergleichen mehr. *Immer* ist es ein »anderes«.
Und damit sind wir ebenfalls von uns getrennt. Um Mißverständnisse zu vermeiden: Es könnte nach dem Gesagten leicht der Eindruck entstehen, wir müßten jetzt alle für den Krieg sein, oder *für* Krankheit oder *für* Unglück, um nicht die Polarität zu verletzen. Doch darum geht es gar nicht. Krieg ist da und Unglück ist da, vollkommen unabhängig davon, ob jemand da ist, dem das paßt oder nicht paßt. Und vollkommen unabhängig davon, ob jemand dagegen kämpft. Nur: Jeder Kampf gegen etwas, nährt das, wogegen gekämpft wird. Wer gegen den Krieg kämpft, muß notwendigerweise Krieg führen. Wer den Faschismus töten will, ist ein Faschist. Wer sich gegen Krankheit auflehnt, ist daran bereits wieder krank.
Es geht aber darum, den anderen Teil *in uns* kennenzulernen, den Teil, den wir *im Außen* hassen und bekämpfen. Es ist wahr: Wer den Krieg in sich kennt, kämpft nicht mehr gegen ihn – und das heißt: *er führt keinen Krieg mehr.* Wer den Haß, den unbändigen Haß in sich kennengelernt und akzeptiert hat als einen Teil von sich selbst, der wird gegen diesen Haß nicht mehr kämpfen – er haßt aber auch nicht mehr. Weder sich noch andere. Denn: Wer sich nicht haßt, haßt auch die anderen nicht. Das ist – es mag fatal klingen – die einzige Möglichkeit, die wir gegen den Krieg, gegen den Haß und alle anderen Teile unserer rechten Hälfte haben.
Die einzige Chance, die wir haben, ist die, *selber aufzuhören,* Krieg zu führen, indem wir unseren eigenen Krieg in uns nicht mehr bekämpfen müssen. Wenn wir sehen, unsere linke Hälfte

will Frieden und unsere rechte Hälfte will, als Ausgleich dazu, Krieg, und wir können das akzeptieren und haben die Chance, kennenzulernen, daß wir den Krieg rechts mit gleicher Inbrunst wollen wie wir Frieden links wollen, wenn also beide Teile für uns *gleich gültig* werden, dann werden sie nach den Gesetzen der Polarität auch *gleichgültig*. Wir sind nicht mehr in der Polarität gefangen, wir stehen auf einer neuen Ebene, auf der Krieg und Frieden keine Probleme mehr sind. Und so traurig das klingen mag – jeder Mensch auf Erden, jeder potentiell kriegführende Mensch, muß das für sich selbst tun, muß diesen Weg für sich selbst gehen. *Niemals* kann jemand einen anderen davon abhalten, Krieg zu führen. Noch nie hat jemand das geschafft – außer er bringt ihn um.
Doch es gibt viele Möglichkeiten, dem anderen dazu zu verhelfen, den Krieg in sich zu sehen – und damit vielleicht den Krieg überflüssig, gleichgültig zu machen. Einer dieser Wege ist die »Reise des Helden«. Deshalb hat dieser Weg auch immer nur eine Frage: *Wer bin ich?* (Was fehlt mir?)
Kehren wir noch einmal zurück zum *Bild der beiden Hirnhälften,* oder *zur Tag- und Nachthälfte des Tai Gi*

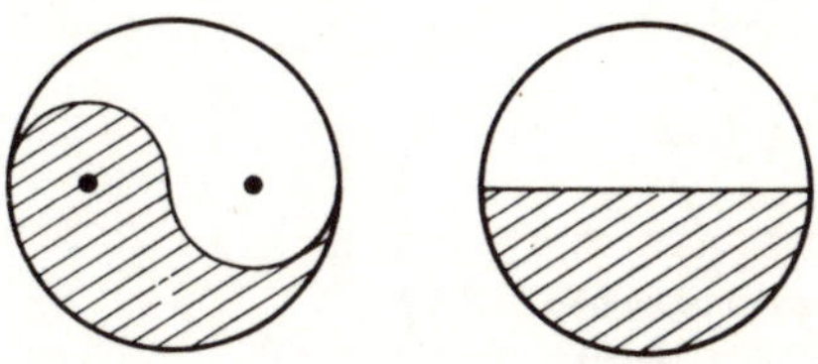

Tag = Linke Hirnhälfte

Nacht = Rechte Hirnhälfte

Da wir in der Taghälfte genau wissen (oder uns zumindest oft einbilden, das zu wissen) wer wir sind, ist diese Hälfte ziemlich uninteressant. Es geht also darum, herauszubekommen, wer wir in unserer dunklen Hälfte sind. Das Attribut »dunkel« soll nicht andeuten, daß diese Hälfte schlechter sei als die andere (obwohl unsere linke Hälfte das insgeheim glaubt), sondern daß es einfach unsere *andere* Seite ist, die Seite, die wir normalerweise nicht sehen. Die vermeintlich nicht zu uns paßt, die uns Angst macht, die uns traurig macht, uns empört. Kurz:

the dark side of the moon, eine Seite in uns, die wir nicht kennen. Und die wir auch normalerweise in unserem alltäglichen Leben nur in ihren symbolischen oder neurotischen Handlungen in Umrissen zur Kenntnis nehmen.
So ist es z. B. der Anspruch in meinen Gruppen, einige Teile dieser anderen Welt erfahrbar und sichtbar werden zu lassen. Dabei ist es für die Teilnehmer wichtig zu wissen, daß Zeit, Raum und Kausalität in dem Bereich, den sie durchwandern, nicht gelten. Und es ist besonders wichtig zu wissen, daß niemand vorhersagen kann, welcher Teil dieser anderen Welt gerade bei ihm thematisiert wird. Das heißt, niemand kann vorher wissen, wo er gerade in dieser anderen Realität landen wird. Auch hier wieder befindet sich die »Heldenreise« im Gegensatz zur herkömmlichen Wissenschaft, die meistens ziemlich genau weiß, mit welchem Bereich der Realität sie sich gerade beschäftigt. Der »Reisende« in die Unterwelt weiß das nie vorher.
Sehen wir uns noch einmal beide Hälften in einer Graphik an:

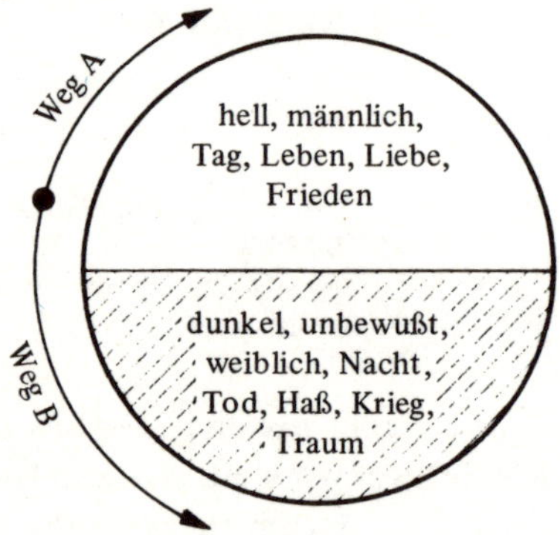

Der Weg A ist der »Weg der Wissenschaft«, der Weg, den wir (auch wenn wir keine Wissenschaft betreiben) tagtäglich gehen. Denn wir kennen ihn, er ist (relativ) sicher. Er enthält Theorien über die Realität.

Der Weg B ist der, den Castaneda als den »Weg des Zauberers« beschreibt, der Weg ins Dunkel. Es ist der Weg der Meditation, aber auch der Weg, den jede Therapie nimmt (sofern sie den Namen verdient), der Weg ins Unbewußte – unbewußt deshalb, weil wir nichts davon wissen wollen. Der Weg in die andere Seite der Polarität. Und weil diese ganzen Namen mir zu wenig präzise sind und immer nur jeweils einen Aspekt der anderen Realität ausdrücken, habe ich mir eben angewöhnt, diesen Weg, der ein Weg in den Mythos ist, auch mit dem alten mythologischen Namen zu benennen: »Die Reise des Helden«. Wir sehen an der Graphik auch, zumindest symbolisch, was mit dem »Kehre um« gemeint ist: Statt immer nur den Weg A, geh auch mal den Weg B.

Kapitel 4: Die Reise des Helden

> So fremd uns der Transformationsprozeß zunächst erscheinen mag, so empfinden wir ihn bald als unumstößlich richtig. Was immer auch die anfänglichen Befürchtungen sein mögen; wenn wir einmal in uns etwas angerührt haben, das für immer verloren schien – unsere Heimkehr –, dann besteht keine weitere Bindung an das Alte. Wenn diese Reise einmal ernstlich begonnen hat, gibt es nichts, das einen wieder davon abbringen kann.
>
> (Marilyn Ferguson)

Was ist das nun, die »Reise des Helden«?
Zuerst einmal: Wir machen zeit unseres Lebens diverse »Heldenreisen«. Bekannt ist, daß alle sieben Jahre unser Körper sich fast bis auf die letzte Zelle erneuert und ebenso bekannt ist, daß alle sieben Jahre unser Leben in eine neue Phase tritt. Neue Dinge werden wichtig, neue Interessen entstehen, alte Beziehungen werden oft durch neue ersetzt (das »verflixte siebente Jahr« ist ja keine Erfindung der Filmindustrie, sondern entspricht dem natürlichen Rhythmus der Erneuerung). So könnte man sagen, daß fast alle sieben Jahre bei jedem Menschen eine neue Heldenreise beginnt. (Der Leser mag das prüfen, indem er sich fragt, ob sein Leben auch diesen Rhythmus von Werden und Vergehen hat und wie viele Jahre jeweils dazwischen liegen.)
Wir machen aber auch Heldenreisen in kleinerem Maßstab. So ist auch jeder Tag, den wir erleben (und jede Nacht), im Grunde genommen eine Heldenreise: denn potentiell beginnen wir jeden Tag unser Leben neu. Wir können es so lassen, wie es bisher war, wir können es auch radikal verändern. Es steht uns frei. Natürlich verändern wir nicht jeden Tag unser Leben. Warum auch? Wir sind ja im Prinzip zufrieden (?). Gleichwohl, jeder Tag, den wir erleben, ist eine Heldenreise.

Na gut, könnte man jetzt fragen, wozu dann einen Begriff wie »Die Reise des Helden«, wenn er nur das meint, was ohnehin passiert. Dann habe ich einfach für jeden Tag oder für das, was mir geschieht, was ich erlebe, einen neuen Namen. Jede Begegnung, die stattfindet, jedes Ereignis nenne ich dann »Heldenreise«.

Nun, so banal, wie es klingt, ist dieser Zusammenhang denn doch nicht. Natürlich machen wir alle immer – jeden Tag – eine Heldenreise. Aber wir wissen das nicht, wissen nichts über den Sinn dieser Reise. Wir machen sie sozusagen blind, unbewußt. Wir (be)achten die Reise nicht, die wir machen.

Und deshalb passieren uns auch tagtäglich die merkwürdigsten Dinge. Wir verlieben uns, werden krank, sind niedergeschlagen, haben gute Laune, werden fett, unsere Frau oder unser Mann läuft uns weg, wir können nicht schlafen, haben Prüfungsangst, kriegen Schweißfüße, gewinnen im Lotto, brechen uns beim Skilaufen ein Bein, können einen Aufsatz veröffentlichen usw. Meist sind wir jedenfalls nicht der ›Held‹ unserer Reise, sondern eher deren Opfer.

Es gibt keine wissenschaftliche Erklärung, die beispielsweise das Ereignis »Auftreten von Schweißfüßen« mit unserem Leben in einen Zusammenhang setzt. (Was es gibt, ist eine medizinische »Beschreibung« für dieses Phänomen mit Hinweisen darauf, woran es mit welcher Wahrscheinlichkeit liegen könnte. Doch derartige Angaben führen in den unendlichen Regreß, weil sich – wie wir gesehen haben – sofort wieder die Frage nach den Ursachen für die Ursache stellt.) Gar nach einem Beinbruch beim Skilaufen stehen wir vollends hilflos da.

Die einzige Erklärung, die der unbewußte Held oder die Wissenschaft hat, ist in diesem Falle der Begriff »Zufall«. Etwas weniger wissenschaftlich nennen wir es dann »Schicksal« oder ganz einfach »Pech«. Auf jeden Fall ist es etwas, was mit uns nicht allzuviel zu tun hat (mit unserem Tun oder Lassen): »Ich kann machen, was ich will, mir passiert immer so etwas.« Wir sind Opfer!

Und wie bei jedem guten Opfer ist auch hier schnell der Zeigefinger ausgefahren, der projizierend nach den Tätern, den Schuldigen, sticht: Kindheit, miserable Nahrungsmittel, mangelhaft hergestellte Skibindungen usw. Ganze Fachbereiche (z. B. die Soziologie) an Universitäten haben – von wenigen Ausnahmen abgesehen – nur eine Funktion: herauszufinden, wer in dieser Gesellschaft eigentlich *schuld* ist. Und selbstverständlich sind es auch hier die da draußen – und nicht wir selbst.
Das ist die Heldenreise, die wir – Anwesende natürlich immer ausgenommen – tagtäglich antreten. Und sie endet immer gleich. Es ist die normale unbewußte Heldenreise, deren Sätze zwischen: »Das geschieht *dir* recht« und »Warum muß ausgerechnet *mir* das passieren« schwanken. Warum gerade ich?
Das ist *eine* Möglichkeit der Heldenreise. Die normale. Und auch hier treffen wir auf die Gestalten unseres Unbewußten, die wir aber nur als zur Außenwelt gehörig interpretieren können, als die Dinge, die uns widerfahren, die jedoch mit uns eigentlich nichts zu tun haben. Und so lange wir so verfahren, können wir sie allerdings auch nicht kennenlernen. Da wir immer damit beschäftigt sind, Gründe für sie bei den anderen zu suchen, haben wir nicht die geringste Chance, Fragen zu stellen wie: Warum bekomme ausgerechnet ich ausgerechnet jetzt Schweißfüße?
Was will mir das sagen? Was bedeuten Schweißfüße für mich? Was für Schlüsse kann ich daraus ziehen? Welche unbewußten Prinzipien werden gerade jetzt in mir wirksam? Wie muß ich damit umgehen? Wer bin ich, der ich jetzt Schweißfüße bekomme? Was kann ich daraus über mich erkennen? Wie kann ich meine Schweißfüße erlösen? Was soll ich jetzt gerade kennenlernen? Wie kann ich meinen Schweißfüßen zuhören? usw.
Statt dessen gehen wir mit unseren Schweißfüßen zu einem Doktor und sagen: »Herr Doktor, machen Sie das weg!«
Das heißt, wir übergeben die Verantwortung für *unsere* Schweißfüße jemand anderem. Wir tragen sie zu jemandem,

der gelernt hat, bereitwillig Verantwortung für unsere Schweißfüße zu übernehmen. Daß er dabei oft nur sein Problem ausdrückt: daß er nämlich für *sich selbst* noch nicht gelernt hat, Verantwortung zu übernehmen, und deshalb studiert hat, die Verantwortung *der anderen* zu übernehmen, kommt uns dabei nur selten in den Sinn. Warum sollte ein Mensch Verantwortung für anderer Leute Schweißfüße übernehmen, wenn nicht aus einem eigenen Problem heraus? So könnte z. B. auch er sich ernsthaft die Frage stellen: Warum helfe ausgerechnet ich ausgerechnet jetzt ausgerechnet anderen Leuten bei ihren Schweißfüßen – und schon wäre er auf seiner Heldenreise. Doch welcher Mediziner tut das schon?

Und der Doktor macht die Schweißfüße weg. Jedenfalls versucht er es. Manchmal hat er sogar Erfolg damit und kann dann wieder eine Heilung in der Statistik verbuchen. Daß der Betreffende mit dem Schweißfußproblem sechs Wochen später mit Gicht in den Händen wiederkommt (oder sich ein Bein gebrochen hat), wird nicht mehr im Zusammenhang mit einem Problem gesehen, das sich zuerst als Schweißfuß ausgedrückt hat und jetzt, nachdem es das nicht mehr darf (d. h. nachdem man dem Problem die Ausdrucksmöglichkeit geraubt hat), sich einen anderen Bereich der Darstellung sucht. Und so kuriert der Doktor, der von uns den Auftrag bekommen hat »mach mich gesund«, munter weiter.

Ich habe absichtlich die Schweißfüße gewählt, weil man hier – je weiter es von einem entfernt ist – noch am ehesten bereit ist, Gedanken zu akzeptieren, die bei den Beispielen »Krebs« oder »Neurose« oder »Herzrhythmusstörungen« nicht mehr so einfach hingenommen werden können.

Doch jede Krankheit und jedes Mißgeschick (Zufall, Pech, Schicksal) sollte und könnte automatisch zu der entscheidenden Frage führen: »Was fehlt mir? Und nach dem vorher Gesagten liegt die Antwort auf diese Frage schon auf der Hand: Dir fehlt ein wichtiger Teil der *anderen Seite*. Dir fehlt Zugang. Dir fehlt das Hinhören auf das, was du nicht hören willst.

Die bewußte Heldenreise ist weiter nichts als ein *Zuhören,* auf das, was im Inneren verborgen ist. Aber wir machen den ganzen Tag so viel Lärm, daß diese Seite sich nicht Gehör verschaffen kann – und wir haben Angst vor diesem Zuhören (deshalb machen wir ja so viel Lärm).
Es braucht nicht die geringste Technik, um jeden Tag zu einer bewußten Heldenreise zu machen: nur ein wenig Übung im Zuhören, und schon fangen die Dinge an, beredt zu werden. Sie beginnen über sich, und d. h. auch immer über *mich* zu reden. Bei *jedem* Ereignis, das wir als unangenehm empfinden, hassen, ablehnen (und wo wir den Zeigefinger, der gerade nach außen zeigen will, spüren) brauchen wir, vielleicht nur für eine Minute, innezuhalten und uns zu fragen, was will mir das Ereignis über mich sagen – schon wären wir auf der *bewußten Heldenreise.* Dabei würde uns schnell sehr vieles über uns klar, und es wäre sofort vorbei mit der blinden Heldenreise, auf der wir nur Opfer sind.
Wie gesagt, es geht gar nicht – wie uns die gängige Ideologie glauben machen will – um *das Tun,* es geht nur um das *Hinhören.* Die Dinge ändern sich, indem man ihnen zuhört, nicht indem man sie bekämpft oder gar vor ihnen wegläuft. In beiden letztgenannten Fällen wachsen sie nur und werden unüberwindlich. Sie ändern sich deshalb, weil sie – einmal in ihrem Sinn für uns erkannt – überflüssig werden. Gleichgültig. Sie »fehlen« uns nicht mehr.

Dieses Zuhören – dieses »sich den inneren und äußeren Ereignissen zuwenden« – gehört mit zu den schwersten Dingen, die man sich denken kann. Weshalb es viele Möglichkeiten gibt, es zu trainieren. Es gibt Aufmerksamkeitsübungen, Körperübungen, Meditationsübungen, Atemübungen, Mantras, Mandalas, Gebete usw. Was immer man tut, eines ist wichtig: man muß es *üben.* Und man braucht – wenigstens für den Anfang – Hilfsmittel, Wanderstäbe. Es ist ziemlich unerheblich, *welche* Hilfsmittel wir wählen, wenn die Aufgabe einmal klar ist.

Es ist mir wichtig, auf das Wort *Aufgabe* noch einmal gesondert hinzuweisen. Es hat ja in unserem alltäglichen Gebrauch zwei Bedeutungen, und meistens wissen wir aus dem Zusammenhang sofort, was gemeint ist. Entweder will der Begriff eine Art Arbeitsplan ausdrücken (... es ist meine Aufgabe) oder er will deutlich machen, daß ich mich von etwas löse (ich gebe auf ...). Im Zusammenhang mit der *bewußten* Heldenreise ist der Begriff *eindeutig:* Es hat sich nämlich gezeigt, daß er hier immer *beides* meint. Es ist in der Heldenreise *immer* meine Aufgabe, etwas (eine Denkrichtung, eine Anschauung über mich, eine Meinung usw.) aufzugeben. Und doch ist es so, daß ich das nicht bewußt tun kann. Sobald die *Aufgabe* erfüllt ist, stellt ein *Aufgeben* sich von selber ein. Es kann also nie die Aufgabe sein, bewußt etwas (z. B. das Nägelkauen) aufzugeben, sondern immer nur: Es ist die Aufgabe, das Nägelkauen anzuschauen, es kennenzulernen, es zu akzeptieren als eine Seite an mir, die mir etwas sehr Wichtiges über mich zu erzählen weiß. Was sie erzählt? Woher soll ich das wissen – frage deine Nägel, deine Zähne, frage Hand und Mund – und höre ihnen zu. Sie haben dir etwas zu sagen.

Die Aufgabe besteht also darin, zuzuhören. Mehr nicht. Aber – machen wir uns nichts vor – darin liegt eine der schwersten Aufgaben überhaupt. Wir haben lange Jahre geübt, unseren Eltern und unseren Lehrern zuzuhören, wie sie Regeln gegeben haben, die uns die Welt erklären sollten. Und wir haben ein Leben lang geübt, *uns nicht* zuzuhören, und deshalb stehen wir eigentlich weit vor dem Punkt 0. Wir hätten als erstes einmal Ballast wegzuräumen, lebenslang aufgetürmte Meinungen von anderen, die wir (ohne daß wir je davon profitiert hätten) zu den unseren gemacht haben. Und dazu noch Meinungen von Psychologen, von Theorien, von Wissenschaftlern, die sich ein Leben lang mit anderen Menschen beschäftigt haben (und deshalb nie mit sich) und es ja eigentlich wissen müßten.

Aber noch nie haben wir uns nach *unserer* Meinung gefragt. Letztlich behandeln wir uns so, als wären wir selbst die einzigen, die über unser Leben absolut inkompetent sind. Alle Theorien glauben wir. (Jedenfalls die, die wir uns aussuchen – und fragen uns nie: Was für einen Grund haben wir wohl, uns ausgerechnet *diese* Theorie auszusuchen? Denn das würde uns viel mehr über uns sagen, als die Theorie selbst.) Paradox: Was andere Menschen (z. B. Psychoanalytiker) über wieder andere Menschen herausgefunden haben, sind wir schnell geneigt, für uns als zutreffend zu akzeptieren.

Und so stehen wir erst einmal ziemlich hilflos vor der Frage und mögen tief innerlich eine Stimme hören: »Ich, mir zuhören, was kann da schon rauskommen? Ich weiß es doch nicht, *das* ist doch mein Problem!« Damit haben wir recht. Und doch wieder nicht. Denn leuchtet uns nicht sofort auch die gegenteilige Frage ein: »Wer, um Himmels willen, sollte über uns etwas wissen, wenn nicht wir selbst?« Niemand kann das. Und niemand hat das je gekonnt. Noch nie hat ein Therapeut etwas über unsere verborgene Seite herausgefunden. Über seine eigene könnte er schon etwas in unserer Therapie herausfinden, deshalb macht er ja mit uns Therapie, damit er etwas über sich herausfindet. Das ist seine Aufgabe. Wie du auf deinen Nägeln herumkaust, um dir auf die Spur zu kommen, so kaut er auf dir herum, um etwas über sich herauszubekommen. Schlimm wird es (nur für ihn), wenn er das nicht weiß, weil er dann immer glaubt, er würde etwas über dich sagen.

Das ist nun aber keine Kritik an deinem Therapeuten. Er ist so oder so Hilfsmittel für dich, und du bist Hilfsmittel für ihn. Und das ist ganz in Ordnung so. Ob er das weiß oder nicht, *dir* hilft es in jedem Fall (solange du bei der Frage bleibst). Fraglich ist nur, ob es ihm hilft – solange er *nur* dich im Auge hat, ist er auf der unbewußten Heldenreise. Opfer. Er mag sich dann wundern: Mein Gott, was für Klienten ich immer kriege ...?

(Es ist wohl deutlich, daß ich hier abdrifte und ausschließlich mein Problem darstelle – ich komme also jetzt wieder zurück.)

Es ist fast unmöglich, die »Reise des Helden« ohne Hilfsmittel zu beginnen. Ohne Wanderstab. Welcher Art dieses Geländer ist, das dich zu der Frage führt: »Was fehlt mir?«, ist gleichgültig. Du kannst jedes System nehmen. Wenn du einmal die Frage im Visier hast und nicht locker läßt, dich sehen zu wollen, siehst du dich früher oder später in jedem System – wie absurd auch immer es sein mag.

• Ob du an Astrologie glaubst oder nicht, ist vollkommen gleichgültig. Wenn du dich mit Astrologie beschäftigst, stößt du auf dich, zwangsläufig.
Wenn du dich freilich mit der Frage beschäftigst: Stimmt die Astrologie?, so antworte ich dir unumwunden: Natürlich stimmt sie nicht! Vergiß diese Frage. Beschäftige dich lieber mit der Astrologie.

• Ob du an Wahrsagekarten oder Tarot glaubst oder nicht, ist vollkommen gleichgültig. Wenn du eine Karte ziehst, ist es *deine* Karte. Es gibt keine andere. Du bist es, der da vor dir liegt, niemand sonst, nicht deine Mutter und nicht der Zufall. Du – »ganz allein mit deiner ganzen Figur«.
Aber stimmt die Kartenlegerei? Wenn du diese Frage stellst – hier ist meine Antwort. (Warte: Ich ziehe für die Frage eine Karte: die Karte heißt »Sehnsucht«. Eine doofe Antwort? Ich ziehe noch eine: »Hoffnung«*) Merkst du was? Natürlich stimmen sie nicht – oder fühlst du dich davon betroffen? (Überhaupt, so ein Unsinn, für den Leser Karten zu ziehen.) Beschäftige dich mit Karten! Es ist ein System, ein Hilfsmittel.

• Ob du dich für Therapie interessierst oder nicht, beschäftige dich mit Therapie. Mach Therapie. Du kannst dabei zu dir kommen. Mach so viel Therapie, wie du nur kannst und so viele verschiedene, wie du magst. Aber glaube nicht an das, was über sie in Lehrbüchern steht – und deshalb kannst du sie alle verwenden.

• Ob du dich für Bach-Blüten** interessierst oder nicht, beschäftige dich damit. Nimm Holly! 4 Tropfen am Tag. Es kann dir nichts passieren, außer: du stößt auf dich! Unausweichlich. (Und unangenehm.) Aber frag' nicht, ob sie wirken – und welches Prinzip dahinter liegt. Alle – keines! Es sind alles Hilfsmittel auf deinem Weg, sehen zu lernen. (Jede Therapie ist Augenheilkunde.) Fragen zu lernen. Lerne hinzuschauen und lerne zu fragen.

• Wenn du ein Tier hast, sage nie, ein Tier weiß nichts. Es ist

* Zigeuner-Wahrsagekarten der Fa. Ferd. Piatnik, Wien
** Mechthild Scheffer: Die Bach-Blütentherapie, München 1981

das klügste Wesen um dich herum – es hat nämlich keine Meinung. Frage das Tier um Rat und höre ihm zu. Laß das Tier für eine Weile dein Guru sein (pfeife auf alle Gurus, die einen Standpunkt haben, eine Meinung. Sie taugen nichts, solange sie eine Meinung haben: »Gott hat keinen Standpunkt, denn er steht auf allen Punkten« sagt die kleine Anna). Und du kannst Sehen lernen.

Können Tiere reden? Dieses Buch ist einem Hund gewidmet, der noch durch seinen Tod mehr gesagt hat als meine ganze sozialpsychologische Bibliothek. Er hat auch vorher geredet – aber ich habe lieber gelesen.

Kann man aus Büchern lernen? Eigentlich Nein! Warum nicht? Weil du nur dann etwas lernen kannst, wenn der Gegenstand des Lernens, das Symbol, an dem du etwas lernen kannst, dir *direkt* gegenübersteht. Du *mußt* ein Bild haben. Du mußt es dir zumindest (innerlich) schaffen können. Manche Bücher können das. Aber nicht viele. Sie geben dir Bilder, und es ist so, *als ob* du dem Gegenstand (an dem du etwas lernen sollst) direkt gegenüberstündest. Dann kannst du etwas begreifen. Etwas sehen. Alle Bücher, bei denen du nichts *siehst,* solltest du gleich wegschmeißen, oder dich sofort fragen: Warum sehe ich jetzt nichts? Was hat das mit mir zu tun?

Es muß nicht so sein, daß derartige Bücher nichts taugen, sie können ein Hinweis sein, daß du nichts sehen kannst. Wenn *du* dann immer noch nichts siehst, sind sie nichts für dich. Du kannst damit nichts anfangen. Wenn du bei diesem Buch, das du gerade in der Hand hältst, keine Bilder siehst, taugt es nichts für dich. Bringe es dann zurück und tausche es gegen »Momo« ein.

Alles, was dir nicht gegenübersteht, kann dich *nicht* spiegeln. Kann dir nicht zeigen, wer du bist. Sobald du aber auf deinem Weg bist, wirst du merken, daß du *immer* zur richtigen Zeit die richtigen Bücher bekommst.

Mit all dem, was ich auf den letzten Seiten gesagt habe, wollte ich dir zeigen, daß es tausendundein Hilfsmittel gibt, sehen zu lernen. Was du nimmst, ist gleichgültig. Alles ist *gleich gültig,* solange du die Frage fragst.

Die Frage schon wieder vergessen? Das ist auch so etwas, mit dem du rechnen mußt. Es gibt in dir *mächtige Kräfte,* die werden diesen Weg der bewußten Heldenreise zu verhindern trachten – um jeden Preis. Die bäumen sich auf in dir und sagen: »Das ist alles Quatsch, Blödsinn, das ist paranoid. Beziehungswahn!« Und in der Tat gibt es im Bereich der Psychiatrie eine Theoriefigur, die sagt folgendes: Patienten, die jede Bewegung der Außenwelt als eine Regung empfinden, die gegen sie gerichtet ist, unterliegen einem Wahnsystem, das wir »Beziehungswahn« nennen, sie beziehen alles, was geschieht, auf sich.

Einen winzigen Unterschied gibt es zwischen solcherart gestörten Menschen – die innerhalb ihres Systems ebenfalls recht haben – und der Heldenreise: sie empfinden alles als *gegen* sich gerichtet, wir alles als *für* uns. Alles ist Botschaft, Hinweis *für* uns – und nicht gegen uns.

Doch sollte uns an diesen Sätzen auch klarwerden: Wenn wir so die Welt nach uns um Rat fragen, werden die »Normalen« keinen Unterschied mehr zwischen uns und den »Verrückten« machen. Und tatsächlich ist die »Reise des Helden« auch eine Reise in die Ver-rücktheit. Je mehr wir sehen lernen, desto mehr werden wir aus der Norm rücken. Das sieht für die anderen verrückt aus. Und das ist es wohl auch. Und weil wir das wissen und weil wir Angst haben – schreiende Angst –, wehren wir uns tief im Inneren immer wieder gegen die »Reise des Helden«. Damit mußt du leben, du mußt es einfach wissen.

Ein alter chassidischer Spruch sagt: »Der Mensch fürchtet sich vor Dingen, die ihm nicht schaden können, und er erbittet Dinge, die ihm nicht helfen können.«

»Reise des Helden« heißt *immer,* in Dinge einzutauchen, vor denen wir uns fürchten ...

Gerade fange ich an zu missionieren. Bevor ich dabei weiter abschweife, sage ich dir lieber, was ich im restlichen Teil des Buches vorhabe.

Zuerst werde ich *ein* System vorstellen, die »Reise des Helden« etwas gezielter zu beginnen. Es ist ein System, das *Zuhören zu lernen,* das in unserem Land nicht sehr bekannt ist.* Es ist das Hilfsmittel der *Phantasiereisen.*
Vier Phantasiereisen werde ich hier wiedergeben und außerdem über die Erfahrungen berichten, die mit diesen Reisen verbunden sind. Ich habe diese und ähnliche Reisen bisher mit etwa 1000 Menschen unternommen und besitze eine Anzahl von Protokollen darüber, aus denen ich zitieren werde. Ich werde noch eine Reihe von Hinweisen und Fragen anschließen, die zu wissen für die alltägliche Heldenreise sich lohnen mag.
Folgendes Problem stellt sich: Jede Phantasiereise ist eigentlich eine Reise, die von Mund zu Ohr stattfindet. Da mein Mund nicht zu deinem Ohr gelangen kann, sondern nur mein Geschriebenes zu deinem Auge, erleidest du – wenn du jetzt weiterliest – einen ziemlichen Verlust. Du mußt die Augen geöffnet halten, d. h. du mußt gleichzeitig nach außen und nach innen schauen.** Das ist schwierig, aber es geht. Doch es ist allemal ein Verlust.
Besser ist es, du läßt dir den Text von einer Freundin oder einem Freund vorlesen. Sowieso wäre es besser, jemand ist dabei, und ihr könnt anschließend darüber reden, was du (oder der andere) gesehen hast.
Folgendes Setting hilft dir, die inneren Bilder deutlicher zu sehen: Es ist Abend, du liegst bequem auf einem Bett, und es brennt eine Kerze (oder drei) und Räucherstäbchen.
Als sehr wesentlich empfinde ich das Vorhandensein von Musik; und zwar einer Musik, die im eigentlichen Sinne kein Thema hat. Ich werde zu jeder Phantasiereise die passende Musik angeben. Diese Musik – in der Regel elektronische

* Entfernt ähnlich ist in Deutschland nur das, was Hanscarl Leuner mit seinem »Katatymen Bilderleben« macht.

** Es sei denn, du willst dir Kassetten mit dem von mir gesprochenen Text bestellen. (Peter Orban, Eduard-Rüppellstr. 3, 6000 Frankfurt a. M. Hier auch Informationen darüber, wann und wo Gruppen »Die Reise des Helden« stattfinden.)

Musik – hat den Vorteil, daß sie mit ihren langgezogenen Tonpassagen (das kann nur die Elektronik) die Zeitstruktur deiner linken Hirnhälfte auflöst und damit automatisch den »switch«, den Übergang von der linken zur rechten Hirnhemisphäre herbeiführt. (Das ist auch der Grund, warum viele Menschen elektronische Musik nicht ausstehen können – sie bringt dich nach *drüben,* und das ist bedrohlich.)
Für die letzte Phantasiereise mit dem Thema »Annehmen« benötigst du auf jeden Fall zwei Lieder von Sally Oldfield. Ich weise dich ausdrücklich darauf hin, du kannst die Reise nicht machen ohne diese Lieder – denn sie sind Teil des *Inhalts* der Reise. Sie gehören auch zur Trance-Einleitung. Ohne diese Lieder verstehst du nichts, mit diesen Liedern alles.
Jede Phantasiereise hat vier Phasen:
Die *erste* Phase ist die, in der du auf den Text eingestimmt wirst. Das heißt, es ist ein Text, der dich mit dem Thema vertraut macht. (Auch hier sollte schon Musik im Hintergrund sein.)
Der *zweite* Teil ist die *Trance-Einleitung.* Trance bedeutet hier: Wenn der Text sehr langsam und getragen vorgelesen wird (so wie du einem Kind ein Märchen vorlesen würdest), dann stellt sich ein *veränderter Bewußtseinszustand* automatisch ein (das geht gar nicht anders). Der switch findet statt, du entspannst dich, und deine Hirnwellen gehen auf »alpha«. Es ist ein leicht hypnotischer Zustand, den du jederzeit wieder unterbrechen kannst, da deine andere Hälfte, dein Wachbewußtsein, nicht ausgeschaltet ist – wie es bei einer tiefen Hypnose der Fall ist.
Die *dritte* Phase ist die eigentliche Reise. Das heißt, du schaust zurück. Die Reise *ist* das »Kehre um«. Der Text wird hier an manchen Stellen unterbrochen, es entstehen Pausen, in denen du *deinen* Weg gehst.
Die *vierte* Phase führt dich wieder zurück in die Welt der linken Gehirnhälfte. Du wirst wieder »wach«.
Der Abschluß jeder Reise sollte darin bestehen, daß du das, was sich gerade in dir ereignet hat, was sich gerade in deiner rechten Seite abgespielt hat, auf die linke Seite herüberbringst. Das kannst du tun, indem du es einem anderen *erzählst;* du

erzählst einfach, was du gesehen hast – möglichst ohne es zu interpretieren. Oder indem du das Ereignis *aufschreibst,* oder indem du ein Bild *malst,* das die Szene darstellt. (Du kannst auch ein Gedicht darüber schreiben oder das, was du gesehen hast, noch einmal tanzen.) Es gibt hier sehr viele Möglichkeiten. Tust du nichts von alledem, so ist es wahrscheinlich, daß du das, was du gerade in dir erlebst hat, ebenso verlierst, wie du einen Traum sehr schnell nach dem Aufwachen wieder verlierst, wenn du ihn nicht aufgeschrieben hast.
Es gilt hier also das Gesetz: Was du nicht von rechts nach links gebracht hast – verlierst du. Erwirb es, um es zu besitzen!
Ich weiß sehr gut, was ich dir damit zumute, und ich weiß auch, daß du mit diesen Sätzen vor einer *Entscheidung* stehst. Und damit kannst du auch sofort sehen, wo du stehst. Solltest du jetzt weiterlesen, so zünde dir eine Kerze an und schaue ab und zu ins Licht.

Es beginnt jetzt »Die Reise des Helden«.

Das erste Thema ist: Die Suche nach dem Verbündeten

Teil 1: (Musik: Tangerine Dream: Exit, S. 1)

Jede Heldenreise beginnt an einer Stelle, bei der der Held oder die Heldin über eine Schwelle muß. Über die Schwelle in jenen dunklen Bereich, den man die »Unterwelt« oder die »Welt der Schatten« nennen könnte. Es ist jene Welt der Bilder – im Gegensatz zur Welt der Worte –, die man auch »andere Wirklichkeit« nennen kann. Und weil es der Bereich des Unbewußten ist, gibt es hier unendlich vielfältige Landschaften, Räume und unterirdische Gänge.
Heute werden wir eine erste Reise in diesen Bereich machen, und doch ist es noch nicht der Beginn der Heldenreise. Dennoch ist es eine wichtige Reise, die *vor* dem Anfang einer jeden Heldenreise stehen sollte. Sie dient einem ganz bestimmten Zweck, dazu nämlich, uns für unsere späteren Heldenreisen

– aber auch für unseren Alltag – zu wappnen. Es ist die Reise zu der »Bibliothek des Wissens«, in der wir uns etwas sehr wichtiges abholen müssen: nämlich die Kenntnis und das Kennenlernen über unseren »Helfer«, unseren »Beschützer« oder, wie ich in Zukunft sagen werde: unseren Verbündeten.
Wir alle haben auf unseren diversen Heldenreisen schon verschiedene Verbündete gehabt. Ohne sie wäre damals leicht das Gefühl aufgekommen, verrückt zu werden oder Selbstmord machen zu müssen. Wohlgemerkt, es wäre leicht das Gefühl aufgekommen. Und wer schon einmal in einer solchen Situation gestanden hat, der wird ohne viel überlegen zu müssen im nachhinein sehen, daß er damals das Gefühl hatte, ganz allein gewesen zu sein – ohne einen Verbündeten. Und daß er heute noch lebt oder nicht verrückt geworden ist, liegt vielleicht daran, daß er seinen Verbündeten, der immer da ist, rechtzeitig erkannt hat.
Wer auf einmal gänzlich allein dasteht, allein in einem fremden Land, der fühlt sich leicht verloren, und so kann es eine wichtige Aufgabe des Verbündeten sein, uns in Gefahrensituationen zu helfen. Durch sein Dasein uns Sicherheit zu geben – die Sicherheit, dieses fremde Land heil zu durchqueren.
Der Verbündete ist unser Helfer, und wie schon gesagt, wir alle haben Verbündete. Vielleicht kannst du dich noch an eine Gefahrensituation erinnern, an eine Trennungssituation, an eine Einsamkeitssituation, in all diesen Situationen hatten wir Verbündete, Helfer. Manchmal unsichtbar, und doch waren sie da. Entweder waren es reale Menschen oder Tiere, oder es waren Ideen, Phantasien, Einfälle, Gegenstände. Oder es waren diejenigen Wesenheiten, die wir unsere eingeborenen, inneren Helfer nennen könnten. Jene Helfer oder Verbündete, die tief in uns stecken, ebenso tief, wie das kleine Kind von früher noch in uns steckt.
Jeder Medizinmann, jeder Schamane, jeder Zauberer hat seinen Verbündeten. Für einige sind es Adlerfedern, für andere sind es magische Pilze und für die meisten Schamanen von Sibirien bis nach Südamerika sind es ihre Trommeln.

Die Mächtigkeit eines Verbündeten wird oft daran demonstriert, daß diese Schamanen sogar auf den Tönen ihrer Trommeln sich aus ihrem Körper lösen und Tausende von Kilometern weit reisen können.
Für Schneewittchen waren die sieben Zwerge sehr mächtige Verbündete und für Momo ist es die Schildkröte Kassiopeia, die die Geschichte zu einem glücklichen Ausgang brachte. Ich weiß nicht, und wahrscheinlich weißt du es auch noch nicht, wer dein Verbündeter sein wird. Du wirst es heute erfahren können.
Du wirst tief in den dunklen Bereich hinabsteigen, an die Stelle, an der du das Wissen von Jahrtausenden aufbewahrt hast, und dort kannst du Kenntnis bekommen über deine spezifischen Verbündeten.
Um in diesen Bereich zu gelangen, geht es darum, eine Tür zu öffnen, die dich tiefer in die Innenräume deiner anderen Realität führt.
Du solltest dich jetzt bequem hinlegen. Und wenn du bequem liegst, dann höre meinen Worten zu.

Teil 2: (ohne Musik)

Mach es dir jetzt ganz bequem und entspanne dich so sehr, wie du nur kannst.
Höre jetzt sehr genau zu und finde heraus, daß du dich sogar noch mehr entspannen kannst. —— Entspanne deinen Körper jetzt noch mehr, ein Stückchen nach dem anderen.
Beginne mit deinen Zehen, laß sie ganz locker werden und sich entspannen. —— Jetzt den Rest deines Fußes und die Fußgelenke. —— Fühle, wie deine Fußgelenke ganz weich und entspannt werden und daß die Entspannung immer weiter geht – aufwärts – durch deinen ganzen Körper. —— Zu den Waden und zu den Knien – und weiter hoch zu den Schenkeln und daß du sehr locker wirst in deinem Körper, sowie ich dir den weiteren Fortgang dieser Tiefenentspannung beschreibe. —— Und jetzt die Becken- und Gesäßregion, entspanne sie – werde mehr und mehr entspannt. —— Jetzt die Eingeweide,

den Magen und weiter aufwärts – die Brust, den Brustkorb, alle diese Teile werden überall locker und lose. —— Die Finger, die Handgelenke, die Vorderarme, in den Ellenbogen bis hoch zu den Schultern fühlst du jetzt die Entspannung. —— Alles Zusammengezogene und alle Verspannungen entweichen jetzt aus deinem Körper. —— So, daß dein Hals sich jetzt lose und locker anfühlt, und der Kiefer, die Lippen, die Wangen, die Augen, die Stirn und schließlich der ganze Kopf locker und entspannt sind.
Dein ganzer Körper ist jetzt entspannt, und er entspannt sich sogar noch mehr, so daß er fast erscheint, wie eine dieser alten Stoffpuppen. —— Und du bist wirklich so entspannt, während du jetzt zuhörst, was ich dir zu sagen habe. —— Und du wünscht dir jetzt, sehr genau zuzuhören, sehr genau, und sei dir sehr bewußt über das, was ich dir sagen werde und auch über das, was sich in dir ereignen wird, während ich zu dir spreche.
Und für eine Weile, während deine Augen geschlossen bleiben und du sehr entspannt bleibst und langsam und tief atmest, konzentrierst du deine Aufmerksamkeit jetzt ganz auf deinen Atem. —— Du atmest tief ein – und tief aus. —— Und deine Aufmerksamkeit bleibt bei deinem Atem. —— Tief ein – und tief aus —— ein und aus
(ca. 1–2 Minuten).

Teil 3: (Musik: Tangerine Dream: Exit, S. 1, noch einmal)

Laß deine Augen geschlossen und bleibe weiter tief entspannt, es gibt nämlich etwas sehr Wichtiges und Wertvolles für dich, was ich dir jetzt zu sagen habe. —— Konzentriere dich vollkommen auf meine Worte und auf das, was du erleben wirst, wenn die Worte gesprochen werden.
Erinnere dich jetzt und akzeptiere es auch ohne Zweifel, erinnere dich an einen Traum, den du mitunter als Kind hattest und rufe ihn dir sehr realistisch ins Gedächtnis zurück —— es ist möglich, daß du ihn vergessen hast, doch jetzt erinnerst du dich, ja, du kannst dir diesen Traum sehr lebendig zurückrufen,

denn ich werde dich jetzt an Details aus diesem Traum erinnern, aus diesem Traum, den du als Kind hattest und den du jetzt noch einmal erleben wirst.
Nachts, wenn du geschlafen hast als kleines Kind, kam der gleiche Traum wieder und wieder, so daß du dir gar nicht sicher warst, ob es sich wirklich um einen Traum gehandelt hat, aber eines wußtest du, es war auch nicht die normale Realität deines Wachzustandes.
Und er beginnt immer auf dieselbe Weise. Genau wie im Traum, du stehst auf aus deinem Bett und gehst quer durch den Raum zur Toilette und auf einmal merkst du, daß es dort in der Toilette noch eine weitere Tür gibt, eine Tür, die du noch niemals gesehen hast, während du dich im Wachzustand auf der Toilette befunden hast. — — Und jetzt öffnet sich die Tür im Traum für dich, und du gehst hindurch und stehst jetzt auf dem oberen Absatz eines steinernen Treppenhauses. Es ist ein sehr alt aussehendes steinernes Treppenhaus, das sich als Wendeltreppe nach unten windet. — — Und in dem dämmrigen Licht fängst du an, die Wendeltreppe hinabzusteigen. Du bist nicht ängstlich, sondern irgendwie begierig darauf, tiefer zu gehen. Tiefer und tiefer. — — Du steigst abwärts in deinem Traum, steigst immer tiefer, immer eine Stufe nach der anderen, bis du schließlich nach einiger Zeit am unteren Ende der Wendeltreppe anlangst, und merkst, du du jetzt am Rande eines dunklen Etwas stehst. — — Beim näheren Hinsehen stellt es sich als das Ufer eines dunklen Gewässers heraus. Wellen schlagen leise an das Ufer, und du siehst, daß ein Boot an diesem Ufer festgebunden ist.
Und du legst dich in das Boot hinein – es liegen dort weiche Decken –, und du merkst, wie das Boot langsam abtreibt und in die Dunkelheit hinausschwimmt. — — Es ist dunkel überall, doch du wirst durch die Bewegung des Wassers sanft geschaukelt und gewiegt, vor und zurück, aufsteigend und niedersinkend, du wirst sanft geschaukelt, während das Boot mit dir tiefer und tiefer in die Dunkelheit hineintreibt. — — Und du fühlst nur das sanfte Schaukeln und hörst – ganz entspannt

– den Wellen zu, die schwach an die Bootswände schlagen. — — Und jetzt näherst du dich einer Öffnung. Weit entfernt noch siehst du eine helle Öffnung mit Licht. Und das Boot treibt direkt darauf zu. — — Bald schon gelangst du durch die Öffnung hindurch und bist auf einmal im hellen Sonnenlicht. — — Immer noch treibst du auf dem Wasser, tiefer und tiefer geht jetzt die Fahrt abwärts im Sonnenschein. — — Eine sanfte Brise streicht über dich hinweg, während du tiefer und tiefer auf dem Wasser hinabgleitest. — — Vögel singen auf einer Sandbank und Fische springen im Wasser, du kannst sogar schon den Duft von Blumen riechen und von frisch geschnittenem Gras in den Feldern, die gerade gemäht worden sind. — — Und du spürst eine tiefe Zufriedenheit und Heiterkeit in dir, während du etwas verträumt weiter abwärts treibst. Tiefer und tiefer. Tiefer und tiefer, während du sanft von den Wellen gewiegt wirst. — — Jetzt nimm dir etwas Zeit und spüre diese Umgebung in dir, laß sie auf dich wirken und sei dir der gesamten Situation sehr bewußt. — — Spüre die Bewegungen, die Wärme, die Töne und die Gerüche, während du sanft weiter und weiter nach unten treibst.

(Pause ca. 20 Sek.)

Und du treibst weiter – hin- und hergeschaukelt treibt dein Boot tiefer und tiefer, bis du merkst, daß auf einmal Sand unter deinen Kiel gerät und du sanft ans Ufer gelangst. Du stehst auf und bist am Fuße einer Wiese.
Du steigst aus dem Boot und betrittst die Wiese. Das Gras berührt deine Beine, die sanfte Brise erfrischt weiterhin deinen Körper, und du siehst Kaninchen in dem Gras hoppeln. Und du spürst – in dem Geruch der Blumen und dem Gesang der Vögel – die Bewegungen deines Körpers, wie er durch das Gras schreitet und jetzt nach einer kleinen Weile einen großen Baum erreicht. — —Du kannst spüren, daß der Baum sehr alt ist, daß er schon Jahrhunderte hier gestanden und viel gesehen und viel gehört hat. In seinem Schatten läßt du dich jetzt nieder und läßt deine Blicke über die ganze Landschaft wandern. — — Du

spürst das Vergnügen an diesem Bild und genießt es sehr, hier zu sitzen. Nach einer Weile werde ich dich auffordern, zu jener Stelle zu gehen, jene Stelle zu besuchen, derentwegen du überhaupt hierhergekommen bist. Den Ort, um dessentwillen du diese lange Reise gemacht hast. —— Doch zuvor spüre noch einmal diese Umgebung, sei in voller Harmonie mit all dem, was hier existiert. Hier in dieser Welt ohne Zeit, dieser Welt ohne Trennungen, dieser Welt, in der alles eins ist und in der du eins bist mit all dem, was ist.

(Pause ca. 10 Sek.)

Und jetzt, da du alles gespürt und alles gesehen hast, schau dir den Baum genauer an, und du wirst merken, daß zwischen seinen mächtigen Wurzeln eine Öffnung sich befindet. Sie ist gerade groß genug, dich hindurchzulassen.
Du bist – ähnlich wie in dem Buch »Alice im Wunderland« – neugierig, was wohl im Inneren des Baumes verborgen sein mag. Deshalb kriechst du auf die Öffnung zu und gelangst so, mit ein wenig Anstrengung, in das Innere dieses alten, mächtigen Baumes. —— Erst führt ein schmaler Gang in engen Windungen waagerecht in dem Baum umher, und dann fällt der Gang leicht nach unten ab. Und du kriechst weiter, und genau wie bei Alice im Wunderland fällt er bald steiler und steiler nach unten ab, und du gleitest mit ihm, bis er schließlich senkrecht nach unten führt. —— Und zu deiner großen Verwunderung fällst du nicht nach unten, sondern es ist eher wie ein sanftes gleitendes Schweben, fast so als hingest du an einem unsichtbaren Fallschirm. —— Und so schwebst du – die Beine nach unten – hinunter in die Dunkelheit. Du merkst, du kannst sogar Purzelbäume schlagen, wenn du das willst, während du tiefer und tiefer den Schacht hinabgleitest. —— Und nach einiger Zeit, von der du noch nicht einmal sagen kannst, ob sie lang oder kurz war – weil hier die Zeit nicht mehr gilt –, landest du sanft auf deinen Füßen auf dem Boden des Schachtes. —— Du schaust dich um und siehst, daß Gänge nach allen Seiten waagerecht in die Dunkelheit hineinführen

und zuerst bist du dir nicht sicher, welchen Gang du nehmen willst. — — Doch dann spürst du, welcher der richtige ist, und du gehst in ihn hinein, und bald tauchen an den Seitenwänden des erdigen Ganges auch Fackeln auf und erhellen deinen Weg mit sanftem Schein. — —Und du gehst weiter, wissend, daß du auf dem richtigen Weg bist – bis vor dir ein großer Torbogen auftaucht und du eine Überschrift über dem Torbogen erkennen kannst. Diese Überschrift über dem Torbogen ist in den Stein gemeißelt, und sie lautet:

»Erkenne dich selbst«

und du gehst durch den Torbogen hindurch und schaust noch einmal zurück und da siehst du, daß auf der Innenseite über dem Torbogen ebenfalls eine Inschrift steht. Es ist die Fortsetzung der ersten Inschrift. Sie lautet:

»Und du erkennst Gott«

Und während du dich wieder umwendest, siehst du, daß direkt vor dir eine große eichene Tür mit vielen goldenen Beschlägen sich erhebt. Und auch über dieser Tür steht eine Inschrift, die du in dem schwachen Fackelschein erkennen kannst. Sie lautet:

»Bibliothek des Wissens«

Und du weißt jetzt, daß dieses der Ort ist, zu dem du gelangen wolltest. Daß du jetzt am Ziel deiner Reise bist. Du berührst die alte Türklinke der großen Tür und du spürst dabei, daß ein feines Kribbeln durch deinen ganzen Körper geht, als würde dein Körper aufgeladen von einer geheimnisvollen Kraft. Und du merkst auch, daß diese Kraft notwendig ist, weil du die Tür unter normalen Umständen niemals aufbekommen hättest. Sie ist viele Jahrhunderte von dir nicht geöffnet worden, und deshalb ist sie sehr schwer gängig.

Doch jetzt öffnest du sie und stehst gleich darauf inmitten eines riesengroßen, sehr gemütlichen Saales. Und in diesem Saal – erhellt durch viele goldene Kerzenleuchter – siehst du viele, viele Regale stehen und in den Regalen Tausende von alten ledergebundenen Büchern. Es sind wirklich alte, mit Goldschnitt geprägte Folianten, in denen alle Weisheiten der Welt gesammelt sind. — — Und du bist so überwältigt von diesem

Anblick, daß du zuerst gar nicht bemerkst, daß in einer Ecke des Raumes, etwas verdeckt durch Regale, ein alter Schreibtisch steht, und daran sitzt ein älterer Mann. —— Und während du näher trittst, siehst du, daß dieser Mann, der sehr gütig aussieht, wirklich schon sehr alt ist. Er hat weiße Haare und einen weißen Bart und trägt eine alte Nickelbrille. Er ist der Bibliothekar in dieser Bibliothek des Wissens. —— Und du merkst – je näher du trittst – daß dir der Mann sehr bekannt vorkommt. Du hast ihn schon früher gesehen – deinem Gedächtnis sind seine Züge sehr vertraut. Aber du hast ihn lange, sehr lange schon nicht mehr besucht. —— Der alte Mann lächelt dir aufmunternd zu, nimmt seine Brille ab und sagt zu dir: »Setz dich doch, ich habe schon auf dich gewartet!« Und er deutet auf einen alten Ohrensessel, in dem du jetzt platz nimmst. »Sage mir, was ich heute für dich tun kann«, fragt er dich, und du erkennst, daß er dir diese Frage schon oft gestellt hat.

Du wirst gleich dem alten Mann deine Frage stellen können, doch zuvor solltest du dir noch über eines klar sein: Nachdem du ihm die Frage gestellst hast, wer diesmal dein Verbündeter sein wird, wird der alte Mann hinter sich aus dem Regal das dicke Buch mit deinem Namen drauf in goldenen Lettern hervornehmen und lange darin herumblättern. Dann kann es sein, daß er dir eine Antwort gibt, die du auf den ersten Blick nicht richtig verstehst. Du solltest aber wissen, daß in der Antwort, so rätselhaft sie auf den ersten Blick auch erscheinen mag, ein wichtiger Hinweis auf deinen Verbündeten enthalten sein wird. Merke dir die Antwort so gut wie möglich und meditiere später darüber. —— Sollte er dir jedoch einen Verbündeten nennen, so heißt das, daß du eine Chance hast, ihm eine weitere Frage zu stellen. Eine Frage, die dich vielleicht schon lange Zeit bewegt. —— Jetzt schau den alten Mann an, der so vieles weiß, weil er so vieles schon gesehen hat, und frage ihn nach deinem Verbündeten.

(4 Minuten Pause)

Und nachdem du deine Antwort oder deine Antworten bekommen hast, verabschiede dich jetzt von dem alten Mann. Und wenn du es noch nicht getan haben solltest, kannst du ihm jetzt auch dafür danken, daß er dir geholfen hat.

Und jetzt machst du dich wieder auf den Weg, der diesmal umgekehrt verläuft. Und du wirst schnell merken, daß, während du auf dem Rückweg bist, auch die Gesetze der Natur umgekehrt verlaufen: die Zeit läuft rückwärts, die Flüsse fließen aufwärts, die Schwerkraft geht nach oben.

Du verläßt den Saal mit dem gesammelten Wissen und gehst schnell durch den Gang mit den Fackeln, bis du an den aufwärts gerichteten Schacht kommst und du merkst, daß die Schwerkraft dich diesmal mit der gleichen Geschwindigkeit wie vorher sanft nach oben trägt, während die Zeit rückwärts verstreicht. — — Und du merkst, je höher du kommst, desto frischer wirst du. Du erreichst die Baumwurzel und steigst wieder ins Tageslicht. — — Auf der Wiese angekommen, siehst du unten schon das Boot liegen und läufst darauf zu. — — Du legst dich wieder in das Boot, und schon wirst du von der Strömung, die diesmal nach oben fließt, mitgenommen. — — Höher und Höher, und je höher du kommst, desto ausgeruhter wirst du. Schon siehst du die Öffnung, die dich in einen großen Berg hineinträgt, und Dunkelheit umgibt dich. — — Aber es dauert nicht lange, denn schon siehst du in der Ferne schwach erleuchtet das Ufer, und bald gelangst du zum Fuße des steinernen Treppenhauses. — — Langsam beginnst du zu steigen, und wieder ist es so, ganz anders, als du es sonst kennst: während du sonst schnell anfängst zu keuchen bei so vielen Treppen, wirst du hier immer wacher und frischer, je schneller du die Treppen hinaufspringst. — — Und sehr gestärkt und frisch erreichst du die Tür, die dich wieder in die Toilette deiner Kindheit zurückbringt. Du schließt die Tür hinter dir, gehst wieder quer durch den Raum und legst dich in dein Bett und schläfst ein.

Und du spürst im Schlaf eine Kraft und Stärke in dir, die du vorher in dieser Form fast nicht gekannt hast. — — Und während du jetzt schläfst, nimmst du langsam wieder deine erwachsene Gestalt an, verläßt also deinen kindlichen Körper und wirst wieder der, der du heute bist. —— Du zählst jetzt langsam bis 10 und wenn du bis 10 gezählt hast, dann wachst du erfrischt und sehr ausgeruht wieder auf und öffnest deine Augen.

Eins, zwei, drei... du wirst wach, immer wacher – *vier, fünf, sechs*... jetzt bist du schon fast wieder hellwach. *Sieben, acht, neun*... du bist wach und fühlst dich wohl *zehn ... hellwach* (klatsche jetzt einmal kräftig in die Hände und sage: Ich bin hellwach!)

Ende der ersten Heldenreise.

Laß dir jetzt genügend Zeit mit dem Weiterlesen. Es ist das beste, du läßt erst einmal einen Tag vergehen (und eine Nacht), weil du wahrscheinlich im Traum noch einmal diese Reise wiederholen wirst. Das gilt auch, wenn du heute keinen Kontakt zu deinem Verbündeten bekommen hast. Es ist möglich, daß du morgen nach dem Aufwachen weißt, wer er ist. Solltest du einen Verbündeten bekommen haben, so empfiehlt es sich, sich noch heute oder in den nächsten Tagen einen Gegenstand zu beschaffen (ein Bild zu malen), einen Kettenanhänger etc., der diesen Verbündeten symbolisieren kann. So daß du in Situationen, in denen du das wünscht, mit deinem Verbündeten in Kontakt treten kannst.

Es beginnt »Die zweite Reise des Helden«

Thema: Mein Weg

Teil 1: (Musik: Kitaro: »Oasis«, beide Seiten sind geeignet)

Jede Heldenreise hat nur einen Weg und nur ein Ziel. Und es ist sehr wichtig, sich gleich am Anfang eines Weges zu fragen, wie dieser Weg wohl aussehen mag.

Der *Weg*, den jeder zurückzulegen hat, kann nicht im voraus beschrieben werden, denn jeder hat ihn in sich, und es ist immer ein ganz individueller Weg. Es gibt nicht zwei Menschen auf der Welt, die denselben Weg haben. Und das ist auch schon alles, was zu deinem Weg gesagt werden kann – wenig und doch schon sehr viel.

Wir haben uns angewöhnt, hinüberzuschielen zum anderen, um zu sehen, ob wir bei ihm ein wenig abgucken können, wie er oder wie *man* seinen Weg geht. Oder um beim anderen nachzuschauen, ob wir auch alles richtig machen, als könnte der andere es richtiger machen als wir selbst, oder als wüßte er, wie man es macht. Oft sieht es ja so aus, als ginge der andere seinen Weg mit sehr viel mehr Selbstverständlichkeit, als wir das selber tun. Und so gehen wir oft hin und messen unser Verhalten und unser Schicksal an dem der anderen. Ob sie zum Beispiel in der Trance tiefer sind als wir und was dergleichen mehr ist.

Dieses Verhalten ist tief eingewurzelt und einzuwenden wäre dagegen vielleicht nur: Es hilft uns nicht, im Gegenteil, es hindert uns. Denn alles, was wir vom anderen lernen und abschauen könnten, ist ja nur: wie der andere *seinen* Weg geht.

Deshalb ist es schon sehr wichtig, am Anfang zu wissen, daß auf unserem Weg nur einer gehen, auch nur einer etwas darüber wissen kann: wir selbst. Und wenn wir – was die Regel ist – es noch nicht wissen, dann müssen wir es allein herausfinden: Beim anderen sein eigenes Maß finden zu wollen, führt uns in große Verwirrung.

Eine astrologische Betrachtung mag uns das erhellen: Ein Mensch mit großer Widder-Betonung hat einen Weg, der über das feurige Handeln führt; er handelt direkt und denkt nur wenig über sein Handeln nach. Ein Mensch mit einer starken Betonung des gegenüberliegenden Tierkreiszeichens »Waage« hat einen ganz entgegengesetzten Weg, er lebt nur im Denken, in seinen Ideen und neigt wenig zu impulsivem Handeln. Das kann die Waage nicht, das ist aber auch nicht ihr Weg. Wenn jetzt die Waage beim Widder abschaut, dann kann sie nur zu dem Schluß kommen, sie sei ein absoluter Versager, weil sie ja nicht so temperamentvoll an die Dinge herangehen kann. Wenn der widderbetonte Mensch hingegen bei der Waage nach Rezepten schaut, verzweifelt er daran, daß sie immer so überlegen an die Dinge herangeht und nicht ständig ins Fettnäpfchen tritt.

Wir sehen: Eine Waage kann niemals einen Widderweg gehen und ein Widder nicht den Waageweg. Sie sollen es ja auch gar nicht. Jeder hat seinen eigenen Weg. Und kein anderer kennt deinen Weg besser als du.

Das ist alles, was du über deinen Weg wissen solltest. Du mußt ihn allein gehen, niemand kann dir helfen.

Jede Heldenreise hat auch ein *Ziel*. Es besteht darin, daß du kennenlernst, wer du bist.

Natürlich hast du eine Vorstellung darüber, wer du bist oder wer du sein könntest. Doch wie das Wort »Vor-Stellung« schon sagt, ist es nichts anderes als ein Bild, das du *vor dich stellst*. Was du bist, bleibt dahinter verborgen. Deine Vor-Stellung, die du von dir hast, ist in der Tat nichts anderes als ein Schutzschild, hinter dem du dich verbergen kannst, damit du dich nicht sehen mußt.

Mit etwas gutem Willen sind wir schon geneigt zuzugeben, daß wir uns oft vor den anderen verbergen. Viel entscheidender ist es jedoch, sich im Laufe der Zeit einzugestehen, daß wir uns am meisten vor uns selbst verbergen. Deshalb ist es so wichtig, daß wir allmählich – im Laufe der Zeit – lernen, uns von den Vorstellungen darüber, wer wir sind, zu befreien und uns erleben, erfahren, erfassen, erfühlen als das, was wir in Wahrheit sind.

Die Wahrheit über uns ist jenseits jeder Vorstellung, sie *ist* einfach und – sie ist *einfach*. Du bist nicht deine Vorstellung über dich, sondern *du bist*.

Doch um zu begreifen, wer wir sind, müssen wir einen Abstecher machen in die Welt jenseits der Gedanken, Wünsche und Illusionen, die wir über uns hegen.

Wir werden heute ein erstes Mal den Weg auf die andere Seite

unseres Daseins gehen und ein erstes Mal schauen, wie unser Weg aussieht. Du brauchst dir keine Gedanken darüber zu machen und keine Sorgen, ob du dich wohl richtig siehst oder ob du vielleicht gar nichts siehst. Vielleicht siehst du nichts, dann laß dieses Nichts zu einem tiefen Eindruck werden – über deinen Weg. Vielleicht siehst du aber heute schon alles, dann nimm auch das als einen Hinweis – über deinen Weg.
Es ist ausgeschlossen, etwas falsch zu machen.

Teil 2: (Ohne Musik)

Mach es dir sehr bequem (halte deine Augen geschlossen) und entspanne deinen Körper.
Atme tief ein und tief aus. Lausche in dich hinein. Laß los von alldem, was dich bisher beschäftigt hat. Laß los von all den Themen des Tages. Loslassen von allen Vorstellungen, Meinungen, Absichten, Wünschen. Laß los von allem ich möchte, ich will, ich muß. Loslassen von allem Sich-Wehren.
Loslassen. Fallenlassen. Sich hingeben – der Ruhe, die da ist. Du spürst deinen Körper. Du spürst deinen Atem. Du spürst die Schwere deines Körpers. Die Leichtigkeit des Atems.
Gewicht des Körpers. Gewicht der Gedanken. Leichtigkeit des Atems. Eindrücke. Gedanken des Tages – huschen vorbei, sind unwichtig. Schwere des Körpers. Das Hin und Her der Atemluft. Schwere der Gedanken – unwichtig. Sehnsucht nach Ruhe. Sehnsucht nach Geborgenheit, nach Stille, nach Frieden.
Zum Greifen nahe. Ruhe. Alles andere ist unwichtig und gleichgültig. Und immer wieder die Gedanken, sie dürfen da sein, stören nicht, sind unwichtig. Und immer wieder die Sehnsucht nach Ruhe. Sie ist erreichbar. Loslassen. Fallenlassen. Einverstandensein. Druck der Unterlage. Ruhe – löst die Probleme auf, macht sie unwichtig. Tiefer gleiten. Loslassen. Geschehen lassen. Schwere der Arme. Schwere der Beine. Schwere des Körpers. Leichtigkeit des Atems. Geborgenheit im Atem. Geborgenheit in der Ruhe. Geschehen lassen.

Einverstanden sein. Einswerden mit allem was ist. Hier im Jetzt. Zeit und Raum unwichtig. Nur noch der Punkt. Im Hier, im Augenblick. Sein. Ohne Wünsche. Ruhe, Geborgenheit. Dasein. Lauschen – in sich hinein. Das Außen löst sich auf, ist unwichtig.
Gedanken kommen, Gedanken gehen. Farben ziehen vorbei. Erinnerungen – verschwinden. Erinnerungen – dürfen da sein, sind unwichtig.
Ruhe. Tiefer gleiten. Tiefer und immer tiefer.
Geschehen lassen. Einverstanden sein.

Teil 3:

Ein Bild taucht auf. Ein inneres Bild. Es entwickelt sich von selbst. Ohne dein Dazutun. Ganz von selbst.
Ein großer Tanzsaal. Undeutlich noch. Wird deutlicher. Ein Ballsaal. Festlich geschmückt. Und du kannst dich sehen. Wie du ganz allein in dem Ballsaal stehst. Du bist festlich angezogen. Sehr festlich. Vielleicht bist du angezogen, wie es in vergangenen Zeiten üblich war, und statt des Kronleuchters erleuchten Kerzen diesen Saal. Zeit ist unwichtig. Vielleicht ist es auch elektrisches Licht. Du bist allein in diesem Ballsaal. In diesem großen festlichen Saal. Es ist eine große Tanzfläche da, und du weißt, gleich wird Musik ertönen.
Und jetzt siehst du noch eine Person in diesem Ballsaal. Es ist eine Person, die du sehr liebst. Es ist deine »geliebte Person«. Vielleicht kennst du sie aus deinem Leben – aber vielleicht ist sie auch die Person aus deiner Phantasie, die du schon lange in dir trägst. Auch sie ist festlich angezogen. Sehr festlich. Und ihr beide wißt, ihr werdet jetzt gleich tanzen. Wenn die Musik beginnt. Ihr geht aufeinander zu, schaut euch an, und ihr erkennt euch. Es ist ein sehr tiefes Erkennen. Und jetzt berührt ihr euch. Und wenn die Musik beginnt, dann beginnt auch ihr zu tanzen.

(Musik: »Le Vent, le cri« von der Platte: Der Profi von Ennio Morricone, S. 1, 1. Lied)

(Nach ca. 4 Minuten stelle die Musik leiser)

Und während ihr weitertanzt, kannst du an der einen Seite des Raumes eine große Tür erkennen. Erst beachtest du sie nicht weiter. Doch dann merkst du, daß du mehr und mehr deine Aufmerksamkeit auf diese Tür lenkst. Ob du willst oder nicht. Und jetzt siehst du auch, daß über dieser Tür sehr kunstvoll eine Inschrift in den Stein eingelassen ist. Du tanzt näher heran und kannst die Inschrift lesen: »Mein Weg« steht über der Tür. Und jetzt weißt du auch, daß du Abschied nehmen mußt. Abschied von deiner geliebten Person. Du weißt, du hast noch einen Tanz, den Tanz des Abschieds. Du mußt jetzt Abschied nehmen von deiner geliebten Person. Mit diesem letzten Tanz kannst du deiner geliebten Person all das ausdrücken und – ohne Worte – sagen, was dich mit ihr verbindet. Das weißt du jetzt.
Du kannst ihr deine Liebe ausdrücken mit diesem Tanz und deinen ganzen Abschiedsschmerz. Denn du weißt, und deine geliebte Person weiß es auch, wenn dieser Tanz zu Ende geht, dann wirst du die Tür öffnen und eintreten in »deinen Weg«. Wenn also der Tanz zu Ende ist, öffne die Tür und tritt hinaus.

(Neuer Tanz: »Chi Mal«, S. 2 letztes Lied von der LP »Der Profi«)

(Nach Ende des Tanzes ca. 30 Sek. Pause. Dann neue Musik. Wieder Kitaro: Oasis)

Schau dir an, wie der Weg aussieht. Schau dir die Landschaft an, schau dir den Weg an. Schau dir das Gute an und schau dir das Böse an, die rechte und linke Seite des Weges. Das Einfache und das Komplizierte.
Es bleibt jetzt dir überlassen, ob du ein wenig diesen Weg entlang wandern möchtest, oder ob du dich hinsetzen möchtest und einfach nur hinschauen. Was auch immer du tun willst, du

hast jetzt genügend Zeit dazu. Du kannst auf deinem Weg traurig sein, und du kannst fröhlich sein, lachen und weinen, sitzen und tanzen – es ist dein Weg.

Musik (ca. 10 Minuten)

Und jetzt verläßt dein Bewußtsein wieder diese Landschaft, oder was immer du erlebst hast. Und du kannst dich innerlich noch einmal fragen, ob du jetzt etwas von dem Weg verstanden hast – von deinem Weg. Und ob du das, was du verstanden hast, mitbringen möchtest.
Und dann löst du dich ganz langsam von allen Eindrücken und Bildern. — — Alle Bilder ziehen sich zurück.
Alle Bilder sind verschwunden. Und du kehrst langsam und allmählich wieder zurück ins Hier und Jetzt. Du tauchst empor, und dabei verschwindet all das, was zu schwer geworden ist, aus deinem Körper. Du kommst zurück ins Hier und Jetzt. Nimmst dabei deinen Atem wieder in deine Hand und atmest tief durch. Du streckst deine Arme, bewegst deinen Körper und öffnest jetzt deine Augen. Du orientierst dich im Raum und bist wieder ganz bewußt im Hier und Jetzt.

Ende der zweiten Heldenreise.

Es beginnt jetzt die dritte »Reise des Helden«.

Du kannst dich auf diese Reise einstimmen, indem du dir vor Beginn das Lied von Peter Maffay »Wenn du gehst« anhörst.

Dritte Heldenreise

Thema: Die Reise in den inneren Abschied

(Musik: Vangelis: Igantio, S. 1)

Im Leben eines jeden Menschen gibt es Situationen, in denen er sich trennen mußte.

Und diese Situationen haben in uns allen einen Zustand hinterlassen, in dem wir eine bestimmte Figur, eine bestimmte Melodie noch nicht zum Abschluß gebracht haben. Diese Figur ist unvollendet, sie ist wie eine unvollendete Komposition, ein nicht abgeschlossener Kreis. Und dieser unvollendete Kreis, diese nicht beendete Melodie, hält auch eine ziemliche Menge Energien gebunden. Sie stecken dort fest, und es ist jetzt – um ein Bild zu verwenden – fast so, als seien wir innerlich gezwungen, diese Melodie immer wieder bis zu der Stelle zu summen, an der sie abbrach.

Bei vielen Menschen ist es sogar so, daß sie aufgrund dieser unvollendeten Situation gar keinen neuen Kreis, gar keine neue Melodie kennenlernen können – eben weil das Alte noch nicht beendet, noch nicht zum Abschluß gebracht worden ist. Auch wenn man es nicht merkt, sogar wenn man meint, man habe das Ganze bereits vergessen und man erinnere sich nicht mehr daran, weil die betreffende Situation schon so lange her ist oder so früh lag, daß man sich gar nicht mehr daran erinnern kann, so sind doch diese unvollendeten Situationen da und halten sehr viele Kräfte, sehr viele Energien gefangen. Energien, die uns jetzt für *neue* Bindungen, für neue Beziehungen fehlen.

Auch wenn wir uns an gar nichts mehr erinnern – können wir derartige unvollendete, unabgeschlossene Situationen dadurch wahrnehmen und daran erkennen, daß wir auch heute noch jede neue Bindung fast zwanghaft beenden müssen, sobald sie an die Stelle kommt, an der der alte Kreis unvollendet blieb.

Und sogar wenn nicht *wir* es sind, die heute Bindungen abbrechen und uns damit in Sicherheit wiegen und sagen können: Ich bin es ja gar nicht, der den Kreis unvollendet läßt, es sind ja immer die anderen – wir sollten doch wissen, daß *jede Trennung wir herbeiführen,* auch wenn es vordergründig so aussieht, als habe der andere sie eingeleitet.

Wir sollten folgende Regel genau beachten: Wenn wir damals das *Opfer* einer Trennung waren, so benehmen wir uns auch heute so, daß wir das Opfer einer Trennung werden. Wir

erleben sie dann so lange von der Seite des Opfers her, bis wir die Logik des Opfer-Seins begriffen haben.
Opfer sein heißt, Verantwortung abzugeben für das, was uns passiert. Und solange wir unabgeschlossene Situationen in uns haben, sind wir fast gezwungen, Opfer zu sein.
Das einzige Mittel, das es gibt, diese unabgeschlossenen Figuren zu beenden, das einzige Mittel, Kreise zu schließen, ist das zu tun, was wir damals vor lauter Schmerz, Wut, Enttäuschung, vor lauter Zorn, Aggression und Verzweiflung versäumt haben. Das einzige Mittel ist: *Abschied nehmen.*
Unsere heutige Reise geht deshalb in das Abschiednehmen. Es ist dabei unerheblich, und du solltest es auch möglichst nicht zensieren, welche Gestalten vor deinem inneren Auge auftauchen. Du wirst dich wundern, welche unabgeschlossenen Kreise es gibt.
Vielleicht glaubst du zunächst, man könne sich nur von Menschen verabschieden, die einem nahegestanden haben. Das ist nicht so, obwohl es natürlich sehr oft vorkommt. Unabgeschlossene Kreise gibt es auch bei Tieren, die mit dir verbunden waren, bei Spielsachen, Teddybären, die aus Unachtsamkeit oder weil sie langsam »unhygienisch« wurden, einfach verschwanden. Oder von Wohnungen, aus denen du auf einmal herausgrissen wurdest, oder von einem Lieblingsplatz in deinem Garten oder sogar von den Kohlen, in denen du als Kind immer gespielt hast. (Und die vielleicht deine einzigen verläßlichen Freunde auf der Welt waren.)
Es kann noch so absurd sein, was da vor dir auftaucht. Nimm es ernst und versuche, das Unabgeschlossene, das nicht Beendete der Situation in dir zu erfühlen.
Wir werden jetzt auf eine Zeitreise gehen und in dieser Zeitreise einige der unabgeschlossenen Situationen aufsuchen und sie beenden; wir werden jetzt Kreise schließen.
(Musik Ende)

Teil 2:

Setze oder lege dich jetzt bequem hin. (Halte die Augen geschlossen) und atme tief ein – und tief aus. — — Du atmest ganz tief ein – und ganz tief aus. Und jedesmal wenn du ausatmest, läßt du eine tiefe Entspannung in deinen Körper einziehen. Du strengst dich nicht an. Aber jedesmal wenn du ausatmest, geht die Entspannung ein Stückchen tiefer hinunter in deinen Körper. Immer tiefer – und immer tiefer. — — Du machst das so lange, bis du spüren kannst, daß dein Atem und mit deinem Atem deine Entspannung bis hinunter zu deinen Füßen und zu deinen Zehen geht.
Du bist jetzt tief entspannt, und dein Körper und dein Geist sind in einem Zustand, bei dem du dich durch nichts mehr ablenken läßt. Noch nicht einmal meine Stimme lenkt dich jetzt ab, auch nicht, daß du diese Zeilen liest. — — Du bist im Innersten deines Wesens, tief entspannt, und du fühlst dich ganz wohl. Und wenn gleich die Musik beginnt, dann kannst du spüren, wie du langsam in die Zeit zurücksinkst. Zeit ist jetzt kein Problem mehr für dich.

(Musik: »Cyborg« von Klaus Schulze beginnt, erst leise, dann etwas lauter.)

Es ist jetzt so, als lägest du in einem Fahrstuhl, und dieser Fahrstuhl geht langsam, ganz langsam in die Zeit zurück. — — Und die einzelnen Zeiten, vielleicht Tage, vielleicht Wochen, vielleicht Jahre, ziehen langsam, ganz langsam in der Bewegung der Musik, wie Etagen an dir vorüber. — — Und nach einiger Zeit, während du das Gefühl für Zeit schon gar nicht mehr richtig einschätzen kannst, wird der Fahrstuhl langsamer, immer langsamer, und dann kommt er sanft zum Stehen.
Vor deinem inneren Auge taucht jetzt eine Situation auf oder eine Person, mit der du noch eine unabgeschlossene Geschichte hast. Du mußt gar nichts dafür tun, du brauchst nicht zu suchen – sie taucht einfach auf, von ganz allein. Ohne dein Dazutun. Sie taucht auf aus dem Dunkel deiner Erinnerungen, erst noch

unklar, aber sie wird von ganz allein deutlicher. Auch wenn du sie am Anfang noch nicht richtig erkennen kannst, schau weiter hin, denn sie wird deutlicher werden. Immer deutlicher. — — Und wenn diese Person – oder Situation – vor deinem inneren Auge auftaucht, dann begrüße sie und spüre in dir nach, welche Gefühle du mit dieser Person oder Situation verbindest. Und das, was du spürst, das sagst du dieser Person – oder der Situation. Besonders wenn es sich um schon verstorbene Personen handelt, schau dir die ungelösten Bindungen an, die noch existieren. Und denke daran, daß mit diesen Bindungen, die du an die Toten hast, ebenfalls die Toten keine Ruhe finden und gleichermaßen auch an dich gebunden sind. — — Du kannst diese Begrüßung auch laut sagen. Laß aber auch deine Traurigkeit, deine Wut, deine Verzweiflung, die du mit der Person oder Situation verbindest, in dir zum Vorschein kommen. Und sage es dieser Person – oder Situation –, indem du sie mit vollem Namen ansprichst. Überlaß dich ganz der Situation.
Du hast jetzt vier Minuten Zeit dafür, und diese vier Minuten entsprechen all der Zeit, die du dafür brauchst, um in dir diese längst vergangene Situation auferstehen zu lassen und die Gefühle zu empfinden, die in dir noch sehr lebendig sind.

(Vier Minuten Pause – die Musik läuft weiter)

Jetzt, wie du dich auch fühlst, wie traurig oder verzweifelt, wie wütend oder voller Haß – bedenke einmal, daß diese Person oder Situation eine sehr gesetzmäßige Stufe auf deinem ganz persönlichen Schicksalsweg war, daß du ohne diese Person – oder ohne dieses Ereignis – heute nicht da wärest, wo du gerade bist. Versuche die tiefe Sinnhaftigkeit dieses Geschehens oder dieser Person für dich zu begreifen. — — Und versuche auch zu sehen, daß diese Person oder dieses Geschehen heute immer noch da ist – und immer da war. Dadurch, daß du dich noch nicht verabschiedet hattest, hast du sie gezwungen, dazubleiben. Spüre, wie sehr du innerlich an ihr festgehalten hast, wie du darauf angewiesen warst, daß sie an dieser

Stelle in dir stehenbleibt. Du hast sie festgehalten. — — Und spüre auch, wie sehr du dich selbst durch diese stehengebliebene Verbindung innerlich unfrei gemacht hast.

(Eine halbe Minute Pause)

Und jetzt versuche, dieser Person oder dieser Situation innerlich zuzulächeln und ihr zu danken, daß sie bereit war, bei deiner Schicksalverwirklichung mitzuhelfen.

(Kleine Pause)

Und stelle dir nun – zu guter Letzt – diese Person oder Situation innerlich gegenüber, so daß sie wirklich direkt vor dir steht, und dann beginne damit, dich von ihr zu verabschieden. — — Sage zu ihr, indem du sie mit ihrem Namen anredest, daß die Zeit mit ihr sehr schön war, aber daß du jetzt gehen mußt. Sage ihr das, so oft du willst, und du kannst ihr auch zuwinken – zum Abschied zuwinken. — — Und du kannst dann spüren, daß du mit deinen Abschiedsworten und mit deinem Winken es selbst in der Hand hast, diese Personen oder Situationen langsam in den Hintergrund verschwinden zu lassen.
Du kannst jetzt eines der Geheimnisse deines Lebens lernen: Je mehr du Abschied nimmst, je mehr du winkst, je trauriger du bist, desto schneller geht die Person oder die Situation langsam in den Hintergrund zurück, aus dem sie einst kam, und eure Bindungen lösen sich.
Laßt dieses Abschiednehmen einen Akt der Dankbarkeit, der Traurigkeit, Freude, Demut und Verzweiflung sein, eine heilige Handlung. — — Nimm dir jetzt genügend Zeit für diesen Abschied und sage immer wieder, wie schön es war und daß du jetzt gehen mußt.

(3 Minuten – mit Musik)

Und jetzt löse dich von den Bildern dieses speziellen Abschieds und laß dich dann langsam, ganz langsam weiter durch die Zeit zurücktreiben. Es ist wieder so, als lägest du in einem Fahrstuhl, und dieser Fahrstuhl trägt dich durch die Zeit, und die Zeit zieht wie Etagen an dir vorüber, und du gleitest durch die Jahre noch weiter zurück. Zurück in eine Situation deiner *Kindheit.*

Und irgendwann wird der Fahrstuhl wieder langsamer und du weißt dann, daß die Tür aufgleiten wird und du wieder mit einer Situation oder einem Gegenstand oder einer Person in Berührung kommst, mit der du etwas noch nicht beendet, noch nicht abgeschlossen hast. — — Laß diese Situation in aller Ruhe vor deinem inneren Auge entstehen. Sei nicht ungeduldig, wenn du erst nichts sehen kannst. Es kann eine Person sein, dein Opa, deine Oma, Tanten, Onkel, Nachbarskinder – es kann ein Spielzeug sein. Ganz von allein taucht es vor deinem inneren Auge sehr realistisch auf.

(Eine halbe Minute Pause)

Und wieder tauchen alle alten Gefühle auf, die mit dieser Situation immer noch verbunden sind. Wundere dich nicht, wenn zuerst negative Gefühle der Wut, des Schmerzes und der Enttäuschung da sind. Diese Gefühle zeigen dir nur an, wie sehr du noch innerlich mit dieser alten Geschichte verbunden bist. Alles sind Ver-bindungen. — — Du hast jetzt genügend Zeit, diese Gefühle noch einmal zu erleben und diese Verbindungen sehr lebendig werden zu lassen.

(3 Minuten – mit Musik)

Und jetzt verabschiede dich wieder. Denk daran, daß du durch dein Winken und deine Abschiedsworte es selbst in der Hand hast, die Verbindung zu lösen und die Person oder den Gegenstand in den Hintergrund verschwinden zu lassen. Und vergiß auch nicht, deine Dankbarkeit auszudrücken, dafür, daß du diesen Begleiter einmal hattest. Verabschiede dich jetzt.

(3 Minuten, Musik)

Und jetzt löse dich auch von den Bildern dieses speziellen Abschieds und laß dich aufs neue langsam, ganz langsam weiter durch die Zeit zurücktreiben. Du bist wieder in dem Fahrstuhl,

und wieder geht die Fahrt durch die Jahre zurück. Und jetzt geht sie so lange zurück, bis du an die Stelle deiner Geburt kommst.
Du bist gerade geboren worden. Aus einer Zeit der Geborgenheit im Körper deiner Mutter bist du hinausgestellt worden in die Welt, und auch damit ist eine tiefe Ver-bindung, eine sehr tiefe Be-ziehung in dir zu einem Abschluß gekommen. — —Spüre, wie es dir damit geht, daß du jetzt allein bist, ganz allein in einer Welt, die du nicht kennst und von der du nichts weißt. Und spüre die Traurigkeit, oder die Wut, oder die Verzweiflung, die dich befällt in dem Moment, in dem du diese Situation in einer dir fremden Welt ganz ermessen kannst.

(3 Minuten, Musik)

Und jetzt nimm auch hier Abschied. Nimm ganz tief Abschied von der Situation der Geborgenheit, die du einmal hattest. Geborgenheit im Schoß deiner Mutter, die dich dein ganzes Leben lang begleitet hat, als Sehnsucht, als die Stelle, an die du wieder zurückkehren möchtest. — — Nimm Abschied. Winke und finde Worte der Liebe und der Dankbarkeit. Löse dich jetzt mit deinen Worten und mit deinem Winken und laß die Figur, die dir so wohlvertraut ist, langsam mit deinem Abschiednehmen in den Hintergrund verschwinden. Du hast genügend Zeit, das zu tun.

(3 Minuten, Musik: Klaus Schulze, X, S. 4)

Und jetzt löst du dich von den speziellen Bildern dieses Abschieds und läßt dich noch weiter durch die Zeit zurücksinken. Wieder liegst du im Fahrstuhl und wieder geht es durch die Zeit zurück, und jetzt geht es nicht mehr um Tage oder Monate oder Jahrzehnte, jetzt geht es um die Tiefe der Zeit schlechthin. Du gehst zurück durch die Zeit als solche, zurück bis in die Ewigkeit, an den Anfang der Zeit. Bis zu der Stelle, an der die Zeit eine Landschaft ist. Eine Landschaft, die du schon längst kennst. Hier gibt es keine Zeit, hier ist immer Ewigkeit. Es ist eine Landschaft mit Hügeln und Wäldern, in der du bist, solange du noch nicht in der Zeit bist. — — Hier gibt es keine Zeit. Sekunden sind wie Jahrtausende und Jahrtausende wie Sekunden. Und es gibt Wesen in dieser Landschaft, die sind wie du: zeitlos. Und alles, was ist, ist gut. Es ist die Welt, in der du bist, wenn du noch nicht bist. Es ist deine Welt – die Welt, die du bist.

Wandere jetzt durch diese Welt. Schau sie dir an. Spüre die Majestät dieser ewigen Zeit, wandere über die Hügel und Täler dieser Welt. Du kannst fliegen, dich auflösen, wieder erscheinen. — — Deine Gedanken werden in dieser Welt zu Realitäten und wenn du genauer hinschaust, dann kannst du spüren, daß du selbst nur ein Gedanke bist. Ein Gedanke, der mit seiner Macht und Gnade all anderen Gedanken, und das heißt, die ganze Welt erzeugen kann. — — Wandere jetzt durch diese wunderbare Welt, die sich da vor dir auftut.

(2 Minuten, Musik)

Aber auch von dieser Welt, so schön und zeitlos sie auch ist, von dieser ewigen Welt, die seit Anbeginn da ist und die bis in alle Ewigkeit immer da sein wird, auch von dieser Welt mußt du Abschied nehmen. Du kannst spüren, daß die Stunde des Abschieds naht, daß du jetzt gehen mußt. Es kann sein, daß du das nicht willst, daß du lieber bleiben möchtest – so schön ist es hier. — — Doch du kannst es deutlich spüren, es gibt etwas in dir, das du erledigen mußt. Vielleicht eine Aufgabe, die du bisher nicht gelöst hast. Vielleicht ein Stück Unvollkommenheit, das dir innerlich zuruft, einen sehr alten unabgeschlossenen Kreis zu schließen, den du bisher – in dieser zeitlosen Welt – nicht schließen konntest. — — Was immer es sein mag, du kannst es spüren, es gibt eine Kraft, die dich treibt, Abschied zu nehmen.

Nimm jetzt Abschied von dieser Welt ohne Zeit, die du verlassen mußt. Du mußt sie verlassen, um neue Erfahrungen zu machen, um eine neue Aufgabe zu er-leben. Nimm jetzt Abschied.

(3 Minuten, Musik)

Und jetzt, nachdem du Abschied genommen hast und wieder eingetaucht bist in den gewaltigen Strudel, der dich wieder in die Zeit bringt, in diese strahlenförmige Galaxie mit ihren sich drehenden Armen. Spüre, wie du durch den Abschied hindurch und durch die Galaxien und Sterne hindurch die Ewigkeit verläßt und wieder eintauchst in die Zeit.
Und während du dich drehend und taumelnd auf deinem Weg bist, kannst du alle Abschiede, die du gerade durchlebt hast, als die wichtigsten Ereignisse deines Lebens erkennen, vieler Leben. Leben heißt Abschiednehmen, und erst wenn du Abschied nehmen kannst, kannst du leben. Und erst wenn du leben kannst, kannst du Abschied nehmen. —— Durch alle Abschiede hindurch kannst du sehen, daß erst, wer sich verabschieden kann, neu anfangen kann. Du kannst sehen, daß jeder Abschied einen Anfang in sich trägt – aber auch jeder Anfang einen Abschied. Und daß, wer sich nicht verabschieden kann, auch nicht anfangen kann. Leben heißt Abschiednehmen. Und Abschiednehmen heißt Leben. Jeder Abschied ist ein Sterben und jedes Sterben ist ein Neubeginn.
Spüre zum letzten Mal, welche Macht und welche Gnade darin liegt, dich von den unabgeschlossenen Kreisen deines Lebens zu verabschieden. Es ist der Weg, neu zu werden.

(3 Minuten, Musik)

Löse dich jetzt von allen Bildern und kehre langsam in diesen Raum zurück. —— Nimm dabei deinen Atem zur Hilfe und atme ganz tief durch, und dabei strömt Frische und Ausgeruhtheit in deinen Körper ein. Und mit jedem tiefen Atemzug atmest du Wachheit in deinen Körper. Du wirst mehr und mehr wach.
Jetzt reckst du deinen Körper, du streckst deine Körperteile und bist wieder ganz *wach*.

Die vierte und (vorerst) letzte »Reise des Helden«*

Thema: Annehmen

Teil 1: (Musik: Schulze: Trancefer)

Wenn du den ersten Teil dieser Reise liest, dann wird – ziemlich sicher – in dir ein Protest entstehen, denn diese Worte gehen dir »gegen den Strich«.
Gerade dabei solltest du jedoch sehr aufmerksam sein und diesen *Protest* in dir wahrnehmen und ihn als Kraft für deine Reise verwenden. Höre also mit dem Lesen nicht auf, sondern bringe erst die Reise zu Ende – du kannst das Buch – hinterher, wenn du es dann noch willst – immer noch an die Wand schmeißen.

Im Laufe unseres Lebens kommen aus der Außenwelt viele Forderungen, man kann auch sagen: Zumutungen auf uns zu, die alle ein ganz bestimmtes Ziel haben. Sie fordern uns auf: *erkenne uns.* Aber nicht nur, erkenne uns als die Dinge, die wir sind, sondern erkenne uns als jenen Teil, *den du auch in dir hast,* den du aber bisher noch nicht in dir sehen wolltest.
Es gibt keine Ereignisse auf der ganzen Welt, die nur dort – draußen – stattfänden, und die wir nicht auch in uns hätten. Keine. Doch je weniger wir das sehen wollen, desto mehr muß uns das Außen diese Dinge zeigen. Ich will an einem positiven Beispiel beschreiben, was ich meine. Und auch wenn die folgende Geschichte nicht wörtlich zu nehmen ist – sie ist nur ein Symbol – so symbolisiert sie doch sehr tief, um was es geht.
Als der Engel der Verkündigung zu Maria kam und ihr die Botschaft brachte, daß sie den Heiland gebären würde, da sagte sie nicht: »Was, ich? Wieso denn?« Oder: »Das geht ja gar

* Es ist sinnvoll, du nimmst dir die beiden Lieder von Sally Oldfield gemeinsam auf ein Band auf. Und zwar 2× das Lied »My Damsel Heart« von der LP »Celebration« und 1× das Lied »Song of the Being« von der LP »Playing the Flame«. Denke daran, daß die beiden Lieder für diese Reise unabdingbar *notwendig* sind.

nicht: ich, Maria, eine gewöhnliche Frau, ein Mensch – das göttliche Kind?« Sie sagte auch nicht – feministisch: »Ja, typisch, der Heiland – wieder ein Mann. Wieder der ganze patriarchale Mist! Ich wer' dir was husten, Engel, ich gebäre eine Heiländin.« Nein, all das sagte Maria nicht, sie sagte ganz schlicht: »Ich bin die Magd des Herrn, mir geschehe, wie du gesagt hast.« Maria hat es angenommen. Und das war der tiefere Grund dafür, daß das *Göttliche in ihr* geboren werden konnte. Sie sagte »ja«, und es konnte geschehen. Es konnte geschehen, daß das Göttliche in ihr zum Vorschein kam. Das ist die tiefe Symbolik der Marien-Geschichte. Maria hat »ja« gesagt, und das war der Grund dafür, daß in ihr der Heiland geboren werden konnte. In ihr. Es braucht keine Zeugung, will uns diese Geschichte sagen, es braucht nur ein »Ja«-Sagen. Ein Einverstanden-Sein. Um das Göttliche in uns, und das heißt nichts anderes als unser wahres Wesen, können wir uns nicht bemühen, wir können es nicht herbeiholen durch Fasten, Meditieren, immer brav sein, den Nächsten lieben und was dergleichen Dinge mehr sind. Vollkommenheit beginnt bei einem ganz einfachen Schritt: »ja« zu sagen – zu sich selbst, »ja« zu allem, was ist, weil alles was ist, nur ein Spiegel von dir ist.

Nun, diese alten Geschichten klingen für viele heute so, als wären sie direkt dem »Wort zum Sonntag« entsprungen. Wir können ihnen nur noch sehr schwer zuhören, deshalb möchte ich eine neue Geschichte erzählen:

Männer quälen Frauen. Das war immer so und ist auch heute noch so. Früher haben die Männer die Frauen an die Inquisition ausgeliefert und Männer waren es, die mit Vorliebe Frauen gefoltert haben, um irgendwelche Geständnisse, die nur in ihrem eigenen Kopf vorhanden waren, herauszuquälen. An dieser Situation hat sich nicht allzuviel verändert in den letzten 500 Jahren. Vielleicht ist das Quälen etwas subtiler geworden.

Heute gibt es Frauenhäuser für geschlagene Frauen und die zeigen uns, daß es heute ebenso weitergeht. Doch ist es natürlich nicht nur an den Frauenhäusern ablesbar: Du Frau, die du hier sitzt oder liegst, wirst von den Männern gequält. Und du Mann, der du hier sitzt oder liegst, bist ein Quäler. Natürlich ist es versteckter geworden, viel versteckter. Jeder Mann wird erst einmal sagen: Ich? Nie! Oder vielleicht sagt er auch: Na ja, vielleicht ein wenig, das liegt an meinem Unbewußten, weißt du, meine Kindheit, besonders mein Verhältnis zu meiner Mutter, ich kann dir sagen. Da ist es kein Wunder, daß ich manchmal weglaufe oder tagelang sauer bin oder auch schon mal brülle wie ein Stier.

Jeder Mann fordert für sich Verständnis, denn es gibt ja Gründe, warum es so ist, gute Gründe. Und irgendwie habe ich mir ja auch vorgenommen, irgendwie wird es bald anders, schließlich gehe ich bald in Therapie, oder ich bin es ja schon, und eines Tages werde ich dann *die* Frau treffen, die nicht immer diese mütterlichen Knöpfchen bei mir drückt (oder welche Knöpfchen sonst). Das wird schon noch anders, das könnt ihr mir glauben. Jedenfalls bemühe ich mich. Vielleicht sagst du sogar: Ja, liebe Hildegard, oder wie auch immer sie heißen mag, ich bin auch ein Quälgeist, aber du verhältst dich vielleicht auch ... mein lieber Mann, schau dir mal an, was du gestern wieder gemacht hast.

Kurzum, Männer, die wir hier sitzen oder liegen, eines ist für unser Selbstbewußtsein sicher: Wir sind nicht schuld. Schuld ist unsere Kindheit, unsere Mutter, die gesellschaftlichen Verhältnisse, und, seien wir doch mal ehrlich: die Frauen auch selbst! Das jedenfalls sagt unser Selbstbewußtsein.

Was für Gründe unser Bewußtsein auch immer angeben mag, sie stimmen alle *und* stimmen alle *nicht*. Wir können einfach davon ausgehen, daß jeder Mann, der diese Worte hört, schlicht ein Frauenquäler ist. Sollte dennoch jemand anwesend sein, der sich nicht angesprochen fühlt, so gibt es zwei Möglichkeiten der Erklärung.

Die eine Möglichkeit: Du bist gar kein Mann, sondern im Grunde deines Herzens eine Frau – nun gut, dann bist du wirklich kein Quäler, denn dann wirst du gequält. Du triffst dann immer auf die Frauen, die im Grunde ihres Herzens Männer sind, und dann geht die Post anders herum ab. Du wirst als Frau von Frauen gequält, die in Wahrheit Männer sind. Und daran kannst du schon sehen, daß das Frausein oder das Mannsein nichts mit dem Geschlecht zu tun hat.

Die andere Möglichkeit, Mann, warum du dich vielleicht nicht angesprochen fühlst: Du möchtest nicht sehen, nicht wahrhaben, daß du ein Frauenquäler bist, ja, du unternimmst alles, damit das nicht stimmen soll. Dein ganzes Weltbild käme durcheinander. Ich ein Quäler, um Gottes Willen! Du *bist* es aber. Und du quälst um so mehr, je weniger du davon wissen willst.

Jetzt schauen wir uns die Frauen an. Ja, Frau, die du diese Zeilen hörst, du wirst gequält, gequält von den Männern. Ich verrate dir ein Geheimnis: das ist unsere Aufgabe. Ich sage es dir ganz brutal: Es ist die Aufgabe von uns Männern, Frauen zu quälen.

Jetzt stehst du da und möchtest vielleicht sagen: Ich geh' jetzt nach Hause, solchen Quatsch höre ich mir nicht länger an, das ist ja schlimmer als Faschismus. Das ist ja geradezu eine Aufforderung, Frauen zu verbrennen. Ich habe es ja gewußt.

Ich antworte dir: Nein, das ist es nicht – und du hast es nicht gewußt. Wenn ich sage, es ist die *Aufgabe* der Männer, die Frauen zu quälen, so sage ich nicht etwa, sie sollen es tun; ich sage auch nicht, daß es Spaß macht, das zu tun. Denn das möchte ich für uns Männer, wenigstens zum Verständnis unserer Situation, anführen: Wir leiden darunter ebenso wie ihr. Und dennoch: Wir müssen es tun.

Es ist nicht leicht, das zu verstehen. Aber ich will versuchen, die Gründe, warum das so sein mag, anzuführen, bevor wir in Trance gehen und jene Gegenden in unserem Inneren aufsuchen, in denen es so ist.

Jeder Mann, der hier sitzt, ist halb. Das solltest du, Frau, verstehen. Was ihm fehlt bist du, ist seine weibliche Hälfte. Oder, wie Jung es sagt: seine anima. Als Mann muß er sich *durchsetzen,* er muß draufgängerisch sein, hart und kämpferisch. Und das nicht etwa, weil seine Sozialisation so war, natürlich war sie auch so, weil es zu dieser Seite, der Seite des Männlichen gehört. Er hat nun einmal einen Penis und damit muß er eindringen: es geht nicht anders. Sein Penis ist eigentlich ein Symbol, doch nicht etwa ein Symbol für Sexualität, sondern ein Symbol für die Aufgabe, die er hat. Er hat sie sich nicht ausgesucht, sie ist da. Er ist inkarniert in diese Rolle und er muß sie ausfüllen. Und in dieser Rolle muß er Täter sein, er kann nicht Opfer sein – es ginge nicht.

Und in diesem halben Dasein, das er führt, fehlt ihm die andere Hälfte. Jene Hälfte, die du als Frau verkörperst. Es ist jene Hälfte, die weich ist, zärtlich, empfangend, aufnehmend. Deine Vagina ist auch ein Symbol, nicht etwa für deine Sexualität, sondern ein Symbol für Weiblichkeit. Symbol für den anderen Teil – für das Aufnehmen-Können, für das Annehmen-Können. Für jenen Teil, der uns Männern fehlt.

Wir als Männer sind halb – und ihr als Frauen seid halb. Und jetzt jagen wir als Männer auf der Welt herum und suchen jenen Teil, der uns fehlt. Und ihr Frauen jagt in der Welt herum und sucht jenen Teil, der euch fehlt.

Aber es ist wichtig, eines zu verstehen: Ich als Mann suche nicht etwa eine Frau außen in der Welt, sondern ich suche nach jenem Teil Weiblichkeit in mir, von dem ich getrennt bin. Den ich nicht zur Verfügung habe. Und du als Frau suchst nicht etwa einen konkreten Mann – obwohl du das immer glaubst –, sondern du suchst deine eigene Männlichkeit, den Teil in dir, von dem du getrennt bist.

Die realen Männer und Frauen in der Welt, denen wir begegnen, sind immer nur Hilfsmittel, wichtig und notwendig zwar, aber dennoch Hilfsmittel dafür, daß wir mit uns, mit dem Teil der uns fehlt, konfrontiert werden. Ohne die realen Begegnungen ginge das nicht. Ohne die Liebe, die in uns als ein Organ vom Gegenüber ebenso angezogen wird, wie das Auge vom Licht, und die sich real – im anderen – verwirklichen will, gäbe es nicht immer wieder den Impuls, sich auseinanderzusetzen. Und nur wenn du immer wieder verlassen wirst, wirst du

begreifen, daß es letztlich nicht um den anderen, sondern nur um deine Einheit mit dir selbst geht.
Wenn du diesen Gedankengang tief in dich hast einsinken lassen, dann verstehst du auch den folgenden: Wer wird gequält? Nur jener, der selbst nicht quält, der Angst vor seiner eigenen Gewalt hat, der von sich sagt: Ich bin schwach, ich bin nicht in der Lage zu quälen, ich kann keiner Fliege etwas zuleide tun. Es ist genau wie mit dem Männlichen und dem Weiblichen. Wer gewalttätig ist, Täter ist, befindet sich stets auf der Suche nach seinem anderen Teil, nach dem, der Opfer ist, der Qualen empfangen kann. Und den findet er außen. Denn dort sucht ihn schon sein anderer Teil, der in ihm, der gequält werden möchte; im Außen sucht ihn schon sein Opfer. Und beide finden sich – zwangsläufig. Beide ziehen sich an, beide sind – wie man so schön sagt – resonant zueinander: Jeder Täter findet sein Opfer – und jedes Opfer findet seinen Täter. Aber warum, mag sich jetzt mancher fragen, ist denn das so? Weil wir ohne diesen Teil nicht komplett wären. Und wir sind nicht komplett, nicht ganz. Wir sind nicht heil. Aber gehören denn auch Gewalt, Grausamkeit, Morden, Plündern zu uns? Ja. Alles, was je Menschen anderen Menschen angetan haben – all das gehört zu uns. Wir haben etwas zu lernen: daß wir in uns genauso Mörder sind wie auch Ermordete.
Wir haben zu lernen, daß Hexenverfolgung nichts *Böses* ist und daß Frauen zu verprügeln ebensowenig böse ist. Es gehört zum Leben und weil es zum Leben gehört, gehört es auch zu uns. Es ist nicht böse – es ist allerhöchstens dumm. Wir, die wir prügeln, bleiben dabei freilich ebenso dumm wie die, die geprügelt werden. Die Frage ist nicht: Darf man prügeln? Die Frage ist: Willst du dumm bleiben? Solange du prügelst, bleibst du dumm. Und du bleibst dumm, solange du geprügelt wirst.
Und so sehen die beiden Möglichkeiten, dumm zu bleiben, aus:
Möglichkeit 1: Du als Frau wirst geprügelt oder sonstwie gequält, und du sagst zu dir – oder zu deinen Freunden – mein Typ ist eine Sau, der ist so brutal, stell dir vor ... Aber du gehst wieder zu ihm hin, und du begreifst nicht, daß er dir etwas

gezeigt hat: Es gibt Grausamkeiten in der Welt, und auch du bist grausam, aber du willst das nicht einsehen. Denn du sagst ja: der andere sei grausam. Und damit bist du fein raus. Denn du mußt ja nicht der für dich traurigen Wahrheit ins Auge blicken, daß du genauso grausam bist. Also läßt du dich weiter quälen in dem unschuldigen Bewußtsein, daß nicht du es bist, der so böse ist.

Möglichkeit 2: Du wirst geprügelt, und du hast jetzt ein für allemal die Nase voll. Du schließt dich einer Gruppe von Frauen an, die sich auf ihr Zepter geschrieben haben: Alle Männer sind Drecksäue, wir kämpfen gegen sie, wir schließen uns zusammen und lernen Karate. Und dann sollen sie mal sehen. Jetzt fangen die Frauen an, aggressiv und grausam zu werden. An sich ein sehr schöner Vorgang, aus dem man eine ganze Menge lernen könnte. Freilich lernen sie in der Regel sehr wenig daraus, weil sie sich ja einbilden können, sie seien nur grausam, weil die Männer zuerst grausam waren. Also sei ihre Grausamkeit nicht eine akzeptierte, d. h. ein ganz normaler Vorgang, sondern eine Reaktion auf uns. Kurzum: Wieder sind die Männer schuld und die Frauen blauäugig. Wieder führt er nicht zu einem Lernprozeß, daß ein Teil in sich seinen fehlenden, seinen anderen Teil entdeckt, sondern der eine Teil sagt: Nicht ich bin es, sondern du! Die Folge davon ist, je mehr du Karate lernst, desto öfter wirst du vergewaltigt. Jetzt vielleicht nicht mehr von Männern, sondern von deinem herrschsüchtigen weiblichen Karate-Lehrer. Denn du kannst hinlaufen wo du willst, eines ist sicher: Dein anderer Teil ist bereits da. Ob es nun eine Frau oder ein Mann ist, spielt in Bezug auf die Grausamkeit keine Rolle.

Jetzt wirst du fragen: Wie komme ich denn da heraus? Wenn aushalten nichts nützt und wenn weglaufen nichts nützt, was bleibt denn da noch?

Es gibt noch ein Drittes. Immer. Weil Lebensprozesse immer dialektisch verlaufen. Und es gibt sogar noch wesentlich mehr als nur *ein* Drittes. Ich möchte dir nur ein Beispiel geben: Ein solches Drittes ist das *Annehmen.*

Das könnte so aussehen: Wenn dein Typ dich quält, wenn er dich schlägt, oder auch nur, wenn du merkst, jetzt geht es dir übel, und das Übel kommt von ihm, dann könntest du dir folgendes sagen: Halt! Jetzt geht es um etwas ganz Wichtiges. Jetzt habe ich etwas zu lernen. Jetzt bin ich mit etwas konfrontiert, was mir fehlt. Ich habe etwas noch nicht begriffen. Bitte, kannst du dann du deinem Typ sagen, mach weiter, schlage mich weiter, prügle mich, bis ich es begreife. Das ist jetzt ganz wichtig, bringe mir bei, was Prügeln heißt, ich kann es nicht, und ich denke die ganze Zeit, du wärst es, der mich prügelt. Aber ich vermute, ich bin es selbst. Also, ich werde mich jetzt nicht wehren, ich werde mich ganz deinem Prügeln hingeben, bis ich begriffen habe, was ich lernen muß. Und du machst dich wehrlos. Wehrlos sein, heißt offen sein. Offen zu sein für Verletzungen, aber auch offen zu sein für die Wahrheit über dich. Gib dich ganz hin, sei einverstanden. Sei Opfer, du bist es sowieso, aber jetzt sei es bewußt. Sei ganz Opfer, Schrei nach Prügel, bitte ihn darum, flehe ihn an. Er soll dir etwas antun. Damit du dich kennenlernen kannst, damit du diese Seite in dir endlich kennenlernen kannst. Und wenn er es tut, denk daran, daß er dir etwas zeigt, daß er dir dich zeigt.
Und denke auch daran, daß du ihm in dem Moment einen Teil zeigst, den Teil, der ihm fehlt. Ganz. Er sieht sich, sieht den Teil, der ihm fehlt.
Das ist für euch beide eine große Chance, etwas zu begreifen. Solange du dich wehrst, begreift niemand etwas. Er hat die Chance, etwas über sein Dasein als Opfer zu lernen, das er ja nicht sehen will, weil er ja die ganze Zeit Täter sein muß. Und du hast die Chance, etwas über deinen Teil als Täter zu begreifen, den du nicht sehen willst, weil du ja die ganze Zeit Opfer sein mußt.
Du, Frau bist Opfer – nimm diese Rolle an, und sobald du sie akzeptiert hast, verschwindet sie von selbst. Du Mann bist Täter – nimm diese Rolle ebenfalls an, und sobald du sie akzeptiert hast, bist du es schon nicht mehr. Aber erst einmal müßt ihr – vielleicht für einige Zeit – beide Rollen einnehmen,

ohne zu murren, ohne euch zu beschweren. Sei Opfer, sei Täter. Du bist es ohnehin.

Das ist auch die tiefe Bedeutung des christlichen Spruches: Wenn dir einer auf die rechte Backe schlägt, halte ihm auch noch die linke hin. Solange du wegläufst, kannst du nichts lernen und solange du zurückschlägst, bleibst du dumm. Nimm die Ohrfeige an als etwas, was dir noch fehlt. Sie fehlt dir, um ganz zu werden, um heil zu werden. Das einzige, was du dabei tun kannst, ist *bewußt* sein. Das heißt, du solltest dich bewußt fragen: Was fehlt mir, was ich mit dieser Ohrfeige bekommen soll? Wenn dir etwas passiert, war dir unangenehm ist, frage nie: Wieso denn ausgerechnet ich?, sondern frage dich: Was fehlt mir? Was soll es mir sagen?

Die tiefste Stelle, die man erreichen kann, und die ich eigentlich mit dem hier Gesagten vermitteln möchte, ist die: Gemessen an dem, was deine Seele anbelangt, ist es vollkommen gleichgültig, ob du Opfer oder Täter bist. Denn du bist sowieso beides. Jeder, der Mörder ist, war schon einmal Ermordeter, und jeder Ermordeter war schon einmal Mörder. Beides ist notwendig, um vollkommen zu werden. Fehlt dir eine derartige Erfahrung, so bist du nicht komplett, du hast eine Lücke – und wie willst du mit einer Lücke ein vollkommener Mensch werden?

Teil 2:

Bevor wir tief in unsere Geschichte hinuntersteigen, in jenen Bereich von Zeit und Raum, wo Zeit nicht mehr herrscht, wo du eins bist mit aller Zeit und alle Zeit eins ist mit dir, wo Ewigkeit und Geschichte eins werden – bevor wir also in jenen zeitlosen Raum oder in jene raumlose Zeit hinabsteigen, in der sich alle Inkarnationen abspielen – auch die heutige, denn alle Zeit der Welt ist immer gleichzeitig da, was nur ein anderer Satz ist für: es gibt keine Zeit; bevor wir also tief in das Dunkel eintauchen, in dem wir alle Mörder sind und alle Opfer, möchte ich dir ein Lied vorspielen: das Lied einer Frau, die *einverstanden* ist. Die Ja sagt, die gelernt hat, *anzunehmen.* Es ist die

Geschichte einer Liebe, die sehr quälerisch war, und dieser Frau singt dieses Lied vielleicht erst, nachdem sie bereits tot ist, in dem Reich jenseits von Zeit und Raum. Sie singt das Lied in jenem Raum, in den wir auch gleich gehen werden: in der Ewigkeit.

Es mag dich vielleicht erstaunen, aber auch dort kann man singen. Es ist ein Lied, das bestimmt schon tausend Jahre alt ist, und doch ist es sehr neu. Und auch wenn du es schon kennst, wirst du es heute ganz neu hören.

Es heißt: Mein Jungmädchenherz. Und für diejenigen von euch, die kein Englisch können, übersetze ich es während des Singens. Fühle dich ein in das Lied und laß es eine tiefe Meditation für dich sein.

(Musik: Sally Oldfield: My Damsel Heart)

Mit den geheimen Künsten meines Jungmädchenherzens und mit meinen Zigeunerringen, die im Dunkeln leuchten –
du hast die Augen eines Engels und das Lachen eines Teufels, doch mit der Anmut meiner jungen Jahre konnte ich dich eine Weile bei mir halten.
Ich komme mit dir, jetzt, da der Sommer zur Neige geht, denn du bist der Herrscher über all diese ausgelassenen Männer.
Du warst so lange nicht hier,
und jetzt bist du mir mehr fremd als vertraut.
Doch wenn du an meine Tür klopfst, weißt du, daß ich dich einlassen werde.
Ich erkenne dich, durch die Maske, die du trägst, hindurch.
Auch wenn du dir einen strahlenden Platz verschaffst,
so bist du doch einer der hundert Reiter,
die unter dem Mond herreiten.
Du bist einer der hundert reitenden Männer.
Und ich weiß, wer du bist.
Du bist einer der hundert reitenden Männer
und du reitest auf meinem Herzen.
Und wieder bin ich gekommen, mit dir zusammenzuliegen,
jetzt, da die Felder voller Regen sind.
Und du nahmst mich, als wäre ich der Wind,
und damit hast du mich wieder geheilt.
Und mit deiner betörend süßen Klinge hast du in der Dunkelheit meinen Apfel entzweigeschnitten.
Ja, du bist der einzige, der je mein Herz erreicht hat.

Und jetzt spiele ich dir dieses Lied noch einmal, ohne es zu übersetzen, und du läßt dich noch tiefer einsinken in die Stimmung dieser Frau aus einer fernen Zeit. So als wärest du jetzt – egal ob du in Wahrheit Mann oder Frau bist – so als wärest du jetzt diese Frau.
(Das Lied noch einmal)

Teil 3: (Musik: Schulze: Moondawn, S. 2)

Und bei diesem Bild einer jungen Frau aus ferner vergangener Zeit, verweilst du eine Weile und du läßt dich noch tiefer gleiten, tiefer durch die Zeit, tiefer durch den Raum. Zeit ist kein Problem für dich.
Ja, du verwandelst dich immer mehr, durch die Zeit und den Raum hindurch, in diese Frau, die da so voller Liebe an diesem Mann hängt, an diesem Mann mit den Augen eines Engels und dem Lächeln eines Teufels. Und durch die Zeit, die du jetzt zurückgehst, durch die Hunderte von Jahren, vielleicht durch die Tausende von Jahren, verändert sich dein Körper, und du nimmst die Gestalt dieser jungen Frau an, du kannst spüren, wie sich dein Körper in den zarten Körper dieser Frau verwandelt, wie du diese Frau wirst – auch wenn du bis heute ein Mann warst – jetzt wirst du diese Frau, diese Frau, die einen Mann liebt und die dabei sich selbst zur Verfügung stellt.
Diese Frau, die so jung ist und so zart und die liebt. Du kannst deinen Körper spüren, den Körper dieser jungen Frau, du spürst deine Brüste und du spürst all die Zartheit deiner Weiblichkeit. Und du siehst die Landschaft, in der sich dein Leben abspielt. Die Gegend, in der du lebst. Vielleicht weißt du sogar, wie du genannt wirst, es fällt dir ein, welchen Namen dir deine Mutter gab.
Und du siehst dein Heim, vielleicht eine Hütte, vielleicht eine Art Zelt, oder was auch immer du sehen kannst.
Und du siehst jetzt auch die wilde Horde der Männer, der Reiter, die ab und zu in dein kleines abgegrenztes Dasein dringen. Wilde Männer, rauhe Männer, fröhliche Männer,

trinkende Männer. Und du siehst den, den du liebst, du siehst, was er von dir will, wie er dich behandelt, wie er dich anpackt, wie du auch Angst vor ihm hast. Schau dir an, was er mit dir macht.
Überlasse dich jetzt eine Zeitlang dem, was du mit ihm erlebst.

(2 Minuten)

Und jetzt siehst du auch, wie deine Liebe endet. Du kannst es ganz deutlich sehen, was er tut oder was mit ihm getan wird. Und was mit dir passiert. Und auch, was in all den Jahren, die du vielleicht noch zu leben hast, mit deiner Liebe in dir geschieht.
(30 Sekunden)
Und jetzt liegst du auf dem Totenbett, du weißt, du wirst gleich sterben. Du stirbst jetzt als diese Frau, die so geliebt hat. Du kannst noch einmal deinen Körper spüren, der vielleicht alt geworden ist, aber vielleicht stirbst du auch schon jung – du weißt es selber. Vielleicht hat dich der Mann auch umgebracht, schau dir das jetzt an, jetzt, da du auf dem Totenbett liegst und stirbst. Schau dir an, wie es ist, als jene Frau zu sterben, die so geliebt hat.

(2 Minuten)

Und wenn deine Seele aufgestiegen ist, schaut sie noch einmal zurück auf ihren Körper, sie verabschiedet sich von ihrem Körper, von ihrem Körper, den sie jetzt verläßt, um zurückzugehen, zurück in ihre Heimat. Vielleicht sieht die Seele auch noch einmal ihr Leben, und die Situationen ihres Lebens ziehen noch einmal an ihr vorüber. Und während deine Seele sich aus ihrem Körper löst, begreifst du etwas, die Botschaft, die dir dieser Mann hat sagen wollen. Jetzt, in diesem Moment, begreifst du sie, und du siehst noch einmal deinen Körper da liegen, vielleicht mit Wunden, und du verstehst jetzt, daß du aus einem wichtigen Grund gelebt hast. Daß du den Grund lange nicht sehen konntest, aber jetzt begreifst du ihn.
(2 Minuten)

Und dann wendet deine Seele sich ab und sie geht ihren Gang in jenes Reich, aus dem sie kam, und das wir – weil wir keinen besseren Namen dafür haben – die Ewigkeit nennen.

(½ Minute)

Doch dann erinnerst du dich wieder an jenes Lied, das du gerade – oder war es vor Stunden – gehört hast. Dieses Lied von der Frau, die geliebt hat, die einen Mann geliebt hat, einen rauhen Gesellen, den Anführer all dieser Reiter, und wieder trittst du ein in die Zeit, in die Zeit, in der das passierte. Zeit ist kein Problem mehr für dich, denn diese Zeit ist immer da.
Und jetzt verwandelst du dich wieder, jetzt verwandelst du dich in jenen Mann, jenen Reiter, der der Herr ist über all diese wilden Reiter. Du bist jetzt der Mann mit den Augen eines Engels und dem Lächeln eines Teufels. Du spürst deinen Körper, du spürst deine Kräfte, die Kräfte eines Kriegers in dir. Du bist stark und gelenkig mit Narben und Malen des Kampfes. Und du siehst jetzt diese Frau, dieses Mädchen, fast noch ein Kind, unschuldig und so liebreizend, und du spürst, du mußt sie haben.
Schau dir an, was du tust, wie du es anstellst, um sie zu bekommen. Schau dir in aller Deutlichkeit an, was du tust, was du mit ihr tust, was du ihr antust, schau sie an, was sie dabei fühlt, und schau dir an, wie es dir gefällt. Was du von ihr willst. Was du von ihr bekommst. Laß dich eine Weile treiben. Schau dir dabei auch deinen Namen an, falls du einen hast – hör dir an, wie sie dich nennt. Gib dich ganz deinem Wollen hin.

(2 Minuten)

Und jetzt laß wieder ab von ihr. Vielleicht hast du die Nase voll, vielleicht mußt du mit deinen Männern weiterziehen. Was auch immer passiert, dein Leben geht weiter. Weiter und weiter.

(½ Minute)

Und jetzt liegst auch du auf deinem Totenbett. Vielleicht ist es kein Bett, sondern ein Kampffeld, ein Schlachtfeld. Du siehst, was passiert, was mit dir passiert, ganz plastisch siehst du es, du siehst, wie es mit dir zu Ende geht. Und während es mit dir zu Ende geht, siehst du sie noch einmal vor dir, diese Frau, dieses Mädchen, das du geliebt hast. Dieses Mädchen, das dir so viel gegeben hat.

(1 Minute)

Und während deine Seele sich vom Körper löst, von dem Körper, der vorher vielleicht noch so viele Schmerzen gehabt hat, begreifst du etwas: die Botschaft, die dir dieses Mädchen hat sagen wollen. Jetzt, in diesem Moment begreifst du sie. Und du siehst noch einmal deinen Körper da liegen, vielleicht mit Wunden, und du begreifst jetzt, daß du aus einem wichtigen Grund gelebt hast. Daß du den Grund lange nicht sehen konntest, aber jetzt begreifst du ihn.

(2 Minuten)

Und dann wendet deine Seele sich ab und sie geht ihren Gang in jenes Reich, aus dem sie einst kam, und das wir – weil wir keinen besseren Namen dafür haben – die Ewigkeit nennen.
Und jetzt, da du zurückgekehrt bist – heimgekehrt – zurück in jenes Reich, in das auch schon das Mädchen zurückgegangen ist, trefft ihr euch wieder.
Ihr begegnet euch als zwei Wesen, die sehr viel miteinander zu tun hatten. Und vielleicht möchtet ihr euch danken, danken dafür, daß ihr beide an der Verwirklichung des anderen mitwirken durftet.

(1 Minute)

Und jetzt schaut ihr euch an. – Und zusammen heilt ihr jetzt. – Ihr wachst zusammen. – Der eine Teil ist die Heilung für den anderen Teil. – Ihr werdet langsam eins, ihr wachst zusammen und ihr erinnert euch beide an die Zeile aus dem Lied: »and you healed me again – Und du hast mich wieder geheilt«. Und ich spiele jetzt das Lied der Heilung für euch, für euch beide, die ihr jetzt vereint seid.

(Sally Oldfield: Song of the Being)

Und dann wirst du langsam wieder wach. Du wachst langsam wieder auf – wie aus einem langen Traum. Du reckst dich, du streckst deine Arme und Beine und öffnest wieder deine Augen nach außen. Du bist jetzt ganz *wach*.

Kapitel 5: Wende dich ab

> Jede Erscheinung auf Erden ist ein Gleichnis und jedes Gleichnis ist ein offenes Tor, durch welches die Seele – wenn sie bereit ist – in das Innere der Welt zu gehen vermag. Wo du und ich und Tag und Nacht alles eines sind. Jeden fliegt irgendeinmal der Gedanke an, daß alles Sichtbare nur ein Gleichnis sei und daß hinter dem Gleichnis der Geist und das ewige Leben wohne. Wenige freilich gehen durch das Tor und geben den schönen Schein dahin – für die geahnte Wirklichkeit des Inneren.
>
> (Hermann Hesse)

»Wende dich ab«, sagte ein Verbündeter, »Geh endlich deinen eigenen Weg! Das ist es, was ich dir zu sagen habe«.

Ich habe schon darauf hingewiesen, daß Johannes der Täufer *nicht* »Tut Buße« gesagt hat. Denn Buße heißt ja soviel wie Wiedergutmachung einer Schuld, die man auf sich geladen hat und die man jetzt nur durch eine Entsagung, d. h. durch schwere (und unangenehme) Arbeit wieder tilgen kann.

»Tut Buße« ist erst einmal ein Instrument, Menschen unter Kontrolle zu halten, sie folgsam und beherrschbar zu machen. Die europäischen Kirchen haben hier jahrhundertelang eine äußerst wirksame Form der schwarzen Magie praktiziert und insofern ihren Auftrag fast gänzlich aufgegeben. Es gehört fast nicht zum Thema und doch scheint es mir an dieser Stelle erwähnenswert: Es ist der Auftrag der Kirche, *zu heilen.* Sie hatte nie einen anderen Auftrag und – will sie Kirche bleiben, will sie ›Gottesdienst‹ (therapeia) abhalten – sie wird nie einen anderen bekommen. Es ist ihr Auftrag, dem Menschen die tiefe Verbindung, die tiefe Rückverbindung (religio) zwischen dem *Oben* und dem *Unten* (»... wie im Himmel also auch auf Erden«) aufzuzeigen und da, wo sie unterbrochen ist, die Wege zu zeigen, wie diese Verbindung wieder *geheilt* werden kann.

Martin Buber hat das in einem ganz ähnlichen Sinne wie Hermann Hesse formuliert: »Der wirkliche Umgang des Menschen mit Gott hat an der Welt nicht bloß seinen Ort, sondern auch seinen Gegenstand. *Gott redet zum Menschen in den Dingen und Menschen, die er ihm ins Leben schickt;* der Mensch antwortet durch seine Handlungen an eben diesen Wesen und Dingen. Aller spezifischer Gottesdienst ist seinem Sinn nach nur die immer erneute Bereitschaft und Heiligung zu diesem Umgang mit Gott und der Welt.« (Hervorhebung von mir)

Das »Tut Buße« hat in dieser Hinsicht nur die Funktion, den Weg noch mehr zu verstellen. Das griechische Wort »metanoia«, das an dieser Stelle regelmäßig falsch übersetzt wurde, hat eher die Bedeutung von »Sinnesänderung«, »Umstellung« und es bedeutet, daß die *gewöhnliche Beziehung* zur Welt, zu den Dingen und Menschen der Welt aufgegeben und verlassen werden muß. »Kehre um« trifft die Bedeutung dessen, was im Matthäus-Evangelium gemeint ist, deshalb noch am ehesten.
Es ist mir wichtig zu zeigen, daß diese »Sinnesänderung«, diese Umkehr, bei vielen Teilnehmern der Phantasiereisen – ohne jegliche Kenntnis der hier entfalteten Zusammenhänge (auf die ich selbst erst viel später gestoßen bin) – aus den Tiefen der Seele auch direkt aufsteigt.
Ein sehr deutliches Beispiel*:

»Gelangweilt von dem bekannten Durcheinander wendet sich der Junge nun der Erforschung der Räumlichkeiten der Bibliothek zu.

* Die folgenden Zitate sind Auszüge aus Protokollen von Teilnehmern an meinen Seminaren an der Universität Frankfurt. Zum Teil sind diese Protokolle angefertigt worden, um einen Soziologie-Schein zu erwerben, die meisten entstanden jedoch in der Absicht, das in der rechten Hirnhälfte Erlebte – um es zu besitzen – in die linke Hirnhälfte rüberzuschaffen. Viele Teilnehmer haben mir diese Protokolle überlassen und über diesen Akt des Vertrauens – es waren zum Teil sehr persönliche Dinge – war und bin ich sehr glücklich. Ich habe durch diese Protokolle mehr über mein Thema begriffen als durch jede andere Literatur.

Weit, weit weg in einer von dunklen Schatten verborgenen Ecke hat er eine vermeintliche Bewegung entdeckt. Als er bis dorthin gegangen ist, sieht er seine Vermutung bestätigt: ein in ein schmuddeliges weißes Kleid gehüllter alter Mann mit langem fast schneeweißen, von grauen Strähnen durchzogenen Haupthaar sitzt, den Rücken ihm zugewendet auf einem wackligen, alten Stuhl an einem überladenen schmutzigen Schreibtisch.

Der Junge fühlt etwas wie Ehrfurcht vor dem gebeugten Rücken und der seltsamen Ausstrahlung dieses großen asketischen Mannes. Er getraut sich kaum, ihn anzusprechen, schließlich wagt er es doch: Da wendet sich der alte Mann um, beide sehen sich von Angesicht zu Angesicht.

Ein Schrei des Wahnsinns und des Grauens entringt sich dem Munde des Jungen, denn vor ihm sitzt nun er selbst! Er erkennt sich und erkennt sich doch nicht, denn dieser Mensch vor ihm ist ihm vertraut und doch unendlich fremd, er sah ihn schon oftmals vorher, sie sind sich beide schon auf der Tagseite der Welt begegnet, doch haben sie sich niemals erkannt. Das spürt der Junge nun, da er ihm hautnah gegenübersteht. Auch ist der Körper und das Gesicht des alten Mannes von Wunden, Narben und eitrigen Geschwüren entstellt. Über seiner Nasenwurzel hat ein großes offenes nässendes Krebsgeschwür schon völlig sein drittes Auge zerfressen, das Muskelfleisch an seinen Armen wird nur noch von fetziger Haut und fauligen Sehnen an den grauen Knochen gehalten, die Finger mit ihren bis ins Nagelbett gespaltenen langen, brüchigen Fingernägeln sind kaum noch bleistiftstark. Auch ist der Gestank dieses alten Mannes unerträglich, schon lange kann er Urin und Kot nicht mehr halten, sein Unterleib und seine Beine müssen schon verfault sein und fingerdicke Maden kriechen auf seinen Füßen. Das zerfressene Gesicht des Alten verzieht sich zu etwas wie einem Grinsen oder Lächeln – aus einem kleinen Loch über seiner Schläfe tritt ein wenig Gehirnmasse aus und läuft als Schleimspur übers Gesicht und tropft dann auf sein langes Kleid, das nun wie ein Totenhemd wirkt. Dann öffnet sich sein Mund zur Rede, der Junge sieht hinter den Reihen der schwarzen Zahnstümpfe einen tiefen, schwarzen Schlund ohne Zunge sich auftun.

Gelähmt vor Grauen, mit gesträubtem Haar steht der Junge da, hilflos mit all seiner Jugend und Kraft.

Doch Wunder über Wunder! Kein elendes Krächzen entströmt dem Mund des Alten, sondern eine ruhige, klare, angenehme Stimme erklingt. Sie scheint von überall her zu kommen, er kennt die Stimme – vor einiger Zeit hat er sie schon einmal gehört, als er auf einer Reise durch Raum und Zeit auf einem Planeten sich selbst begegnet war und nicht aus noch ein wußte. Damals hatte genau die gleiche Stimme ihm einen Rat zugeraunt, nur hatte er sie nicht verstehen können. Nun sprach die Stimme klar und deutlich zu ihm. Er hörte und verstand die folgenden Worte:

›Ich weiß, wer du bist und warum du hier bist. Über Besuch freue ich mich, weil sich nicht allzu oft jemand zu mir verirrt. Deshalb sei mir willkommen! Nur bist du leider mit der falschen Frage zu mir gekommen. Stell sie deshalb nicht, du bekämst doch nur eine törichte Antwort, vielleicht hast du auf deinem Weg zu mir auch schon begriffen, daß du die Antwort schon längst kennst. Laß dich nicht von Aljoschas und Iwans Gespräch (Dostojewski: Die Brüder Karamasoff: Debatte zwischen dem atheistischen Iwan und seinem gläubigen Bruder Aljoscha) zur Verzweiflung bringen, denn das ist nur eine Kommunikation zwischen zwei Menschen, besteht also nur zwischen ihnen, niemals in ihnen. Daß Immanuel Kant ein Arschloch ist, wie du sagst, stimmt auch. In dem Moment, wo du dich hinsetzt und das aufschreibst, was du hier gehört hast, begreifst du es. Gut. Hm.

Dann wirst du, wenn du zurückgekommen bist auf deine Welt, etwas kritischer sein. Schau dir die Leute an, die du sonst immer um dich hast. Schau in ihre Augen und du wirst erkennen, ob sie jemals hier unten waren und ob sie schon ihren Weg kennen oder noch blind durchs Leben torkeln. Versuche niemand zu irgend etwas zu bekehren, hilf höchstens, wenn man dich danach fragt, und traust du dir das nicht zu, laß es einfach seinen Gang gehen und wende dich ab.

Wende dich ab! Das ist es, was ich dir zu sagen habe! Geh endlich deinen eigenen Weg! Du hast die Qualen der einsamen Nächte überlebt, du hast die große Freude des Alleinseins gewonnen! Gehe! Lebe!

Schon jetzt, wenn du dich gleich umdrehen wirst, ist etwas geschehen. Versuch, es zu verstehen. Lebe wohl, bis zum nächsten Mal! Wir sehen uns wieder, aber nicht mehr hier.‹

In dem Moment, da sich der Junge zum Gehen umwandte und seine Beine ihn zum Ausgang tragen wollten, sah er mit den Augenwinkeln noch, daß der alte Mann sich verändert hatte. Er war zu einer leuchtenden, gewaltig schönen Gestalt geworden, sein Körper war rein und hell, seine einst fast blinden Augen hatten sich gewandelt zu leuchtenden, klaren Sternen.

Doch die Bibliothek vor ihm war zu Staub zerfallen. Hier und da lagen noch einige halb zerfallene Bücher auf morschen, zum Teil zusammengefallenen Regalen; aus einer meterdicken Unratsschicht ragten hier und da einige Umschlagdecken wie Ruinen auf.

Nicht der Wille des Jungen führte ihn zurück zu dem Ort, von dem er gekommen war, er bekam es gar nicht richtig mit. Zu sehr war er betäubt von dem, was geschehen war.

Und als es 16 Uhr geworden war und Heinz König (Name geändert), der der kleine Junge gewesen war, das Orban-Seminar verließ, sagten draußen auf dem Flur Jürgen und Stephan zu ihm, daß er ganz schön kaputt aussehe.«
(Protokoll Nr. 54, männlich, Hervorhebung von mir)

In diesem Beispiel wird das »Kehre um« als ein »Wende dich ab« vom Verbündeten selbst ausgesprochen. Doch meistens erfolgt dieses Aufgeben der gewöhnlichen (normalen) Beziehungen zur Welt indirekt und hinterläßt erst einmal Betroffenheit:

»Ich befinde mich in einer Grotte, die nur schwach von einigen Kerzen beleuchtet ist. Zunächst glaube ich, daß die Kerzen das einzige sind, was sich in dieser Grotte befindet, doch dann bemerke ich, daß hier Tote aufgebahrt sind. Ich erkenne meinen Großvater, der vor einem halben Jahr gestorben ist, dann meinen anderen Großvater, der schon länger tot ist, und schließlich noch meine Urgroßmutter, die schon fast 20 Jahre tot ist. In dieser Richtung gehen meine Assoziationen weiter. Als nächstes taucht – ich glaube, es könnte ein Bild von Rembrandt sein – vor mir auf. Es zeigt eine nackte Leiche, die umringt wird von Ärzten in mittelalterlicher Tracht. Einer, wohl ein Professor, erklärt seinen Zuhörern anhand der Leiche die Anatomie. Als letztes Bild tauchen dann Szenen aus dem KZ Buchenwald vor mir auf. Ich sehe, wie völlig abgemagerte Leichen von Planierraupen zusammengeschoben werden und in Massengräbern verschwinden. *Aber ich merke, daß ich in dem Moment, da die Bilder vor mir auftauchen, nicht werte, keine Emotionen dazu entwickele, keine Abscheu, keine Trauer, sondern es eher betrachtend als etwas zur Kenntnis nehme, was es einmal gegeben hat. Das hat mich natürlich ganz schon betroffen gemacht,* und ich habe versucht, mir darüber klarzuwerden, mit welchen Erlebnissen diese Phantasien zusammenhängen könnten.
Ich glaube, eine wesentliche Rolle in diesem Zusammenhang spielt der Spiegel. (*Anm.:* Am Beginn der Phantasiereise mußte man durch einen Spiegel hindurchtreten – auf die andere Seite. P. O.) Wir hatten im Flur unserer Wohngemeinschaftswohnung einen großen schönen Spiegel hängen, der eines Tages unvermittelter Weise ohne Fremdeinwirkung herunterfiel und zerbrach. Als dann einige Zeit später einer meiner Mitbewohner sich selbst das Leben nahm (wegen Beziehungsschwierigkeiten), mußte ich an die abergläubische Vorstellung denken, daß ein zerbrochener Spiegel sieben Jahre Unglück bedeuten soll. Auch das Bild mit den Ärzten, die um die Leiche stehen, konnte ich einordnen. Es war das Umschlagbild eines Buches, das ich einmal

vielleicht das Zwölfjähriger mit großer Betroffenheit gelesen hatte. Es beschrieb die ›großen Geißeln der Menschheit‹ (ja, ich glaube so hieß der Titel, der mir jetzt auf einmal beim Niederschreiben spontan einfällt), die schrecklichen Pest- und Choleraepedemien des Mittelalters. Die Beschreibungen haben mich seinerzeit tief beeindruckt. Ebenso als ich von den Verbrechen des 3. Reiches erfuhr.«
(Protokoll Nr. 71, männlich, Hervorhebung von mir)

Und zwar ist es eine Betroffenheit, die sich selbst nicht versteht:

»Wir begegnen unserem Tod. Ich hatte diesmal keine Schwierigkeiten, hineinzusteigen. Mein Tod war mir sehr vertraut. Ich sagte ihm, wie sehr ich ihn schätze, wie wichtig er mir sei und wie sehr ich ihn brauche. Die einzige Angst, die ich ihm gegenüber äußerte, war die, daß ich befürchte, er könne einmal zu spät kommen und ich müsse noch sehr leiden, bevor ich die Welt verlassen dürfe. Doch er tröstet mich. Er würde schon da sein, wenn ich ihn wirklich wolle.
Wir tanzten zusammen. Ruhig, wiegend, trostvoll.
Es wurde um mich herum viel geweint. Ich konnte das nicht verstehen. Ich fühlte mich wohl und geborgen.
Es kam der Abschied. Ein herrliches Bild entstand. Der Tod lief in wehendem Mantel auf grasbewachsenen Klippen davon. Das Meer warf seine Wellen an die Klippen und er winkte mir zu.
Jetzt überkam mich eine ungeheure Traurigkeit. Ich weinte, ohne es stoppen zu können. Ich weinte, ohne traurig zu sein, ich hatte allen Grund zur Freude.«
(Protokoll Nr. 70, weiblich)

Es ist eine Betroffenheit, die mit der Erkenntnis zunächst zu tun hat, daß viele Dinge, von denen man mit Selbstverständlichkeit ausgehen konnte, auf einmal nicht mehr stimmen:

»Auch im Alter von 5 Jahren stehe ich immer noch in dem gleichen Zimmer, am gleichen Platz. Es hat sich nichts geändert. Ich bin gleichzeitig 10 Jahre alt. Mit 5 Jahren kann ich Bilderbücher auswendig lesen, obwohl ich noch nicht lesen und schreiben kann. Und ich male mit Buntstiften an die Tapeten. Es war natürlich verboten. Komisch. Denke ich. Mit 18 bin ich wie mit 10, wie mit 5. Mit 5 bin ich wie mit 10, wie mit 18. Meine anderen drei Geschwister sind gar nicht da (meine jüngste Schwester kommt an, als ich 6 bin). Ich bin gar nie wirklich Kind, ich bin sofort erwachsen. Ich bin immer die Älteste gewesen, von Anfang an. Die Älteste von zwei, dann die Älteste von

drei, und dann – mit 6 – die Älteste von vier. ›Die Alte‹ war mein Kosename; meine Mutter nannte mich mit Vorliebe so.
Und jetzt (gehe ich) zurück zu der Zeit, als ich noch nicht geboren war. Im Mutterleib. Das fällt mir überhaupt nicht schwer. Es ist, als wäre ich schon immer in diesem Zustand gewesen. Lassen wir den Irrealis. Ich *bin noch in diesem Zustand,* ich fühle deutlich ein Wohlgefühl bei dem Gedanken: endlich keine Anforderungen und keine Ansprüche mehr von außen. Bei mir sein und in Ruhe gelassen werden. Ich bin entspannt. Mein Kopf wird schwer und droht vornüber zu fallen. Obwohl noch nicht geboren, sehe ich mich immer noch im Zimmer meiner Oma. Ich möchte in diesem embryonalen Zustand bleiben. Ich will nicht heraus. Es ist zu schön. Was soll ich draußen? Es kostet mich eine Riesenüberwindung, wieder nach vorne zu gehen. Aber die Stimme von Peter Orban ist unerbittlich: Ich soll weiter auf der Straße gehen, wieder nach vorne, in die Zukunft. (...)
Dann wird meine Reise unterbrochen. Ich versuche mühsam, meine Augen zu öffnen. Ich blinzele und schließe sie wieder. Ich fühle meinen Körper als total schwer und entspannt. Die Kopfschmerzen, die ich vor der Reise hatte, sind weg ... ganz weg. Ich will die Augen nicht öffnen. Nein. Ich will immer noch nicht geboren werden. Ich lege meinen schweren Kopf auf den Tisch und höre aus der Ferne, was meine Kommilitonen sagen. Ich denke bei mir, daß es eigentlich höchste Zeit ist, mich dazu zu entschließen, geboren zu werden. Wo ich doch schon 36 Jahre lang geboren worden bin. Ich muß mich jetzt selbst auf den Weg machen – selbst meine Zukunft bestimmen.
Warum ist es so schwer, das Geboren-Sein anzunehmen?
Ich höre (mit Freuden), daß ich nicht die einzige bin, die nicht aus ihrem Embryo-Zustand heraus wollte. Ich weiß nicht, ob es gut oder schlecht ist, nicht aus dem ›Schlaraffenland‹ heraus zu wollen. Aber ich weiß ein Stück mehr über mich. Und das ist gut.«
(Protokoll Nr. 36, weiblich, Hervorhebung von der Autorin.)

Nicht nur, daß sie nicht stimmen, es finden Dinge statt, die können gar nicht stimmen, sind unmöglich, das Herz schlägt schneller ...:

»Dann sehe ich eine winterlandschaft vor mir, vielleicht in Polen. Aus einfachen alten häusern kommen leute, sie treffen sich, stehen in einer gruppe zusammen, laufen wieder auseinander. Nächstes bild: hexen treffen sich zum ritt durch die lüfte. Ich sitze auf meinem besen und fliege hoch, zwischen den bergspitzen hexen. Dann tanzen irgendwelche leute gruppentänze, tanzen sich in trance.

Ich höre nur noch auf die musik, fühle mich ganz leicht, habe das gefühl zu schweben, bekomme angst, mein herz schlägt schneller, denke: verdammt, ist doch blödsinn, du kannst doch nicht durch den raum hier schweben, habe angst davor, was passiert, wenn ich weiter schwebe, muß meinen kopf auf den tisch legen, kann nicht mehr aufrecht auf dem stuhl sitzen.«
(Protokoll Nr. 33, weiblich)

Wenn die Heldenreise beginnt, der Abstieg, die Umkehr – dann ist alles möglich. Logik verschwindet, das Unbekannte, das Fremde (das Fremde?) taucht auf:

»Die Kellertreppe, sie taucht vor mir auf, es ist die Treppe im Haus meiner Eltern. Ich laufe sie hinab und habe Angst, die gleiche Angst, wie ich sie schon als Kind hatte, wenn ich aus dem Keller etwas holen sollte. Doch irgendwie spüre ich meine Kraft, ich bin mutiger als früher.
Der Tod steht links neben der Treppe. Ich erschrecke, ich bin es selbst, ein Teil von mir. Mir wird klar, daß die Frau alle Charakterzüge von mir besitzt, die ich oft an mir nicht akzeptieren kann. Sie macht einen sehr traurigen, depressiven Eindruck, und in ihren Augen blitzt der Haß. Doch irgendwie freue ich mich, daß ich es selbst bin. Sie ist wunderschön, was ich von mir sonst selten denke oder fühle. Sie trägt ein langes schwarzes Kleid, aus einem dicken Brokatstoff mit einem Stehkragen am Hals und um den Brustkorb enganliegend, in der Taille auseinandergehend, es reicht bis zu den Knöcheln. Ich freue mich, daß ich mir selbst gegenüberstehe, als hätte sich ein Teil von mir gelöst.
Sie tanzt den Tanz der Toten, mit wehendem Rock, beschwingt und harmonisch, doch auch sehr energisch. Ich bin fasziniert, sitze auf der Treppe und schaue zu. Doch auf einmal bekomme ich Angst, sie will mich mitnehmen. Sie spürt meine Bewunderung und meine Ohnmacht. Ich möchte weglaufen, doch es geht nicht, es scheint, als könne ich mich nicht mehr bewegen. Sie lächelt mich an, mein Herz wird kalt. Reden. Mir wird klar, ich muß es sagen, ich muß aus mir heraus und es geht... ›Ich gehe nicht mit dir, ich will hierbleiben, ich bestimme es selbst, wenn ich mit und zu dir komme.‹ Ich fühle mich freier, doch es fiel mir schwer, das zu sagen, denn wie leicht wäre es, mitzugehen, um die Freiheit, die Einigkeit, die Ewigkeit und die Schönheit zu sehen und zu begreifen.
Sie versteht meine Gründe nicht und versucht, mich zu überzeugen, den Schritt ins Dunkle zu tun. Ich kämpfe mit allem, was ich habe, mit aller Kraft, denn ich habe das Gefühl, den mächtigsten Partner meines Lebens vor mir zu haben. Die Kraft strömt durch meinen Körper, mir

ist ganz warm, die Angst ist verschwunden, ich sehe das Licht des Lebens. Der Kampf ist gewonnen, ich bleibe hier. In diesem Moment will ich nicht, daß sie fortgeht, ich habe sie irgendwie sehr liebgewonnen. Vielleicht einen Teil von mir besser verstanden. Und kann diesen Teil an mir mehr akzeptieren? Schon vor dem Abschluß-Tanz im Seminar tanze ich mit ihr engumschlungen, ich fühle mich geborgen. Sie verabschiedet sich von mir und schreitet fort.«
(Protokoll Nr. 57, weiblich)

Der »Gottesdienst« beginnt ...

»Ich stapfe brummend umher. Was soll ich als großer Affe mit den anderen Affen anfangen. Die Augen habe ich erst mal wieder halb zugemacht.
Als früher Mensch* mache ich sie wieder auf. Es ist ein etwas unangenehmes Erwachen. Ich sehe die anderen, und das Gefühl von Fremdheit und Mißtrauen, das ich sonst zu ihnen habe, ist wieder da. Jetzt bin ich ein früher Mensch in einer Horde. Als Tier war's schöner. Ich habe so ein Gefühl von Rohheit und Kälte. Alles ist so anstrengend. Ich habe eine Beute oder ein Baby, renne damit durch die Horde, will es den anderen zeigen und gleichzeitig für mich behalten, nicht hergeben. Die anderen zerren daran, ich verteidige es mit wütendem Brummen. Sprache habe ich noch keine. Es scheint mir unüberwindlich anstrengend, Worte zu finden. Ein Gefühl von Nebelhaftem, Ungeformtem und große Mühe, dafür eine Form zu finden. Ich fühle mich viel befangener als als Tier. Ich mache irgendwelche Bewegungen und weiß noch nicht genau, was sie bedeuten.
Als Kulturmensch habe ich den Tanz entdeckt. *Ich tanze für meine Götter* und um den Lauf der Geschichte darzustellen, den ich teilweise in der Phantasie abrollen sehe. Krieg, Eroberungen, Religion, Kultur, Kunst, Industrialisierung, Arbeit, Wissenschaft, Immer-höher-Streben, das Wissen um den Tod, die Vorstellung von Befreiung und ewigem Leben. Alles miteinander vermischt.
Ich bin allein mit meiner Darstellung und finde nicht recht zu den anderen. Einmal fange ich einen mit einer Decke und lasse ihn wieder frei. Alles ziemlich hilflos. Bei meinem Tanz geht es mir am besten. Ich spüre dabei, daß ich Bewußtsein habe, erlebe mich als geistiges Wesen. Mein Ego entfaltet sich in der Geschichte. Ich bin der Herr der Welt (andeutungsweise).

* Es handelt sich bei dieser Phantasiereise um das in Kapitel 2 erwähnte Prolepsis-Spiel. Zitiert ist hier nur der Übergang »große Affen, Mensch, Mensch der Zukunft«.

Peter gibt die nächste und letzte Stufe an. Der Mensch der Zukunft. Ich habe jetzt aufgehört, alles in ein Schema zu pressen und einzuteilen. Ich öffne mich dem Kosmos und verlasse die Erde, geistig und materiell. Ich flüchte aber nicht von der Erde. Ich bin jetzt keine *Priesterin* mehr wie auf der Stufe zuvor, denn es gibt keine Götter mehr. Auch keinen Gott, kein Dogma, keine Herrschaftsverhältnisse.«
(Protokoll Nr. 30, weiblich, Hervorhebung von mir.)

Wahrheiten tauchen auf, die mit Sicherheit nicht neu sind, die man aber in dieser Form bisher nicht sehen wollte. Man will sie nicht anschauen, denn das Anschauen ist immer – erst einmal – mit Schmerzen verbunden:

»Ich fühlte mich zum Weinen, ohne meine Tränen jedoch fließen lassen zu wollen. Schmerzliche Gefühle waren, so kann ich vorwegschicken, bei jeder Station die vorrangigen. Mit Ausnahme der vorgeburtlichen Zeit als Embryo.
Meine Straße war geteert, grau, gerade, wobei ich mir jetzt im nachhinein nicht vorstellen kann, daß sie einen Anfang oder ein Ende hat. Sie war das Eigentliche, worauf es ankam. Assoziationen von einem amerikanischen Highway, links und rechts eine Ebene, Steppenwuchs, keine mir ins Auge fallenden Pflanzen. Den Blick in die Zukunft gerichtet, türmten sich rechts und links in der Ferne, ebenso wie in der Vergangenheit, neben der Straße jeweils zwei Hügel auf. Ich war allein auf der Straße, obwohl mir gleichzeitig bewußt war, daß neben mir auf den Stühlen zwei mir liebe Freundinnen sitzen. Ich fühle mich wohl, allein in dieser Weite und mit meinen 25 Jahren geborgen, kraftvoll, selbstbewußt und stolz, die sichtbaren beiden Hügel der Vergangenheit, sprich Probleme und Hemmnisse, bewältigt zu haben – beinahe hätte ich geschrieben, aus dem Wege geräumt zu haben.
Dieses ›aus dem Weg geräumt zu haben‹ ist wahrscheinlich auch der treffendere Ausdruck, gibt dieser Phantasie einen Sinn. Während meiner Reise wunderte ich mich erstens darüber, daß die Hügel abseits der Straße lagen, so als hätte ich überhaupt keine Schwierigkeiten überwunden, obwohl ich doch das Jahr zuvor mich in Leiden reinbegeben hatte, und zum anderen darüber, daß es doch nur Hügel waren und keine Berge oder ein Gebirge, das mich bezwungen hatte.
Ich schob mein Erstaunen beiseite und war beim Zurückgehen immer noch lustlos, weil die beiden Hügel auch das Ende des Wühlens in der Vergangenheit darstellen sollten. Sie sollten das Gefangensein durch meine Eltern symbolisieren, das Gefühl, keine Identität zu besitzen,

mich über die Erziehungsdressur verloren zu haben, nicht geliebt worden zu sein, mich als Neutrum zu fühlen, das Unvermögen und die Forderung, daß meine Eltern, die mich zerstört hatten, mich wieder ganz machen müssen, was in der Nachfolge beinhaltete, daß ich nicht die Verantwortung für mich übernehmen wollte. Gleichzeitig symbolisierten die Hügel die mit diesen Inhalten verbundenen Schmerzen und Leiden.
Die neuerlichen Schmerzen beim Zurückgehen und die Abwehr des eigentlich nicht Wollens, zeigten mir, daß ich meine Vergangenheit doch nicht richtig verarbeitet habe. Der Schwerpunkt der Reise war diesmal nicht ein Leiden darunter, daß ich nicht geliebt worden war, sondern daß ich mein Lebtag immer allein war. Das ist mir vorher eigentlich noch nie aufgegangen.«
(Protokoll Nr. 76, weiblich)

Bei dem Protokoll dieser Teilnehmerin über ihre »Reise« wird auch etwas deutlich, was schon im ersten Kapitel behauptet worden ist, daß nämlich jede Zeitreise, jede Zeitregression eigentlich *nicht* ein Abstieg in die Zeit ist, sondern ein Auflösen der Kategorie Zeit als solche:

»Ich hatte das Gefühl, tiefer zu gehen, zu kommen, bzw. Abschnitte, Zeit- oder Lebensabschnitte hinter mir zu lassen, wobei ich mir gleichzeitig über die Einschätzung, ob ich jetzt tiefer gegangen bin oder etwas hinter mir gelassen habe, im einzelnen nicht so klar bin. Im Grunde fehlen mir die Worte – es war anders beschrieben auch so, als würde ich nach vorne gezogen, Vergangenheit, Zukunft vereint.«
(Protokoll Nr. 76, weiblich)

Es ist ein Bereich jenseits von Sprache, nur mit Bildern auszudrücken:

»Die Reise ging weiter durch meinen eigenen inneren unendlichen Kanal – ich gelangte in die Ewigkeit. Ich schwebte umher, war mal Körper, mal körperlos. Ich konnte alles sein, was ich wollte, und ich hätte ewig so weitermachen können. Ich weiß im Moment gar nicht mehr, was ich alles war. Ich erinnere mich an die Meditation ›Selbstmord‹ von Hesse und was dieser alles an sich vorbeiziehen sah, als er starb. Ich war Gefühle, ich war exzentrischer König, ich war Aussätziger, ich war ein wildes reißendes Tier, ich war Ozean. Ich weiß nicht, was ich noch alles war. Am meisten – und es tauchte zwischendurch immer wieder auf – war ich Himmel, hellblau. Es machte ›Pflopp‹, ich war aufgelöst. Ich hätte ewig so weitermachen

können, es tat mir leid, zurückgehen zu müssen. Was sollte ich schon auf dieser bekackten Erde, hier hatte ich ewiges Vergnügen, ewiges Spiel.«
(Protokoll Nr. 76, weiblich)

Und nicht nur die Zeit löst sich auf, auch der Raum verliert seine normale Dimensionalität:

»Oben angelangt stand ich unter einem gewaltigen Sternenhimmel, ähnlich dem auf Mallorca oder in den Pyrenäen. Gewaltig war er, nah und gleichzeitig fern. Ich erkannte meine Sternbilder wieder, die ich im Sommer vor dem Einschlafen gefunden hatte – Zelle, Komet, Seehund, Schildkröte wurden gegenständlich wie aus Stein, bewegten sich, waren riesengroß, gleichzeitig mir nicht übergroß, wieder fern und nah. Dann kam von weit her, über meiner Stirn, von einem funkelnden Stern ein Lichtstrahl direkt zu mir herunter.
Als er den Boden vor meinen Füßen berührte, betrat ich ihn und begann, auf ihm den langen unbeschwerlichen Weg hinauf zu schreiten. Wenn ich stand, stand der Kosmos still, Kometen, Planeten, Sterne alles still ... wenn ich jedoch vorwärts schritt, war es mir, als durchschritt ich gewaltige Dimensionen der Zeit und des Raumes ... ich bewegte mich exponentiell – ging immer *mehr* ... gleichzeitig bewegte sich das All ... und wenn ich stand, stand alles ... und ich schritt weiter, weiter in Bewegung ... ich fühlte wie ich wuchs, an Größe zunahm, ebenso an Geschwindigkeit, wobei meine Schritte eher langsamer wurden ... ich wuchs ... Kometen flogen durch mich ... ich sah an mir herunter, ich hatte ein weißes Gewand an, mein ganzer Körper war weiß ... je größer ich wuchs, desto durchlässiger, widerstandsloser, unkörperlicher wurde ich ... auf meinem Weg flogen nicht nur Planeten, sondern auch Gesichter (Dämonen und lästige Götter wie Neptun) entgegen und durch mich hindurch ... immer größer und gleichzeitig eigentlich nicht mehr da, wurde ich ... bis ich mich nicht mehr wahrnahm ... merkte, daß die Bewegungen der Himmelskörper, daß ich das selbst war ... ich war zum Kosmos geworden ... keine Gedanken hatte ich mehr ...
Als ich zurückgerufen wurde, nahm ich den Kopf wieder ganz langsam nach vorne – wieder gewaltige Bewegungen, und es fiel mir schwer, mich zu trennen vom Kosmos.«
(Protokoll Nr. 75, männlich)

Diese Beispiele lassen sich anhand meiner Protokolle beliebig vermehren. Doch darum geht es nicht. Ich wollte mit diesen Ausschnitten zeigen, daß eine Phantasiereise *als Hilfsmittel* auf der »Reise des Helden« die Möglichkeit enthält, das gewöhnliche Bild, das wir von der Welt errichtet haben, für eine Weile zu verlassen. Es ist die Chance, Welt einmal anders zu sehen. Phantasiereisen bieten darüber hinaus die Gelegenheit, innere Räume zu betreten, von denen viele von uns noch nicht einmal ahnen, daß sie in jedem – also auch in dir – existieren. So sind die »Reisen«, die ich an der Universität Frankfurt zum Teil mit 150 Teilnehmern gleichzeitig durchführe, für viele Studenten zu einer Art institutionalisierter Einübung in das »Kehre um« geworden. Und ich scheue mich nicht zu sagen, daß das, was wir dort tun, »religio« ist – Rückbindung. Es ist, um bei meinem Bild aus dem ersten Kapitel zu bleiben, eine Einübung in das »Nach-hinten-Schauen«.

Ein Sich-Umdrehen und ein Wahrnehmen, daß es außer der vor mir sichtbaren Welt (meiner Ziele) noch eine weitere Welt gibt, die gleichsam von hinten sehr eigentümlich Dinge in die Erscheinung drückt (zum Erscheinen bringt).

Diese Dinge sind nicht logisch, sie haben eine veränderte Zeit und einen veränderten Raum in sich, und die Fragen nach den Ursachen für diese Welt wird ab einem bestimmten Punkt gleichgültig.

Doch das – obwohl aufregend genug – ist nicht das Entscheidende. Die Aufhebung der normalen Sichtweise unserer Welt ist nämlich nur der *Startpunkt* für etwas ganz anderes, das jetzt in diesem zeit- und raumlosen Kontinuum stattfinden kann (nicht muß!): *die Begegnung mit dem Schatten.*

»Dann sollten wir unseren Tod anschauen. Du sagtest, es sei eine Person. Die Person drehte sich um und schaute mir in die Augen. Es waren Augen, die ich kurz mit ›hammerhaft‹ bezeichnen würde. Dunkle, riesengroße Augen, die mich offen und bloß anschauten. Ein Pendant zu mir: sie ist dunkel und ich bin hell. Sie war mir mehr als bekannt, vielleicht könnte ich sagen ›intim bekannt‹. Den Blick zu beschreiben, erscheint mir sehr schwierig. Ich hatte Schuldgefühle, ich war erschrocken, denn ich erkannte in dem Blick unendliches Leid. Der Blick war nicht anklagend, er versuchte mir nur eindringlich zu zeigen, daß ich viel Scheiße mit ihr (der weiblichen Person) gebaut haben mußte. Ein Blick voll unendlicher Traurigkeit und Offenheit.

Mir wurde bewußt, daß ich sie liebe und daß sie mich liebt. Mir wurde bewußt, daß ich sie unheimlich gequält haben mußte, daß ich ihr fast unerträgliches Leid zugefügt haben muß, das sie geduldig ertragen hat, weil sie mich liebt, weil sie meine Gefährtin auf Lebenszeit, meine Freundin ist, die, was auch immer passiert, mich nie verlassen wird, immer unsichtbar an meiner Seite sein wird. Ich war tief getroffen.
Ich weiß die Einzelheiten nicht mehr. Ich weiß nur, daß ich sie angefaßt habe, daß ich Gebärden der Reue gemacht habe. Ich habe mich an viele Situationen erinnert, in denen ich sie ›vergewaltigt‹ hatte, d. h. wenn das Leben mir unerträglich schien, und es war oft unerträglich, zu oft, dann wollte ich sterben. Der Tod war immer so nahe, mein Rettungsring gewesen. Im übertragenen Sinne heißt das, ich hatte sie sehr oft gerufen, daß sie mich ›umbringen‹ solle, und in dem Moment war mir klar, daß sie die Zeit selbst weiß, und wenn die Zeit da ist, kommt sie von selbst, um sich mit mir zu vereinigen, und ich hatte versucht, sie unzählige Male zu vergewaltigen. Ihre Augen waren wie ein Buch, in dem ich meine Grausamkeit lesen konnte. Sie war mein Spiegel.
Wir wußten plötzlich, daß wir ein und dasselbe sind, daß wir gleich sind, daß wir zusammengehören, daß wir nur Freunde bleiben können, wenn wir uns gleich behandeln. Wir gaben uns die Hände und ich schwor, ihr nicht mehr wehzutun und, daß wir immer zusammenbleiben, d. h. daß sie mich immer begleitet, immer meine Gefährtin ist, unsichtbar neben mir.
Ich war unheimlich glücklich. Wir gingen nebeneinander, d. h. wir schwebten, wir schwebten auf einer grünen Wiese und tanzten wie Elfen oder Gazellen. Ich genoß es unsagbar, einen Zwilling zu haben, nicht allein zu sein, meine Bewegungen in ihr zu sehen, ich liebte sie, in ihr liebte ich mich selbst, sie war ich und doch war sie die dunkle Schöne mit den hammerhaften Augen.
Du sagtest dann, wir sollten aufstehen und tanzen, aber was (der Tanz, der) sich vor meinem inneren Auge abspielte, war 1000mal schöner, als es hätte sein können, wenn ich es in der anderen Realität ausgeführt hätte. Ich war leicht, wir konnten fliegen.
Dann als du sagtest, wir sollten uns verabschieden, sind wir die Wiese weitergegangen bis zum Horizont. Es war ein überwältigender Anblick. Wir standen dort und blickten uns das Hammerhafte an; wir waren frei und wußten, irgendwann würden wir gemeinsam dorthin gehen.
Wir wandten uns einander zu und wir verabschiedeten uns wie zwei große Krieger. Wie in Indianerfilmen, wir wußten, wir waren große Freunde, wir würden uns trennen, aber nicht wirklich trennen, wir sind untrennbar miteinander verbunden. Die Gebärde, mit der wir uns

verabschiedeten, drückte große Achtung und Liebe füreinander aus. Es war unbeschreiblich, zum ersten Mal hatte ich das Gefühl, einen wirklichen Freund (bewußt männlich) zu haben und doch frei zu sein.« (Protokoll Nr. 77, weiblich)

Und noch einmal von derselben Protokollantin:

»Dann kam der Mann mit der ätzenden Säure. Er schüttete sie mir in's Gesicht, und im ersten Moment war ich geschockt, nicht weil ich jetzt anders aussah, sondern weil in einer unheimlich schnellen Zeit mein Kopf rotierte. Ich dachte, aha, das hat mir noch gefehlt, wo ich doch so ein Spiegelmensch bin und mir mein Aussehen irgendwo wichtig ist. Wie gesagt, das ging unheimlich schnell, in der nächsten Sekunde dachte ich: Das kann mir jetzt auch nichts mehr anhaben, das macht auch nichts mehr, es war weder ein physischer noch ein psychischer Schmerz, ich fühlte mich so, wie vorher auch.
Dann kamen keine Gedanken mehr in meinen Kopf. Es passierte etwas anderes: Es war mir so, als ob mein Kopf plötzlich quer liegt. Ich mußte ein paarmal die Augen aufmachen, um mich zu vergewissern, daß ich noch gerade auf dem Stuhl saß. Es war mir, als würde ich jeden Moment wegkippen, ich versuchte das ein bißchen zu verhindern, weil ich sonst vom Stuhl gefallen wäre. Es wäre besser gewesen, wenn ich auf dem Boden gelegen hätte.
Dann war ich eine weise Frau und hörte davon, daß die geliebte Person in einer Kirche sei. Ich machte mich auf den Weg und sah die vielen Leute vor der Kirche, die auf mich gewartet hatten und von mir Hilfe wollten. Ich wußte sofort, daß ihnen geholfen werden würde, besser als ich es allein jemals hätte tun können, denn die geliebte Person war ja da, sie war endlich gekommen. Ich machte die große Tür der Kirche weit auf und forderte sie alle auf, in die Kirche zu gehen.
Die vielen Menschen setzten sich in die Kirche, und ich ging in die Mitte. Es war Stille. Ich sah den weißen Sarg, er hatte nur weiß sein können! Ich sah die geliebte Person im Sarg und den Zettel. Als ich die Zeilen gelesen hatte, wußte ich, das ist die letzte und schwerste Prüfung. Mich in Stücke zu schlagen, darin sah ich keinen Sinn. Ich würde mich umbringen. Ich überlegte, wie ich das mit dem großen Schwert bewerkstelligen könne. Ich rief jemanden zur Hilfe. Ich setzte das Schwert an mein Herz und bat den Helfer zuzustoßen. Dann hatte ich ein kurzes Black-out. Dann spürte ich einen Schmerz in meinem Herz. Es war etwas passiert. In dem Moment war alles passiert, was je hatte passieren können. Die geliebte Person erhob sich aus ihrem Sarg, legte die Hand auf meine Schultern, wir waren endlich untrennbar verbunden, wir waren glücklich, der Ausdruck ›glücklich‹

ist zu schwach, der Sinn meines Lebens hatte sich erfüllt. Wir sahen zu den Menschen und sie waren alle geheilt, waren ihre Sorgen los.
Es war ein Wunder geschehen, und ich hatte gewußt, nur durch meinen Tod konnte die geliebte Person auferstehen. Und nur die geliebte Person konnte den Menschen wirklich helfen, anders als ich ihnen allein jemals hätte helfen können. Ich hatte meine Aufgabe erfüllt. Ich hatte den Menschen helfen können, und ich war nun mit der geliebten Person ewig verbunden. Wir sind gemeinsam verschwunden. Wohin? Nach oben. In unsere Heimat oder wie immer man es nennen will.
(P.S.: Es war keine irdische Person.«
(Protokoll Nr. 77, weiblich)

Aber die Wahrheit über mich ist nicht immer so dramatisch, sie kann teilweise auch subtil und eher unscheinbar sein, und dennoch gibt sie mir – erst einmal nach Luft schnappend – einen Teil von mir preis:

»Ich fand ihn schön, den geräumigen Saal und übersah vor lauter Büchern zunächst auch den alten Mann. Als ich seiner schließlich gewahr wurde, fiel es mir sehr schwer, ihn mir vorzustellen. Ich konnte sein Gesicht nicht richtig sehen, wußte nicht, ob er gütig war oder nicht. Einen weißen Bart konnte ich ihm nicht geben. Ich entschied mich schließlich, ihn adler- oder geiermäßig zu machen. Sein Blick war nicht gutmütig, sondern eher fordernd und etwas gerissen. Seine Statur eher mager (...). Ich hatte ihm gegenüber ambivalente Gefühle. Ich wußte, daß er mich nicht liebreich unterstützen sondern fordern würde, daß er mir eine derart schwere Aufgabe geben würde, so daß ich sie gerade noch würde lösen können. Ich hatte das Gefühl, daß er hart, klar, mitleidlos war, aber auch gerecht: er würde mich nicht fallenlassen.
Er brauchte gar nicht in das Buch hinein zu sehen, welches vielfältige und in tausend Leben gelebte andere Helfer enthielt, Helfer auch für viele verschiedene Situationen. Ich war überrascht über die Vielfalt der ganzen Verbündeten. Das Buch war kleingedruckt, die Anzahl meiner Verbündeten, die für den Moment jedoch nicht wichtig waren, lexikalisch aufgelistet. Er sah nicht in das Buch, da er bereits wußte. Er sagte *Hase,* wobei sein Gesicht und seine Gestalt verschwamm und ich im Hintergrund dämonisches Gelächter hörte. Ich hatte Angst und sagte mir selbst immer wieder Hase, Hase, Hase ... Ich war enttäuscht über einen derartigen Verbündeten und wenn – ich hätte lieber einen Löwen gehabt oder sonst ein starkes, gefährliches Tier, das mich hätte auch schützen können.

Auf meine zweite Frage, wann ich endlich mit Männern klar kommen würde, antwortete er, folge dem Hasen, folge dem Hasen, bzw. das sagte seine Stimme, da ich ihn selbst nicht mehr sehen konnte. Ich sah den Hasen dann aber noch für einen kurzen Moment: großer Kopf, aufrecht mit mich ansehenden Augen. Im nachhinein meine ich, daß er auch etwas Weises, Kluges, Ruhiges an sich hatte. Assoziierte jedoch da noch, Angst, und wie soll der mir helfen; der haut ja gleich immer wieder ab, sobald sich ihm Menschen oder überhaupt sich ihm irgend etwas nähert, klein und dazu noch hakenschlagend.
Bedankte mich, bereits bevor Orban es sagte, bei dem alten Mann für die Auskunft und befreundete mich langsam mit meinem Verbündeten in Gedanken. Seltsamerweise erfaßte mich im Nachfolgenden sogar ein Glücksgefühl. Beim Enasmithos-Tanz* war ich happy.
Die große zärtliche Liebe zu diesem meinem Verbündeten entstand endgültig jedoch erst nach dem Seminar. Hase stand für meine Angst, die mich warnte, die mich vor Unverkraftbarem schützte. Hase stand für ein vorwitziges, neugieriges Vortasten, stand für Behendigkeit. Kurzum – ich war zufrieden, beschloß, mir einen Stoffhasen zu kaufen, wollte ihn in meinem Bett liegen haben und mit ihm (meiner Angst) einschlafen und mich an ihn kuscheln.«
(Protokoll Nr. 76, weiblich)

Diese Begegnung mit dem »Schatten« ist immer eine Begegnung mit mir, d. h. mit einem Teil von mir, den ich vorher nicht sehen wollte. Und es geht bei der ganzen »Reise des Helden« um *nichts anderes* als darum, mich umzudrehen (dazu brauche ich Tricks, d. h. Wanderstäbe) und meinen Schatten anzuschauen. Mehr können wir nie tun, unser ganzes Leben lang nicht. Aber weniger zu tun, hilft uns nicht.
Damit ich nicht mißverstanden werde: Ich rede hier nicht über Therapie, ich rede nicht über Phantasiereisen – ich rede über den Weg durch unser Leben. Durch deines und meines.
Für den Schatten gilt – wie schon angedeutet – immer eines: Jede Erkenntnis über dich, die dir nicht erst einmal den Atem verschlägt, die dir nicht (am Anfang) wehtut, die dich nicht trifft (dich manchmal sogar in den Grundfesten erschüttert), ist keine.

* Bevor die »Reise des Helden« beginnt (und auch zum Abschluß), tanzen wir oft den »Enas-mithos« – einen griechischen Tanz in den Mythos.

»Es ist so lange nicht wahr,
bis es dich zum Lachen bringt,
aber du verstehst es nicht,
bevor es dich zum Weinen bringt.«

So heißt eine Passage in dem Buch »Illuminatus« und darin liegt natürlich der Grund, daß niemand seinen Schatten (erst einmal) freiwillig anschaut. Niemand hat den Mut dazu.

Und so kann man das Leben jedes *unbewußt* »Reisenden« geradezu definieren als einen Eiertanz um den eigenen Schatten herum. »Das mag ich nicht, das vermeide ich, das hasse ich, das gefällt mir nicht, da habe ich etwas zu meckern, und das kritisiere ich.« Und damit tue ich nur eines: Ich vermeide sehr sorgfältig, mit mir in Berührung zu kommen. Selbstverständlich wird ein solcherart (von innen) isoliertes Leben jetzt (vermeintlich) von außen immer wieder mit jenen Kontaktstellen in Berührung gebracht, die ich in mir selbst mühevoll abgedichtet habe. Ein esoterischer Spruch drückt das so aus: »Widerstand macht magnetisch!«

Je größer der Widerstand ist, den ich gegen eine Sache habe, desto mehr Energien stelle ich für die Feldstärke des Magneten bereit, jene Dinge anzuziehen, gegen die ich den Widerstand habe. Da ist es leicht sich auszumalen, was passiert, wenn wir dem Teil, den wir außen hassen, innen – als einem Teil von uns selbst – begegnen: tiefes Luftholen, ungläubiges Starren, möglicherweise erst einmal großes Entsetzen. Eine Welt bricht zusammen, es gibt eine tiefe Ent-täuschung: ich und ein Hase. Aber dann – nach einiger Zeit – sehen wir auch, daß jede Ent-täuschung ja das *Ende einer Täuschung* bedeutet. Das ist der Grund, warum wir uns fürchten, hinzuschauen: Wir haben uns in uns getäuscht.

Wir sind nämlich gar nicht so, wie wir dachten. Wir sind noch vieles, vieles mehr. Vor allen Dingen sind wir gar nicht so edel, hilfreich und gut, und ein »Herz für Kinder« haben wir schon gar nicht. Woher auch?

Leider kann man den Schatten, der hinter diesem Aufkleber am Heckfenster sitzt, nicht lesen. Er könnte lauten: »Kinder sind zum Foltern da!« (Es gibt einen neuen Aufkleber, auf dem heißt es: »Haben sie ihr Kind heute schon gelobt?« – der Leser kann selbst herausfinden, was hier gemeint ist.)

Aus dem Gesagten ergibt sich eine »Logik« an der man paranoid werden kann: Ich brauche mir nur anzuschauen, *welche Scheußlichkeit mir außen entgegentritt* (Unfall, Verlust, Trennung, der Tod eines lieben Menschen, Krankheit, Aggression) und schon weiß ich, welche Schattenbereiche in mir an die Oberfläche gelangen wollen. Welche Themen aus meinem Schattenrepertoire gerade in mir danach drängen, »geschaut« zu werden.

Aber wer – magst du fragen – steuert denn so etwas? Und dies ist eigentlich die Frage: Wer steuert den Zufall, also das, was mir zufällt? »Gott«, sagen die einen, das »Schicksal«, die anderen. »Synchronizität«*, sagen die Jung'schen Psychologen, du selbst suchst dir die Dinge unbewußt aus, sagen die Psychoanalytiker. Ich weiß nicht, wer das so einrichtet. Und, offen gesagt, mich interessiert diese Frage nicht sonderlich.

Ich weiß, daß es so funktioniert, ich weiß, daß man die Uhr danach stellen kann. Aber wer daran dreht? Wie soll der Uhrzeiger herausfinden können, was hinter seinem Zifferblatt liegt?

Das bringt mich auf eine Geschichte: Stellen wir uns vor, wir wären Zeiger auf einer Taschenuhr (für die »Schützen« unter den Lesern darf es auch eine Kirchturmuhr sein), und wir ziehen, das können wir immerhin sehen, jetzt langsam an den 12 Themen des Lebens vorbei. Hast du als Zeiger das Bewußtsein, du *gehst* auf die Ziffern zu oder hast du das Bewußtsein, die Ziffern *ziehen* an dir vorbei, während du eigentlich gar nichts tust? Als Zeiger gehen wir ja so langsam, daß man es manchmal gar nicht merkt, steht man nun selbst fest

* Synchronizität nennt man das Prinzip, daß Vorgänge im Inneren und im Äußeren zur gleichen Zeit ablaufen, ohne daß sie durch Kausalität verbunden sind. Der Großvater stirbt und zur gleichen Zeit bleibt seine Taschenuhr stehen. Sie tut das. Man darf nur nicht darauf warten, wie es die Parapsychologen tun.

und das Zifferblatt bewegt sich auf uns zu, oder merken wir an unserer eigenen Bewegung, daß das Zifferblatt feststeht und wir uns nähern?
Unbewußte oder bewußte Heldenreise?
Und weiter: Glaubst du, daß es zufällig die Zahlen 1 bis 12 sind, die der große Zeiger einmal in der Stunde und der kleine zweimal am Tag an sich vorbeiziehen lassen muß (bzw. an denen er vorbeizieht)? Die Alten sagen, es gibt 12 Themen im Leben, die du bewältigen mußt. Der astrologische Tierkreis symbolisiert sie sehr deutlich abgegrenzt, die 12 Monate des Jahres tun das ebenfalls.
Stell dir weiter vor, du gehst jetzt über die Zahl 7 und du fühlst dich ganz wohl dabei. Aber langsam taucht die 8 auf. Du spürst es, denn jetzt regt sich dein Schatten, und du fängst an zu lamentieren und sagst: »Ich hasse die 8, warum kommt bei mir immer die 8? Das ist ein Fall für ›amnesty international‹, die 8 gehört bekämpft. Ich weiß auch nicht, warum das so ist, aber immer begegnet mir die 8. Immer!«
Und jetzt entwickelt der Zeiger ein Weltbild, das von guten und von schlechten Zahlen handelt: 1, 3, 5, 6, 7, 10 und 12 sind gut und 2, 4, 8, 9, 11 sind so mies, die gehören abgeschafft. Und die Uhrzeiger schicken einen Stoßseufzer gen Himmel: Warum sind wir immer so ver2felt? Es wächst die Sehnsucht nach der 3. Und dann endlich ist sie da, die 3 – aber, du spürst es schon: im Hintergrund lauert bereits die schreckliche 4. (Bei Zahlen ist das ja alles noch sehr lustig, aber verlängern wir dieses Beispiel in die Realität hinein: Bei der 3 haben wir eine neue Freundin, alles ist wunderbar – endlich einmal. Aber jetzt, mein Gott, muß denn das sein, wieso taucht denn auf einmal ihr alter Freund wieder auf (die 4)? Muß denn das sein? Ja, auf die 3 folgt die 4 – immer!)
Aber irgendwann beginnen die Zeiger sich darüber Gedanken zu machen, was denn eigentlich hinter unserem Zifferblatt läge? Gott sagen die einen, Synchronizität die anderen (siehe oben!). Das ist unsere Position: Wir wollen uns ein Bild machen – bleiben wir bei der Uhr – von der verwirrenden

Vielfalt der Zahnräder in unserem Inneren. Aber nicht nur das, sondern auch noch: Wer setzt uns in Gang, wer zieht uns auf? Wer stellt uns auf die richtige Uhrzeit ein, daß alles immer so haargenau paßt (oder auch nicht)? Wie sieht das Wesen aus, das einmal am Tag die Krone dreht (für Schützen: Wie sieht der Küster aus, der einmal am Tag die Stiege hinaufsteigt, um unsere Gewichte neu zu ordnen?). Und wer fällt die Entscheidung, daß eines Tages die Uhr nicht mehr aufgezogen wird, so daß sie stehenbleibt? Und dann schließlich: Wer ist für dessen Schicksal zuständig, denn es könnte ja sein, daß er auch wieder nur eine Art Zeiger ist auf einer noch viel größeren Uhr?
All das können sich die Zeiger auf dieser Uhr fragen. Und das tun sie ja auch.
Und dann gibt es noch die Zeiger, die der festen Überzeugung sind, sie seien gar keine Zeiger. Das heißt, sie würden durch nichts bestimmt, sie seien auf keiner Achse.* Man habe es selber in der Hand, was man ist, was man will, was einem widerfährt. Es sind die, über die Spinoza folgendes Bild – eine sehr tiefe Analogie – gegeben hat: »Wenn der geworfene Stein Bwußtsein hätte, würde er sagen: ich fliege, weil ich das will!«

Ich glaube, aus meiner Geschichte geht deutlich hervor, welches meine Position im Moment ist. Es ist mir im Augenblick wichtiger, den Sinn der 12 Ziffern zu entschlüsseln und meine Widerstände dagegen anzuschauen, als über die Vielfalt der Erscheinungen hinter dem Zifferblatt zu mutmaßen.

* Wem die Achsenproblematik eines der großen Probleme seines Lebens ist und wer – ernsthaft mit sich ringend – darüber rigoros Klarheit haben will, dem empfehle ich das Buch eines Berserkers: Hans *Blüher:* »Die Achse der Natur«. Wer da jedoch nicht mit sich kämpft, dem rate ich dringend davon ab: es ist ein vergeudetes viertel Jahr.

Kapitel 6: Über das Namengeben

> Dreißig Jahre lang ging ich auf der Suche nach Gott, und als ich am Ende dieser Zeit die Augen geöffnet hatte, entdeckte ich, daß er es war, der mich suchte.
>
> (Bajezid Bastâmi, 9. Jh.)

Jedes Märchen und jedes Menschenleben hat auf die eine oder andere Art zu tun mit dem Thema der »Verwünschung«. Andere Namen dafür sind »Verzauberung«, »ein Fluch liegt über mir«, – wir sind *nicht erlöst.*

Da wir uns angewöhnt haben, die Dinge psychologisch zu sehen, können wir auch sagen: wir sind nicht *ge*löst, wir sind nicht entspannt, wir sind verkrampft, krank, neurotisch und was dergleichen Etiketten mehr sind.

Ich bin im Grunde meiner Seele ein sehr romantischer Mensch, deshalb liegt mir das Wort »Verwünschung« am nahesten. Du kannst jedes andere Wort dafür wählen, wenn du magst auch »Neurasthenie« oder »Diabetes« – es drückt immer dasselbe aus, nur jeweils auf einer anderen Ebene, in einem anderen Beschreibungssystem.

Wenn ich sage, jedes Märchen *und* jedes Menschenleben, so spreche ich darin eine Überzeugung aus, auf die ich näher eingehen muß. Ich bin der Meinung, daß Märchen niemals eine andere Funktion haben, als jene, die ich auch schon für die Religion dargestellt habe. Märchen sollen heilen. Märchen sind Material für das soul-making. Futter für die Seele und Führer der Seele. Märchen sind Analogien, Sinnbilder, die der Seele – verschlüsselt – ihren Weg zu sich selbst erleichtern sollen. Der Seele soll im Märchen die Möglichkeit gegeben werden, sich selbst kennenzulernen, und deshalb handeln Märchen auch immer von demselben: Die Seele ist verzaubert, sie ist in Not,

sie ist krank, sie schläft tief und fest, sie kennt ihren Namen nicht, sie ist arm, sie hat eine lange Nase – kurz: die Seele, das heißt der Protagonist des Märchens, hat einen Defekt.
Und das Thema eines jeden Märchens ist die »Erlösung« von dem Defekt.

»Kinder brauchen Märchen« lautet ein populärer Slogan. Das ist natürlich richtig. Aber Erwachsene brauchen Märchen ebenso. Wir haben heute keine Märchen mehr, und das ist schade, denn es signalisiert nichts anderes als die Armut unserer Seele. Und auf einmal tritt jemand wie Michael Ende auf und tut etwas Ungeheuerliches: er bietet uns zwei *echte* Märchen an. Jeder fragt sich verwundert, wieso ›Momo‹ und ›Die unendliche Geschichte‹ schon seit mehreren Jahren die ersten Plätze auf der Spiegel-Bestsellerliste einnehmen können. Examensarbeiten werden bereits darüber geschrieben. Ein unerhörtes Phänomen, die Literaturkritik ist ratlos. Es zeigt uns: So armselig ist unsere Seele nun, Gott sei dank, auch wieder nicht, daß sie nicht auf Anhieb *richtige Nahrung* erkennen könnte. Es läßt uns auch im größeren Maßstab wieder hoffen, daß die Seele immer noch die richtigen Führer erspüren kann und danach schreit. Führer wozu? Zum soul-making. Damit sie sich weiterentwickeln kann.

Soul-making ist das Bearbeiten von Seele. Das heißt auch: die Erlösung der Seele. Die Erlösung der Seele von ihrer Verwünschung. Und jede Verwünschung der Seele hat immer nur eine Ursache: *ihr fehlt etwas.* Die *Psyche* kann etwas *haben:* psychische Komplexe oder Konflikte, Angst, Wahn ..., der *Körper* kann etwas *haben:* eine Geschwulst, Eiter, Fieber ... aber der Seele kann nur etwas *fehlen.* Und daran sehen wir auch, daß die Psyche und der Körper etwas Untergeordnetes sind. Sie werden »regiert«.

Denn: Der Körper kann nicht krank sein, auch die Psyche nicht (jede Unterscheidung zwischen Psyche und Soma wäre überhaupt unangemessen) – nur die Seele kann das. Und wenn die Seele krank ist – und jede Seele ist krank – dann ist der ganze Mensch krank. Dieses Kranksein kann sich körperlich *zeigen* (Schweißfüße), es kann sich psychisch *zeigen* (Angst in der Straßenbahn), aber es kann nie körperlich oder psychisch geheilt werden. Geheilt werden kann es nur von der Seele her

und geheilt werden kann die Seele nur, indem sie das, was ihr zum Heilsein fehlt, wieder zu sich holt.
Mitunter schafft sie das nicht ohne Hilfe, mitunter ist ihr Mangelzustand schon so weit chronisch (Chronos ist der Gott der Zeit und der Starrheit) oder der Mangel schon so tief abgesunken, daß man fast vorhersagen kann: hier ist ein gezielter *Heilgriff* vonnöten.
Wie ein derartiger Griff aussehen mag, möchte ich in diesem Kapitel unter dem Titel »Namensgebung« vorstellen.
Wieder muß ich zu einem Bild greifen, und der Leser wird schnell merken, daß dieses ganze Kapitel nur *ein Bild* darstellt, mit Heilung nur sinnbildlich etwas zu tun hat.

Wir alle kommen zur Welt und wissen unseren Namen nicht. Manche von uns ahnen dunkel, daß sie nicht zufällig ins 20. Jahrhundert hineingeboren sind, manche wissen, daß sie nicht zufällig weiblich (oder männlich) inkarniert sind, für manche gilt das Gegenteil: Sie fühlen sich eigentlich im falschen Jahrhundert (oder im falschen Geschlecht: »Mein Vater wollte, daß ich ein Junge werde«). Manche haben sogar – meist in der Kindheit – einen vagen Verdacht über ihren wahren Namen, doch das verliert sich schnell wieder.
Wir erhalten einen Familiennamen und einen Vornamen und in beiden steckt – mehr oder weniger deutlich – ein Hinweis auf unseren wahren Namen. Doch da wir nicht gewöhnt sind, Namen zu lesen – wo bringt man uns schon so etwas bei? – achten wir darauf nicht allzu oft.
Manche Kinder oder Erwachsene behalten von diesem ganzen Phänomen nur noch im Kopf, daß sie sich oft sehr bewußt gegen ihren Namen gewehrt haben (»Ich mochte meinen Namen nie leiden« oder: »Ich wollte immer, daß man mich Mia nennt, denn ›Maria‹ habe ich gehaßt«). Doch ebenso wie wir unsere Eltern ausgewählt haben, haben wir auch unsere Namen gewählt, weil unsere Seele schon ziemlich deutlich etwas in die Wege leiten wollte, das uns später noch beschäftigen soll.
Frauen haben dann noch einmal (oder mehrere Male) Gele-

genheit, ihren Namen zu verändern, indem sie heiraten, und auch hier waltet nicht ein blindwütiger Zufall, sondern wieder gibt es – verdeckte – Teile eines Puzzles, das unserer Seele Anlaß zu Erkenntnissen und damit zum Wachstum geben kann. Doch auch hier beginnt niemand, sich Gedanken zu machen.
Wir lesen zwar mitunter Geschichten, daß bei irgendwelchen »Primitiven« der Akt der Namensgebung, der meistens eine zweite Namensgebung beinhaltet (in Wahrheit eine Namensfindung) als ein Initiationsritus mit großem Pomp und nicht selten unter Lebensgefahr des zu Initiierenden abgehalten wird. Doch lächeln wir meist über soviel Unverstand und soviel »Spiel mit dem Feuer«. Wie leicht kann da etwas passieren, denken wir, die wir nicht wissen, daß zu jeder Namensgebung entweder Feuer oder Wasser gehören. Es *muß* brennen oder sich auflösen – auch die meisten von uns haben mit dem Wasser der Taufe ihren *ersten* Namen erhalten.
Selten ist das Phänomen des Namengebens einem Beteiligten so klar, wie dieser Patientin, die freilich wegen solcher »Einsichten« schon 10 Jahre von einer Nervenheilanstalt zur anderen gereicht worden ist:

»Ich kann höchstens dann arbeiten, zum Geldverdienen, wenn ich meinen Namen begreife, vorher nicht; ich suche ihn ja darum, seit ich lebe; das Suchen nach ihm und mir ist der Befehl meines Lebens, von sich aus, nicht von mir aus.«

So sieht es – natürlich viel undeutlicher – in jedem von uns aus. Und doch machen wir es selten an unserem »Namen« fest. Doch wie gesagt: der »Name« ist hier nicht tatsächlich gemeint – oder nur »auch« gemeint – das ganze ist ja erst einmal eine Analogie. Dafür, daß unserer Seele etwas fehlt, daß *uns* etwas fehlt.
Aber die Analogie geht noch weiter: Alle Namen unterliegen einem Gesetz, und dieses Gesetz ist im »Tao Te King« so formuliert: »Der Name, der genannt werden kann, ist nicht der wahre Name«. Das bedeutet, daß alle Namen, die wir als unsere wahren Namen bisher sehen wollten, nicht das sind, was wir in Wahrheit suchen.

Welcher Art Namen sind, wissen wir. Die Reihe der Namen, die wir für *unsere wahren Namen* halten, mag vielleicht so aussehen:

Liebe – jemanden, der uns um unserer selbst willen lieben kann;
Glück – ein Partner, bei dem ich mich geborgen fühlen kann;
Zufriedenheit – innerlich Frieden haben wollen, nicht immer kämpfen müssen;
Gesundheit – nicht so oft daran erinnert werden, daß unser Körper den Gesetzen der Materie und damit auch dem Tod unterworfen ist;
Anerkennung – etwas zu leisten, das die Bewunderung der anderen oder doch wenigstens die Nützlichkeit für die anderen erweisen mag;
Geld – nicht immer Sorgen haben zu müssen, daß irgendwelche finanziellen Katastrophen drohen;
Haus – ein Zuhause, das nicht so furchtbar abhängig ist von den Launen und Mieterhöhungen der anderen;
Frieden – möglichst sollen die Herrschenden der Welt unseren Globus noch ein wenig – am besten natürlich für immer – stehenlassen.

Jeder wird da noch seine Spezialnamen haben oder er wird eine andere Reihenfolge seiner Namen bevorzugen, doch im großen und ganzen sind das die Namen, von denen *wir* glauben, es seien unsere wahren Namen und es lohne sich, daran festzuhalten, die Wege, die zu ihnen führen, zu finden.

Ich möchte niemandem diese Wege madig machen, es sind die richtigen Wege, die richtigen Namen, denn wer diese Wege geht, tut es aus gutem Grund, und es ist wichtig, sie zu gehen. Die Welt muß, wie ein indisches Sprichwort sagt, »aufgegessen« werden. Und diese Wege, die über die eben erwähnten Namen führen, sind ausgezeichnet geeignet, dir die Welt, die dich umgibt, einzuverleiben. Doch solltest du, während du auf diesen Wegen bist, schon wissen, daß diese Namen nicht die wahren Namen sind; sie können es nicht sein, solange du sie sagen kannst. Jeder Name, der genannt werden kann, ist nicht der wahre Name.

Aber es ist auch wichtig zu sehen, daß in diesen Namen bereits deutliche Hinweise liegen auf deine wahren Namen. In *jedem* Namen liegt der wahre Name tief eingebettet. (Sogar in dem

Namen des Teufels liegt die Endung »el« und jede Endung »el« besagt, daß es sich um einen Engel handelt. Auch »Luzifer« heißt nichts anderes als »Lichtbringer«).

Ja, aber was ist denn jetzt mein wahrer Name? magst du dich (oder mich) fragen. Das ist es, worauf es ankommt: *daß du fragst!* Und sobald du eine Antwort hast, wirf sie weg. Sie ist nicht richtig! Aber sie hat dich ein Stück weitergebracht. Jede Frage, die du hast, bringt dich ein Stück näher zu dir und jede Antwort, die du erhälst, bringt dich ein Stück näher zu dir. Aber glaube nie, daß du jetzt die richtige Antwort hast. Es gibt keine *richtigen* Antworten. Es gibt nur richtige Fragen.

Es ist das Kurzsichtige an den meisten heutigen Therapieformen (und natürlich auch an allen anderen Ideologien), daß sie glauben, irgendwelche Antworten – Namen – liefern zu können. Daß sie alle glauben, sie könnten dir sagen – wenn du dich nur lange genug auf dich einläßt – wie du heißt. Natürlich können sie das nicht, und ebenso natürlich glaubst du erst einmal, sie könnten es. Darein setzt du ja all deine Hoffnung. Arthur Janov sagt es wörtlich: seine Primärtherapie sei die *einzige* Kur, die gegen die Neurose wahrhaft hilft. Und er schreibt in 10 Jahren 6 dicke Bücher darüber. Wen will er überzeugen? Jeder Psychoanalytiker lächelt über ihn etwas nachsichtig, denn er weiß ja, seine »Analyse« sei so ziemlich die einzige wissenschaftlich fundierte Therapie und die einzige, die wahrhaft hilft.

Und beide verfehlen – zumindest in ihrer Theorie – eigentlich den wichtigsten Punkt: ihre Klienten das Fragen zu lehren. Was immer Wichtiges sie sonst erreichen mögen, solange sie nach Ursachen suchen, können sie auf diesen Punkt nicht kommen. Und insofern gilt auch für Therapiebewegungen als Ganzes ebenfalls der Satz über die Kehrtwendung, jener Satz, der die Welt auf den Kopf zu stellen vermag: »Kehre um. Dreh dich um und schau dir an, wer hinter dir steht.«

Sheldon B. Kopp, ein amerikanischer Therapeut, hat ein Buch geschrieben, dessen deutscher Titel diese Umkehr ausdrückt: »Kopfunter hängend sehe ich alles anders«. Für ihn gilt freilich: Aeskulap hat ihn tief verwundet, er ist todkrank, hat eine Geschwulst am Kopf (Kopp) und so entspricht er einem therapeutischen Bild, was nicht von dieser Welt ist: »Die Hand, weil sie von Leiden zuckt, darf Leiden tilgen.«

Das ist noch so etwas, was im Widerstreit steht zum herkömmlichen Ideal. Als Kranker gehst du davon aus, daß wenigstens dein Therapeut gesund sein soll. Aber wie kann er das? Wie kann er dich und dein Leiden (und das Leiden seiner vielen anderen Mitmenschen) verstehen, wenn er nicht selbst ein Leidender ist?
Milton H. Erickson, einer der begnadeten Therapeuten dieses Jahrhunderts, litt seit seiner frühesten Jugend an Kinderlähmung und konnte später nur noch im Rollstuhl sitzend arbeiten. Er sagte, die Kinderlähmung war sein größter Lehrmeister. Erst das eigene Leiden macht dich zu einem Mit-Leidenden, erst dann wirst du heiler (du kannst das Wort groß und klein schreiben). Du wirst es nicht zwangsläufig – du kannst daran auch ein Verbitterter werden, ganz wie du willst – aber es ist der wichtigste Schritt.

Zurück zu den Namen: Du weiß nicht, wie du heißt und du hast jetzt ein Leben lang – dieses Leben – Zeit, ihn herauszufinden. Und eigentlich ist das auch schon alles, was du in diesem Leben zu tun hast. Und es ist auch alles, was du in deinem Leben tust. Nie tust du etwas anderes. Natürlich glaubst du, du tätest viele Dinge, bei denen es um etwas ganz anderes ginge. Du gehst morgens zur Arbeit, gehst in ein Restaurant zum Essen. Du hast ein Hobby. Du gehst abends tanzen. Du hast Kinder und machst mit ihnen Hausaufgaben. Du gehst mit jemandem ins Bett. Und viele tausend Dinge mehr, die so in deinem Leben anfallen. Sie alle haben *nur* damit zu tun, daß du deinen Namen dabei findest. Aber weil du das nicht weißt und natürlich auch davon nichts wissen willst (denn wer glaubt schon so einen Quatsch), hat sich der große Uhrenaufzieher einen Trick ausgedacht. Er schickt dir deine wahren Namen unentwegt ins Leben hinein. In allem, was *dir* passiert, ist *dein* Name enthalten. Deshalb, und aus keinem anderen Grund, passiert es dir ja. Weil dein Name darin verborgen liegt. Dein wahrer Name.

Es ist ein übler Trick, zugegeben. Denn es ist ein Trick, der dir übel mitspielt.
Du, der du doch nur ein wenig »Liebe«, »Zufriedenheit«, »Glück« haben willst, findest dir gegenüber – auf der anderen Seite – jetzt immer andere Gestalten: Ängste, Verlassenwerden, Unzufriedenheit, Spannung, Krankheit, so daß du dich immer fragen mußt: Warum mir? Warum denn jetzt schon wieder das?
Die Antwort (!): Damit du nicht aufhörst zu fragen.
Welche Frage? Die Frage lautet: Wer bin ich? Oder: Was fehlt mir? Oder: Wie ist mein wahrer Name?
Der – wirklich üble – Trick liegt darin, daß dir diese Frage, eben weil du sie von selbst, ohne äußeren Anlaß, von *innen* her niemals stellen wirst, jetzt von *außen* her aufgedrängt wird. Du kriegst keine Ruhe.
Das Schicksal weiß: Ruhe hast du später mehr als genug, ausruhen kannst du hinterher. Jetzt – es ist immer jetzt – ist Ruhe nicht deine Aufgabe. Jetzt sollst du fragen: Wie heiße ich? Und wenn du das nicht tust (und wer tut das schon freiwillig?), kriegst du Lernaufgaben. Wie in der Schule. Und mitunter mußt du sogar nachsitzen. Du liegst im Krankenhaus und die anderen spielen in der Sonne.
Du kriegst eine Krankheit. Oder du wirst auf deiner Arbeitsstelle entlassen, oder du schaffst es nicht, deine Examensarbeit zu schreiben, und quälst dich. So, daß du dich pausenlos fragen mußt: Warum? Warum nur? Diese Frage ist schon sehr wichtig. Aber da die Frage »warum« in unseren Breiten nur allzuleicht auf die Suche nach Ursachen gehen will, ist es besser, du fragst bei allem, was *passiert,* bei allem, was *dir* entgegentritt, die Frage ein klein wenig anders. Du fragst einfach die Dinge oder Menschen oder Ereignisse, die dir gegenüberstehen: ›Nenn mir deinen Namen!‹
Diese Frage sucht nämlich nicht nach den Ursachen. Sie fragt nach Erkenntnis. »Nenn mir deinen Namen!«
Als Faust das erste Mal dem Teufel gegenübersteht (einem Teil von sich – er hat ihn selbst herbeigerufen), da fragt Faust ihn:

»Wie nennst du dich?« Er fragt nach seinem Namen und er gibt sogar noch eine – sehr tiefe – Erläuterung dazu: »Bei euch, ihr Herren, kann man das Wesen gewöhnlich aus dem Namen lesen.« Man kann *überall* das Wesen allein schon aus dem Namen lesen. Man muß freilich lesen können, man muß es lernen. Dann weiß man z. B., daß jedes »Antibiotikum« allein schon vom Namen »anti bios« ist – gegen das Leben. (Und so ist es denn ja auch.) Statt dich selbst zu fragen: »Wie heiße ich?«, kannst du auch die Wesen, die dir gegenüberstehen, fragen: »Nenn mir deinen Namen«. Und es ist von großer Bedeutung, zu verstehen: *Es ist die gleiche Frage!*

Und es ist ein Gesetz (für Geister und Gespenster – hätte ich beinahe gesagt), daß die Dinge, solange du hartnäckig fragst, ihren Namen sagen müssen. Solange du fragst, *müssen* sie antworten. Das heißt, sie müssen dir ihren – und damit deinen – Namen nennen. Das ist Gesetz. Und es ist ebenso Gesetz, daß in ihrem Namen bereits der auf dich bezogene Sinn enthalten sein muß. So, daß du ihn sehen kannst.

Mephisto antwortet: »Ich bin ein Teil von jener Kraft, die stets das Böse will und stets das Gute schafft.« Und es ist von großer Bedeutung, auch diese Antwort zu verstehen. Der Name, den du erhältst, nachdem du lange genug gefragt hast, ist immer von derselben Art, wie die Antwort Mephistos schon andeutet. Das heißt, erst einmal hast du *immer* das Gefühl, der Name, der dir da entgegentritt, ist furchtbar böse. Doch wenn du ihn verstanden hast, deinen Namen, dann siehst du auch, daß er »stets das Gute schafft«.

Da dieses ganze Kapitel wirklich nur ein Bild zeichnet und mit der Realität erst einmal nichts zu tun hat, möchte ich – bevor ich das Bild fertig pinsele – ein Beispiel aus der Wirklichkeit geben, wie der Prozeß der Namensfindung bei einem konkreten Menschen ausgesehen hat.

Der Mann, der den gleich folgenden Bericht geschrieben hat, ist von seiner Frau verlassen worden. Das war für ihn das absolute Böse, Schlimmeres hätte ihm nicht passieren können, so glaubte er, sein Leben war öd und leer geworden.

Natürlich ist er jetzt nicht hingegangen und hat seinen Namen wissen wollen – das geschieht ja nur im Märchen, und außerdem hatte er ja für das Ganze schon einen Namen: Seine Frau war die *Schuldige, sie* hatte ihn verlassen. Somit war sie – glaubte er – ein Teil der Kraft, die das Böse schafft.
Jetzt geht er (in seiner Therapie) daran, mit seinem Schmerz zu arbeiten: Nenn mir deinen Namen.
Schauen wir uns an, was er findet.

»Helga, du hast mich verlassen.
Du sagst, deine Gefühle für mich seien erkaltet, es sei an der Zeit, daß du deine Bedürfnisse – also das, was du bist – endlich nicht mehr verleugnest. Mit mir könntest du das nicht, ich sei halt anders. Und so gehst du jetzt.
Du hinterläßt einen kleinen Jungen, der nach seiner Mami schreit: mich. Ich stehe jetzt hier, halte meine Hände ausgestreckt nach vorne. Sie sind leer und ich weine. Ich verstehe die Welt nicht mehr. Aber da war doch so viel. Aber gestern noch habe ich es noch gespürt, was alles noch – auch bei dir – da war. Und nun habe ich nichts mehr. Ja, ich habe dir alles gegeben. Du hattest alles, was ich bin. Nun gibst du es mir zurück. Du sagst, du willst es nicht mehr. Jetzt habe ich alles wieder, alles, was ich hatte, alles, was ich bin.
Jetzt bin ich allein. Ganz allein. Oft weine ich. Die Tränen sind mir lieb. Bei ihnen weiß ich, was ich habe.
Ich rufe: Helga, kommt doch wieder. Komm doch bitte wieder zurück.
Du sagst: Michael, du mußt jetzt allein zurechtkommen, ich habe jetzt erkannt, daß ich meinen Weg alleine gehen muß. Daß ich keine Rücksicht mehr nehmen darf. Ich bin ich und du bist du.
Ich habe Angst. Entsetzliche Angst. Angst, die meinen Magen zusammenschnürt. Angst, die mir bei jedem Atemzug auf der Brust sitzt. Angst. Angst. Angst.
Da gibt es jemanden, einen blutjungen Typen. Seit einem Jahr hast du etwas mit ihm. Seit einem Jahr verheimlichst du mir das. Seit einem Jahr verheimlichst sogar du dir das. Aber ich habe es gemerkt. Ein Jahr lang habe ich es gemerkt. Gemerkt, daß mir mulmig war. Ich wollte es ja auch nicht merken. Ich wollte es ja übersehen. Ich versuchte, freundlich zu sein, wenn er kam. Unschuldig. So kam er immer. Unschuldig. Und doch hat er dich erobert. Ich wollte es nicht wahrhaben. Ich habe es – genau wie du – immer verleugnet.
Doch jetzt seid ihr zusammen. Habt euch. Und ich bin übrig. Aber ich bin noch da. Ich bin doch wirklich noch da. Ich weine.

Jetzt stehe ich vor der Kammer. Meine Mutter ist mit diesem Kerl da drinnen. Sie haben mir eingeschärft: Michael, du bleibst draußen. Und ich stehe vor der Tür. Ich bin verzweifelt und heule und schreie.
Brülle, so laut ich kann: ich bin doch noch da, hört ihr, ich bin doch noch da. Sieht mich denn keiner. Ich bin doch noch da.
Hier, ich kann es fühlen, hier, meine Hände, mein Bauch, meine Brust. Alles, alles, ich bin noch da. Mama, laß mich doch rein. Bitte, bitte, laß mich doch rein. Ich bin doch noch da.
Ich will nach der Klinke greifen. Ich will sie runterdrücken, will einfach rein. Ich will, daß sie mir über den Kopf streichelt, mich in den Arm nimmt und sagt: Michael, es ist ja alles wieder gut. Jetzt bin ich wieder bei dir. Ich will einfach wieder da sein.
Doch da sind ihre Worte wieder. Stehen ganz klar im Raum. Michael, du mußt draußen bleiben.
Ich brülle vor Verzweiflung auf. Ein unglaublicher Schrei, ganz tief aus meiner Kehle. Es schüttelt mich. Mein ganzer Körper wird gequält. Michael, du mußt draußen bleiben.
Warum sieht denn keiner wie ich leide?
Ist denn keiner für mich da? Niemand? Niemand für mich? Du warst doch immer für mich da. Immer. Was ist denn jetzt passiert? Was habe ich denn getan? Warum machst du denn das mit mir? Ich habe doch nichts getan. Warum strafst du mich denn so?
Warum sagst du mir nicht, daß ich da bin? Und daß wieder alles gut ist?
Warum gehst du denn nur zu dem Kerl? Sechs Jahre waren wir allein. Sechs Jahre. Du Mami und ich, nur wir beide.
Warum ist denn jetzt alles so anders?
Ich stehe vor der Tür. Die Rotze und die Tränen überziehen mein Gesicht. Ich stehe vor der Tür. Meine leeren Hände ausgestreckt nach vorne.
Allein. Ich bin noch da. Aber ich bin doch noch da.
Elf Jahre waren wir zusammen, Helga. Jetzt gehst du weg. Zu diesem Kerl. Und ich bin wieder allein.
Aber ich bin doch noch da. Ich bin doch noch da.
Du sagst, du willst auch mit ihm schlafen. Ja, das willst du. Aber ich brauche dich doch. Ich brauche dich um mich herum. (Um mich herum?)
Jetzt bin ich ganz zusammengeschrumpft. Klein. So klein, daß ich noch gar nicht auf der Welt sein kann. Um mich herum ist es sehr wohlig. Warm. Geborgen. Alles ist weich und schön. Ich schwimme in dir. Endlose Zeiten vergehen. Endlose Gespräche ohne Worte. Wiegen. Träumen. Glücklichsein.
Plötzlich sagst du: ich muß jetzt gehen.

Unfaßbar. Es ist unfaßbar.
Du bist doch meine Welt. Du bist doch alles, was ich habe. Alles, was ich bin. Ich bin doch in dir.
Ich bin doch da. Ich bin doch nur durch dich da.
Du mußt jetzt gehen, sagst du.
Hoch über mir in einer Bauchfalte tauchen die drei Weisen auf. Die blauen Richter. Ihre Köpfe haben silbriges, blaues Haar. Sie sind nicht von dieser Welt. Sie sprechen ihr Urteil: Du mußt gehen.
Gegen dieses Urteil gibt es keine Revision. Aber das stimmt ja gar nicht, diese drei gibt es gar nicht. Das bist ja du, der das sagt. Du täuscht mich nicht. Du bist es, der das sagt. Es ist endgültig. Alles um mich herum rückt enger zusammen. Ich bleibe. Jawohl, ich bleibe. Es preßt mich zusammen, ich halte den Atem an. Ich presse mich zusammen: ich bleibe hier. Ich kämpfe den wütendsten Kampf meines Lebens. Niemand wird mich hier rausholen. Der Druck wird immer stärker. Jemand drückt mich nach unten.
Ich bin noch hier. Ich schreie. Ich schreie. Lauter: Ich bin doch noch da. Noch viel lauter: Ich bin doch noch da.
Unwiderstehlich preßt es mich nach unten weg.
Mörderisch: Ich bin doch noch da, immer und immer wieder: Ich bin doch noch da.
Mein Kopf tritt durch: Ich bin doch noch da.
Jetzt meine Arme. Ich bin doch noch da.
Jetzt mein alles: Ich bin doch nach daaaaaaaa...
Jetzt kommt der erste Atemzug. Wahnsinn. Ich kann brüllen. Ich brülle und brülle. Ich will nicht hiersein. Ich will da sein. Ich brülle, ich brülle.
Langsam erschöpfe ich mich. Liege da. Ist denn keiner für mich da?
Ich sehe alle um dich herumstehen. Mit ihren geblümten Kitteln stehen sie alle, den Rücken zu mir, um dich herum. Sie sind froh, sagen dir freundliche Sachen. Ich kann dich nicht sehen. Alle stehen bei dir. Rote und grüne Blümchen auf ihren Kitteln. Ich bin allein.
Jetzt kommt einer. Kommt zu mir. Zieht mich mit Gewalt auseinander – ganz weit auseinander.
Ich bin doch noch da. Was machst du denn? Siehst du denn nicht, daß ich da bin?
Ganz lang macht er mich. Sooo lang.
Hier bin ich.
Dann läßt er mich wieder zusammenschnurren. Er geht wieder weg.
Wieder bin ich allein. Ich bin doch noch da. Warum sieht mich denn keiner?
Völlig erschöpft liege ich da, ausgepumpt, in einem fremden Land. Und ein Gedanke taucht auf. Langsam, ganz langsam. In seiner

ungeheuren, unfaßbaren Konsequenz. Ganz langsam kommt er. Der Gedanke kommt, das Gefühl kommt. Ein entsetzliches Gefühl. Ein Gefühl, wie ich es noch nie in meinem Leben gehabt habe. Kommt näher. Immer näher. Ich will es nicht haben. Nein. Ich will es nicht sagen. Ich will es nicht fühlen. Entsetzlicher als alles, was es auf der Welt gibt. So entsetzlich, daß meine Zunge sich weigert. Sie wird schwerer. Ich kann nur noch lallen. Nur den Gedanken nicht. Nur dieses Gefühl nicht. Ich will es nicht. Ich schreie. Ich schreie. Nur das nicht. Nein. Bitte nein!

›Ich bin nicht willkommen‹. Ich bin nicht drinnen willkommen und ich bin nicht draußen willkommen. Aber ich bin noch da.

Helga, damit muß ich erst fertigwerden. Du gehst und die alten, uralten Gefühle sind wieder da. Als wäre es heute erst passiert.

Ich bin dir auch nicht mehr willkommen. Das ist bitter. Doch so ist es. Jedenfalls nicht mehr so willkommen, wie es einmal war.

Ich habe mich zurückbekommen. Ich stehe wieder am Anfang. Du hast mir zurückgegeben, was ich von Anfang an hatte. Und was ich die ganze Zeit unserer Ehe hinter dir verstecken konnte. Das Gefühl: ich bin nicht willkommen. Niemandem.

Die ganze Zeit habe ich geglaubt, und du hast mich das glauben gemacht: ich bin willkommen, und dahinter konnte ich meine Angst abladen. Die ganze Angst meines Lebens. Jetzt habe ich sie wieder. Ich will sie nicht haben, und doch gehört sie zu mir. Ja, ich bin nicht willkommen. Ich war es nie, nirgends. Doch jetzt möchte ich es endlich einmal sein.

Ich möchte mit Menschen zusammen sein, denen ich willkommen bin. Ich möchte dafür etwas tun. Es ist ein weiter Weg, und ich bin so ungeübt, mich selbst willkommen zu machen. Ich bin ja immer davon ausgegangen, daß ich es nicht sei.

Es ist jetzt das erste Mal in meinem Leben etwas da, was ich allen, die ich mag – und auch dir – klarmachen möchte: ich bin da.

Es ist ein weiter Weg und es ist auch ein trauriger Weg. Aber: ich bin da.« (Michael von Müller, unveröffentlichtes Manuskript)

Durch drei Höllen, durch drei Unterwelten hat dieser Mann sich durcharbeiten müssen: durch die *reale* Hölle des Verlassenwerdens (seine Frau ist nach 10 Jahren Ehe ihre eigenen Wege gegangen), durch die Hölle des (vermeintlichen) Verlassenwerdens von seiner Mutter (als er 6 wurde, hat sie einen Lebenspartner gefunden, und der Patient verlor die Ausschließlichkeit mit ihr – als »Ödipus« ein Leckerbissen für Psychoanalytiker) und durch die Hölle der Trennung von seiner

Mutter (?) bei der Geburt (9 Monate war er geborgen, und es war immer jemand ›um ihn herum‹ – als Geburtstrauma ein Leckerbissen für Primärtherapeuten), bis er seine wahren Namen fand, sagen wir besser: *einen* seiner wahren Namen. »Ich bin nicht willkommen«, aber auch: »Ich bin da«. Traurig, aber wahr.

Es ging ihm anschließend besser, denn er konnte jetzt sehen, daß es ganz allein *sein Name* war, den ihm das Böse (seine böse Frau) gezeigt hatte. Und er konnte ihr jetzt – in einem gewissen Sinne – sogar dankbar sein, daß sie gegangen war. Dieser Name, dieser neue Name, war jetzt für ihn eine Plattform, von der aus er weitergehen, neue Fragen stellen konnte, neue Namen bekam. Denn: Der Name, der genannt werden kann, ist nicht der wahre Name.

Die Dinge und Gegebenheiten der Welt reden unaufhörlich zu uns. Und – wie gesagt – meistens hören wir nicht zu. Das Märchen von »Parzifals Pferd« kann uns hierfür ein Gleichnis sein:

»Parzifal schlief ein.
Jedoch bald war es ihm, als ob das Pferd durch eine Bewegung ihn geweckt hätte; und als er die Augen aufschlug, sah er, wie Allat den Kopf in die Höhe hob und ihn mit seinen großen schönen Augen anblickte. ›Warum Parzifal‹ – sprach das Pferd – ›warum triebst du mir nach einem so langen, ermüdenden Tage die Sporen grausam in die Flanken? Wenn du nur wüßtest, wie weh uns das tut!‹ Parzifal antwortete nicht, denn er war stumm vor Erstaunen, das Tier reden zu hören. ›Du mußt nicht glauben, daß ich dir darob böse bin‹ – fuhr Allat fort – ›du bist mein Herr, und dir gehorchen, dir dienen, alles von dir erdulden, ist mein einziger Lebenszweck, wenn du mich nur bis an mein Lebensende bei dir behältst, bin ich glücklich. Aber, lieber Herr, du bist gar so unvernünftig! Wären wir, als wir in die Ebene hinunterkamen, rechts abgebogen, so hätten wir in einem halben Stündchen ein trautes Haus erreicht, umringt von Obstbäumen, wo gute Menschen wohnen; du hättest zu essen und zu trinken bekommen und ein gutes Bett zum Schlafen, anstatt hier draußen in der Kälte liegen zu müssen bei leerem Magen; und für mich hätte es herrlichen Hafer gegeben, und ich hätte morgen prächtig laufen können... Du glaubst mir nicht? Ach, weißt du, mit meiner großen Nase habe ich das Haus von ferne gespürt, und daß die Menschen drinnen gut sind, das sagte mir mein Herz; denn ebenso wie wir schärfer wittern als ihr,

ebenso erraten wir durch das Herz mehr, als ihr Menschen ahnen könnt. Ja, weißt du, laß mich dir die Wahrheit sagen, da ich mir doch einmal die Freiheit nehme, offen mit dir zu reden. Ihr Menschen erscheint mir trotz eurer großen Vernunft und eurem vielen Lesen und Schreiben und Rechnen doch gewaltig dumm! Nicht nur, daß du heute von jenem Hause nichts merktest, sondern nicht einmal, als ich dir davon sagte, verstandest du mich.‹ Parzifal blieb immer noch stumm vor Erstaunen. ›Nun ja‹ – sprach Allat weiter – ›da wo wir hätten abbiegen müssen, sagte ich es dir doch; ich sprach so deutlich wie ein Mensch nur sprechen kann ... das heißt, verzeih, so deutlich, wie ein Pferd nur sprechen kann: ich wieherte, blickte dich an und warf mit dem Kopfe! Ja, ich bin überzeugt, selbst mein Vetter, der Esel, hätte mich gleich begriffen (und außerdem hätte ich es ihm gar nicht zu sagen brauchen, da er gescheit genug gewesen wäre, die Sache selber zu merken!) und du! was tatest du? Wenn ich mich recht entsinne, nanntest du mich ›faules Vieh‹ und dann gabst du mir die Sporen!‹ ›Ach verzeih mir, lieber, guter, treuer Freund!‹ sprach endlich Parzifal – ›du siehst, die Strafe für meine schlechte Tat trage ich schon, denn Kälte und Hunger plagen mich. Aber vor allem, sage mir, seit wann kannst du denn reden?‹ Allat seufzte tief: ›Ach diese Menschen! diese Menschen! da haben wir es gleich wieder! Seit wann ich reden kann? Nun, das versteht sich doch von selbst: seit jeher! Wie sollte ein Tier sein ohne Rede? Nicht ich habe auf einmal reden gelernt, sondern du hast endlich einmal mich verstehen gelernt.«

Aber nicht nur Tiere reden zu uns, alle Erscheinungen tun das. Alle Erscheinungen sind, wie Goethe sagt »Gleichnisse«. Und Hermann Hesse ergänzt dazu: »Und jedes Gleichnis ist ein offenes Tor, durch welches die Seele – wenn sie bereit ist – in das Innere der Welt zu gehen vermag.«

Wenn die Seele bereit ist! Und bereit ist die Seele, wenn sie den ersten Schritt getan hat: das »Kehre um«.

Dieser erste Schritt ist notwendig. Alle anderen Schritte geschehen dann von alleine. Aber den ersten Schritt mußt du tun. Mitunter brauchst du drei Jahre Therapie, bis du für den *ersten* Schritt bereit bist, es kann ausreichen, daß deine Ehe in die Brüche geht, manchmal muß auch erst jemand sterben, bevor du auf die Suche gehst. Und mitunter reicht es auch, wenn du in dir den Druck verspürst und die Not, deinen Namen finden zu müssen.

Der erste Schritt ist notwendig und das heißt auch, er wendet die Not.
Wenn du einmal diesen ersten Schritt getan hast, wirst du merken, daß auch die Sprache ihre Geheimnisse, ihren Zauber hat. Man kann Sprache aufschließen, sie gibt dann ihren *dahinterliegenden* Namen preis.
Es ist mitunter recht lustig zu sehen, wie unser Schatten, der Teil, der uns fehlt, sich regelmäßig in unsere Sprache einnistet. Jeder Satz, den du sagst, nennt dann nämlich schon deinen verborgenen Namen – Sätze haben in Wahrheit auch keine andere Funktion.
Da sagt einer, der es nicht so genau nimmt mit seinen Verpflichtungen – und er denkt, er redet über seine Zahnpastatube – »Ich lasse immer alles offen«. Sicher, er muß lernen, sich ernst zu nehmen.
Da sagt einer, der immer alle Verpflichtungen an sich zieht, der sich überhäuft mit Aufgaben – und der daran fett wird – »Ich muß mal abspecken!« Sicher, er muß lernen, loszulassen.
Da bekommt jemand, der immer alles schluckt, was die anderen ihm zumuten, ein merkwürdiges Symptom: »Ich bekomme keinen Bissen mehr runter«. Sicher, er muß lernen, nicht alles ungeprüft in sich hineinzunehmen.
Ich verlängere diese Liste absichtlich nicht. Es könnte sich sehr schnell wieder ein Mißverständnis einschleichen. Diese Lernaufgaben: sich ernstzunehmen, loszulassen, auszuwählen, sind keine Lernaufgaben, die allgemeingültig wären, so als müßte *man* sich ernstnehmen. Nichts dergleichen. Dein Problem könnte sein, daß du dich viel zu ernst nimmst; dann wäre dein Satz vielleicht: »Mir ist alles viel zu schwer«. Eine Last liegt dir im Nacken. Dann wäre es deine Aufgabe, fliegen zu lernen, d. h. nicht immer alles so ernst zu nehmen. Nimm es leicht. (Weißt du, warum Engel fliegen können? Sie nehmen alles leicht.) Es liegt eine große Gefahr darin, anderer Leute Aufgaben zu erwähnen. Denn jedesmal, wenn einer es tut, glaubt ein anderer mit Sicherheit, das gelte universell oder doch

zumindest auch für ihn. »Man müßte...« Aber das stimmt nicht. Du mußt *deinen* Namen *finden!*

Mir fehlt etwas und dir fehlt etwas. Und dir fehlt etwas, was sonst keinem Menschen auf der Welt fehlt. Du bist ein Original. (Dein Horoskop kann es dir allein schon dadurch anzeigen, daß du in einer Zeitqualität, d.h. in einem Augenblick geboren wurdest – angezeigt durch den Planetenstand –, der sich in einer Million Jahren nicht wiederholen kann. So wie die Gestirne zum Zeitpunkt deiner Geburt standen [es gibt nur 10, die dabei gerechnet werden], haben sie noch *nie* gestanden und werden sie auch nie wieder stehen.)

Du bist einzigartig *und* deine Aufgabe ist einzigartig *und* das, was dir fehlt, ist einzigartig. Es fehlt sonst niemandem. Wie sollte da eine Therapie oder eine Ideologie wissen, was für dich gut ist. Es gab dich noch nie. Dein Fall war noch nicht in der Literatur.

Also trau keinem, der über dich etwas zu wissen vorgibt. Das kann er nur, solange er noch nichts über seine eigene Einzigartigkeit weiß.

Du bist Neuland. Noch nie hat dich jemand betreten, und nie wird jemand dich betreten. Der einzige, der den Fuß auf deinen Boden setzen kann, bist du.

Und diese Tatsache macht auch den *Heilgriff* eminent schwierig. Eben weil du einzigartig bist, ist auch der Griff, der vielleicht notwendig – not-wendig – ist, damit eine Bewegung in dir in Gang kommt, einzigartig. Er trifft auf sonst niemanden zu. An jedem anderen prallt er ab. Gilt nicht.

Nach allem, was ich bisher gesagt habe, dürfte es auch schon relativ klar sein, welche Bedingungen dieser Heilgriff erfüllen muß. (Ob du ihn dann selber tust oder ob ein anderer ihn tut, ist dabei gleich-gültig!)

Die Bedingung, die der Heilgriff erfüllen muß, ist die, daß du – durch was auch immer – *in die Nähe deines Namens gelangst* (oder gebracht wirst). Daß jemand, und sei es du selbst, dir zuruft, so, als riefe er von Ferne deinen Namen. Deinen wahren Namen. Das ist der Heilgriff.

Jesus – was auch immer sonst seine Eigenschaften waren – hatte diese Gabe, den anderen mit einem Griff zu heilen, indem er den Kranken ihren wahren Namen zurief, in einem hohen Maße und deshalb kann er ein Modell sein für das, was ich meine.

»Wir haben das Vorbild eines Heilungsaktes höchster Instanz im Evangelium aufbewahrt. Es ist die berühmte Heilung des Gichtbrüchigen. Bei der Interpretation dieses Vorganges muß man bedenken, daß er uns nur fragmentarisch überliefert ist. Die innere Bedeutung bleibt verschlossen, wenn man nicht zu ergänzen versteht. Der Gichtbrüchige ist krank, er hat körperlich-empirische Schmerzen und kann nicht laufen. Durch dieses irdische Leid schimmert aber bereits etwas anderes hindurch, was Christus aufzunehmen versteht, sowie er ihm in die Augen sieht. Es ist das dumpfe Gefühl von Schuld. Wäre diese Schuld dem Bewußtsein des Kranken zugänglich, so könnte er sich wohl befreien; er tappt aber im Dunkeln und weiß es nicht. Da trifft ihn, aus der Tiefe des Sohnes kommend, der Blick Christi und dieser spricht die rätselhaften Worte: ›Deine Sünden sind dir vergeben‹ und dann ›Stehe auf und wandele!‹ Sein Blick hat sofort den pathologischen Ort übersehen und den Weg zur Sühne freigelegt. Mit einem Schlage geschieht hier also, wozu ein Anderer, wenn er es überhaupt kann, lange und tiefe Versenkungen, in sich, in den Kranken, und in den Vater nötig hat.
Was aber hier geschieht, heißt, die Krankheit unmöglich machen. Der Erkenntnisvorgang oder das Glaubensereignis, wenn man christlich spricht, reißt der Krankheit den Boden unter den Füßen weg und zwar ein für allemal. Nur *so* gibt es Heilung, alles andere ist nur Hilfe.«
(Hans *Blüher:* Traktat über Heilkunde)

Blüher spricht hier von einem *Erkenntnisvorgang* und eine Zunahme von Erkenntnis – über dich – ist in der Tat notwendig, um der Krankheit die Basis zu entziehen.
Diese Worte Jesu sind nun freilich kein Allheilmittel. Sie haben das Leiden dieses einen kranken Menschen beim Namen genannt und deshalb konnten sie heilen.
Natürlich ist es immer etwas vermessen, den höchsten Repräsentanten einer Kunst – hier der Heilkunst – aufzuspüren, um einen Gedanken zu illustrieren. Aber es geht ja hier um ein Prinzip und dieses ganze Kapitel ist sowieso eher Linolschnitt

als ein photographisches Abbild der Realität. Hier sind wir jetzt wirklich in der Welt der Bilder angelangt.

Auf einer nächstunteren Stufe wird es noch verwirrender. Wenn ich sage, daß der Heilgriff darin besteht, die Krankheit – und das heißt immer den kranken Menschen – bei ihrem (seinem) Namen anzureden, so bedeutet das auch: *Krankheit unterliegt einem Gesetz.*

Krankheit entsteht nach einer ganz eigenen Gesetzmäßigkeit, dem Gesetz dessen, was dir fehlt. Du bist daran krank geworden, daß der Name, der ehedem dein Name war, deiner Seele verlorenging und er aus der Seele in die Stofflichkeit deines Körpers gefallen ist (in die Sünde gefallen, würde ein christlicher Mystiker vielleicht sagen). Was ursprünglich heil war, ist auf seinem Weg durch die Themen des Lebens jetzt – heruntergefallen – zum Gift geworden. Der griechische Name »Pharmakon«, der sowohl »Heilmittel« als auch »Gift« bedeutet, bewahrt noch eine Erinnerung an diesen Zusammenhang auf.

Und es gibt nur *ein* Heilmittel, ein Gegengift, das dich wieder ins Ganze fallen läßt. Du brauchst das *gleiche Gift* noch einmal – in veränderter Form. »Es ist Gesetz für Geister und Gespenster, wo sie hereinkommen, müssen sie heraus«, läßt Goethe Mephisto sagen, und er meint damit auch dies: Woran du krank geworden, daran wirst du auch gesund.

Das ist der tiefe Sinn und darin liegt auch die tiefe Wirksamkeit der Homöopathie. »Homöopathie« heißt »ähnliches Leiden«. Und die Homöopathie, deren Kernsatz von jeher lautet: Gleiches möge durch Gleiches geheilt werden, ist bis heute die einzige Heilkunst, die wirklich im Gesetz arbeitet.*

Der Homöopath gibt dir mit dem »Simile« (d.h. mit dem ähnlichen Gift) *deinen Namen* verschlüsselt als ein Prinzip, das er vorher der Natur abgelauscht hat.

(Ganz ebenso wie dir die Astrologie deinen *Namen* gleichsam in einem kosmischen Alphabet buchstabiert als dein Radix-Horoskop gibt – du brauchst es jetzt nur noch lesen zu können, bzw. mußt jemanden

* Ich gehe nicht weiter auf den homöopathischen Heilzauber ein. Wer hier Tiefsinniges erfahren möchte, dem empfehle ich die Bücher: »Die Erhöhung der Schlange« und »Hahnemann« von Herbert Fritsche.

haben, der es dir vorlesen kann. Aber bitte glaube nicht, daß jeder Astrologe das kann – die meisten lesen dir *ihren* Namen vor.)
Jetzt wird dir vielleicht auch die Bildhaftigkeit dieses Kapitels deutlicher: Der Name, der dir fehlt, nach dem du suchst, muß dir nicht unbedingt *verbal* gegeben werden oder von dir verbal gefunden werden. Auch das homöopathische Mittel »Pulsatilla D 30« kann, als Kügelchen verpackt, genau deinen verlorengegangenen Namen in sich enthalten, den der Homöopath dir jetzt – nach einem langen Findungsprozeß, nachdem er sich lange mit dir als krankem Menschen auseinandergesetzt hat – zurückgibt.

Der Heilgriff besteht darin – so habe ich gesagt – daß du über Hilfsmittel in die Nähe deines Namens gebracht wirst, in die Nähe des Gesetzes: ob das therapeutisch, astrologisch, homöopathisch oder durch Nasebohren geschieht, ist dem Gesetz gegenüber vollkommen gleich-gültig.
Das Gesetz verlangt: Nenne meinen Namen und du weißt dann sogleich auch den deinen.
Ich halte mich für einen durchschnittlichen Therapeuten, und einem anderen zu helfen, in die Nähe seines Namens zu gelangen (und damit mir zu helfen, in die Nähe meines Namens zu kommen), ist ein müh-seliges Geschäft. Mitunter dauert es Monate, mitunter Jahre, mitunter geht es gar nicht. Manchmal – sehr selten – geschieht es in Stunden. Doch das sind die großen Ausnahmen.
Aus diesem Grund bin ich mehr und mehr dazu übergegangen, den Prozeß der Namensfindung so zu gestalten, daß mit Hilfe von Phantasiereisen ein Klima entstehen kann, in dem die Namensfindung – bei verändertem Bewußtseinszustand – von den Teilnehmern an diesen Reisen selbst vorgenommen werden kann. Mit Hilfe einer Manipulation – Trance genannt – und mit Hilfe vorgegebener Schablonen, die eine Palette von Namensmöglichkeiten enthalten – Phantasiereisen genannt – haben Menschen die Möglichkeit, den Heilgriff selbst zu tun. Sie haben die Möglichkeit, weil (und sobald) sie sich darauf einlassen, ihren Namen selbst zu finden.
Die »Reise des Helden« ist nichts anderes als eine Reise zu deinen Namen.

Kapitel 7: Über das Ja-Sagen*

> Wenn wir fragen nach dem Weg aus der Angst, so ist er zur Hauptsache mit dem Weg in die Angst schon gegangen. Denn ehe nicht die Angst uns vor uns selber führt, eher können wir nicht herauskommen.
>
> (Johannes Neumann)

Wir alle haben einen langen Weg hinter uns und wir alle haben (mit wenigen Ausnahmen) noch einen langen Weg vor uns. Damit meine ich nicht jene Strecke, die wir bereits überschauen können, jenen Weg, den wir unseren Lebensweg zu nennen bereit sind. Den Weg, die Straße, die ich hier im Auge habe, sind wir schon lange gegangen, und eigentlich sind wir bereits rechtschaffen müde.

Und vielen von uns mag mitunter der Gedanke kommen: Wofür das alles? Worin liegt der Sinn des Ganzen? Warum müssen wir durch diese Hölle der Entsagungen, durch dieses Jammertal? Gibt es überhaupt einen Sinn und worum könnte es dabei gehen?

Ich bilde mir nicht ein, diese Frage beantworten zu können, aber genau wie du, stelle ich sie mitunter.

Der Reinkarnationsgedanke ist im Moment recht populär und meistens wird er dazu verwendet, Trost zu spenden: er wird verwendet, die Angst vor dem Tod, die Angst vor dem Sterben zu mildern. Weil wir in dieser Gesellschaft keine Möglichkeit haben, unser Sterben begreifen zu lernen, weil wir hinter dem Sterben das Nicht-mehr-da-sein als einen abscheulichen Gedanken (allein die Verwesung) vermuten, haben Reinkarnations-Ideen (sogar Reinkarnations-Therapien) heute einen regen Zulauf. Wir hängen so sehr am Leben, daß der Tod keine

* Ich empfehle, bei der Lektüre dieses Kapitels die Platte von Kitaro »silk road« zu hören. Ich habe dieses Kapitel bei dieser Musik geschrieben.

andere Chance hat, außer: er darf unser Schatten sein. *Einer* unserer Schatten, der uns – ob uns das nun klar ist oder nicht – permanent angsteinflößend begleitet. Und um diesem Schatten etwas entgegenzuhalten, greifen wir gern nach der Idee der »wiederholten Erdenleben«. »Naja, es ist ja mit diesem Leben noch nicht alles aus: ich komme ja wieder!«
Das mildert den Schmerz des Gedankens und fügt einen Verband um die Wunde. Heilung liegt in dieser Idee nicht! Im Gegenteil, es ist nur das nochmalige Weglaufen. So gesehen richtet der Reinkarnations-Gedanke mehr Schaden an, denn er verhindert, daß wir uns ernstlich mit einem Teil von uns konfrontieren, der zu unserem Leben gehört wie kein anderer: mit dem Tod. Er darf als markant-makaberer Geselle weiterhin sein Schattendasein führen. Und uns ängstigen.
Gibt es Reinkarnation? Leben wir öfter als einmal? Möglicherweise. In den meisten Religionen der Welt wird darüber seit Tausenden von Jahren nicht einmal mehr diskutiert.* Sie betrachten es als Gewißheit – aber gibt es auch Beweise darüber? Nein! Nicht einen einzigen.
Und alle Bücher, die dir das beweisen wollen, beweisen *dir* – indem du sie liest – höchstens eines: daß auch ihre Autoren auf der Suche sind nach einem Trost – und du ebenfalls. Ich möchte dir jetzt den Reinkarnations-Gedanken erläutern, so wie ich ihn sehe.

Stell dir vor, du stehst auf einer Ebene, in einer Landschaft, die etwa so aussieht wie die deines Weges aus dem ersten Kapitel. Es ist eine helle, freundliche Landschaft und du bist eigentlich

* Auch in der Bibel gibt es eine Reihe von Stellen, die die Auffassung widerspiegeln, daß jemand mehrmals verkörpert werden kann, z. B. Matth. 11,14 (»Und wenn ihr es gelten lassen wollt: Ja, er ist Elija, der wiederkommen soll.«), auch Luk 9,18–20, oder Joh 1,30 (aus dem Zeugnis des Täufers für Jesus: »Er ist es, von dem ich gesagt habe: Nach mir kommt ein Mann, der mir voraus ist, weil er vor mir war.«) – Von kirchlicher Seite wurde allerdings, auf dem Konzil von Konstantinopel im Jahre 553, der Reinkarnationsgedanke mit der christlichen Lehre von der Auferstehung für unvereinbar erklärt und damit als ketzerisch verbannt. Vgl. hierzu James Morgan Pryse, »Reinkarnation im Neuen Testament«, Interlaken 1980.

ganz gern hier. Aber wie anheimelnd diese Landschaft dir auch erscheinen mag, du bist auf deinem *Weg* und das heißt, du bist nicht *zu Hause*. Du gehst. Du gehst nach vorn, den Blick geradeaus. Du weißt nicht, wohin dich dieser Weg führen wird, du weißt nur, eines Tages bist du nicht mehr da. Eines Tages wirst du tot sein und du kannst dann nicht mehr weitergehen. Und das macht dich eigentlich ziemlich traurig. Bei diesem Gedanken hältst du inne, du machst eine Pause vom Wandern und du spürst, in dir keimt ein ziemliches Verlangen auf: Bevor du nicht mehr weitergehen kannst, bevor du tot zusammenbrichst, möchtest du eigentlich noch etwas gefunden haben auf deinem Weg. Etwas, von dem du noch nicht einmal eine genaue Vorstellung hast, was es sein könnte. Aber irgendwie weißt du, der Weg, auf dem du bist, kann noch nicht alles sein. Irgend etwas fehlt dir noch in deinem Leben. Und je mehr du diesem Gedanken nachsinnst, je mehr du diesen Mangel auf dich wirken läßt, um so deutlicher spürst du: Auf deinem ganzen Weg bisher hast du eines eigentlich noch gar nicht richtig erlebt, du warst eigentlich noch nie zu Hause, du hattest eigentlich noch nie ein richtiges *Heim*. Und je mehr dir dieser Gedanke deutlich wird, desto mehr spürst du auch, wie solche Worte wie »Heimat« oder »Heimkehr« oder auch »Vaterland«, ein tiefes Gefühl der Sehnsucht in sich tragen. Eine Sehnsucht, wie du sie vielleicht spürst, wenn du den Weg, den du bereits genommen hast, noch einmal vor deinem inneren Auge Revue passieren läßt.

Hattest du je ein Heim, ein richtiges Heim, ein Zuhause? Wo du ankommen und einfach da sein konntest. Vielleicht hast du dir schon oft vorgenommen, dir ein Heim einzurichten. Vielleicht hast du es schon oft getan. Aber war es dann ein Heim? Vielleicht gehörst du zu den Menschen, die wenigstens ihrer Erinnerung nach einmal ein Heim hatten – damals in der Knesebeckstraße? Und du hast jetzt eigentlich ein ganz konkretes Bild von einem Heim (wie damals in der Knesebeckstraße soll es sein). Aber hast du im Moment ein Heim? Ein Zuhause?

Es mag sein, daß ein ganz merkwürdiges Gefühl dich überkommt, und vielleicht hörst du jetzt auf, stillzustehen und nachzusinnen, und wendest dich wieder nach vorn und beginnst wieder zu gehen. Weiter. Und wenn du jetzt den Blick weit nach vorn richtest, weit in die Ebene hinaus zum Horizont, dann kannst du sehen, daß ganz entfernt – etwas verglast – Berge stehen, blaue Berge. Vielleicht sind sie blaurot, vielleicht sogar purpur – sie stehen dort in ihrer ganzen Majestät.
Aber sie sind weit entfernt, diese blauen Berge, so weit, daß du weißt, du wirst sie – solange du gehst – nie erreichen. Und noch ein Gefühl macht sich in dir breit, ein Gefühl der Vertrautheit, eine Erinnerung, und du drehst dich um in die Richtung, aus der du kamst, und jetzt kannst du es auch dort sehen: Auch dort, woher du kamst – weit, weit entfernt – stehen Berge. Blaue Berge. Und ein Lied deiner Jugend fällt dir ein, und du kannst dich erinnern, mit welch eigenartigen Gefühlen du es damals gehört hast: »Von den blauen Bergen kommen wir ...« Und es mag sein, daß Wehmut dich überkommt, daß der Gedanke dich anfliegt, dort ›hinter den 7 Bergen‹ könnte so etwas liegen wie deine Heimat. Dein Zuhause. Weit, weit entfernt hinter dir, doch du ahnst, daß du einst dort warst, daß du von dort kamst. Aber genauso weit, weit vor dir, daß du auch dort wieder hingehen willst. Und Hingehen und Zurückgehen erscheint dir auf einmal als dasselbe. Und es ist auch dasselbe. Von den blauen Bergen kommen wir – und – zu den blauen Bergen gehen wir. Und wenn du jetzt genauer hinschaust: Die Berge hinter dir und die Berge vor dir – es sind dieselben Berge. Du gehst im Kreis. Und eigentlich ist es das, was dich so wehmütig macht. Bei genauerem Hinschauen entdeckst du vielleicht, daß du schon Tausende von Jahren und unzählige Leben im Kreis gehst, in der Hoffnung, dereinst gänzlich daheim zu sein.
Und wenn du noch genauer hinschaust, dann kannst du sehen, daß wir alle – immer wieder – hierherkommen in dieses Tal, in diese Ebene, um etwas zu erledigen, um etwas zu lösen, um etwas zu erlösen.

Und wir haben alle – jeder von uns – tief im Inneren ein Gefühl aufbewahrt, daß wir hier nicht zuhause sind. Manchmal bricht es in der Therapie hervor, dann schluchzt jemand voller Verzweiflung: »Ich gehöre hier nicht her, hier ist nicht mein Platz. Ich bin hier falsch«.
Jeder von uns verarbeitet dieses Gefühl auf seine Weise, jeder ist auf der Suche nach seiner Heimat. Er mag »Heimat« anders nennen: ein Eigenheim, ein Partner, bei dem er zuhause ist. Ruhe haben. Geborgenheit. Die Sehnsucht stillen, die da ist.

Schau dir die ganzen Vertriebenenverbände an, wenn du sie im Fernsehen siehst. Du wußtest schon immer, sie meinen eigentlich gar nicht Oberschlesien oder Pommern. (Pommernland ist abgebrannt, Maikäfer flieg!) Du hast dich schon immer daran gestört und hast gewußt, wenn sie wieder in Schlesien wären, sie wären tieftraurig. Sie wollen gar nicht zurück. Also warum tun sie so? Das mag schon alles richtig sein, was du sagst. Aber vielleicht verstehst du, sie sind der einzige weltliche Interessenverband der »Heimatvertriebenen«. Sie wollen heim, und deshalb stehen ihnen bei den Reden über ihre Heimat die Tränen in den Augen.
Sie irren gar nicht so sehr. Auch du bist ein aus der Heimat Vertriebener – nur gehörst du keinem »Verband« an.

Tief in unserem Innern wissen wir auch – du und ich – daß es hier auf Erden diese Heimat nicht gibt. Hier gibt es nur die Erinnerung daran, daß es einmal so war, und die Sehnsucht danach, daß es wieder so werden wird. (Deshalb singen auch viele Schlager davon: »Die Erinnerung daran, daß es einmal schöner war...«) Natürlich möchten wir davon erst einmal nichts wissen.
Es klingt ja fast so, wie es uns bigotte Menschen in unserer Jugend weismachen wollten: Selig wirst du nur im Himmelreich, und deshalb – so sagten sie uns – mußt du hier immer schön brav sein. Das ist natürlich ebenso falsch, wie es dumm ist. Mit Bravsein ist noch nie jemand nach Hause gekommen, das ist eher der Weg, nie anzukommen.
In einem freilich hatten sie recht: Der einzige Weg nach Hause führt über die Religion, nur haben sie dich über das, was der Name meint, getäuscht. Der Weg führt über re-ligio, und das

heißt über die »Rückverbindung«. Dieses Wort erklärt noch nichts, es kann höchstens etwas klären. Erst umgekehrt wird nämlich ein Schuh daraus: Jeder Schritt, den du tust, um die Verbindung zu dem, was als Urgrund da ist, herzustellen, *ist* re-ligio. Ob du nun Therapie machst, betest oder in der Nase bohrst – solange du dich dabei zurück wendest zu den Quellen deiner Herkunft, gehst du diesen Weg.

Du kamst aus den blauen Bergen und du gehst zu den blauen Bergen. Und dazwischen liegt ein Stück Weg, der dir die Aufgabe gibt, beide Bergketten zu verbinden. Zu sehen, daß dort, wo du losgingst, auch dort ist, wo du ankommst.

»Verschiedene Erdenleben« heißt nichts anderes als: Du gehst den gleichen Weg immer wieder. Und du kannst jetzt vielleicht sehen, wie schwer es ist, daraus Trost zu gewinnen.

Was aber liegt dazwischen? Welche Aufgabe hat der Kreis? Ich kann es wieder nur in einem Bild ausdrücken: Es liegt nicht etwa *Zeit* dazwischen, es liegen nicht etwa *gute Taten* dazwischen – weder gibt es Zeit, noch gibt es gute Taten. Dazwischen liegt – als Bild – das Wort »Ja«. *Und es geht darum, dieses Wort sagen zu lernen.* Unser ganzes Leben (unsere vielleicht Tausende von Leben) hat letztlich nur diese eine Aufgabe. (Die Auf-gabe des »Ja« – aber um auch noch das Ja aufgeben zu können, müssen wir es erst einmal finden.)

Davor du dich jetzt, gänzlich verwirrt, über diesen Unsinn wunderst, möchte ich dir ein weiteres Bild geben, wie dieses »Ja« zu denken sein könnte.

Wir alle kommen auf die Welt wie es der Klient des Beispiels im letzten Kapitel beschrieben hat. Im Mutterleib hatten viele von uns – vielleicht nicht alle, ich weiß es nicht – noch ein tiefes »Ja« in sich. Spätestens im Moment der Geburt aber formte sich bei uns allen ein abgrundtiefes: »Ich will nicht dahin. Ich will nicht da sein. Ich will hier sein«. Aber der Spruch der drei Richter ist für jeden von uns gnadenlos und unerbittlich: »Du mußt gehen«.

Und der tiefe Sinn in jeder Geburt, der tiefe Sinn des ›Herkommens‹ liegt darin, einmal wieder mit einer Auf-gabe konfrontiert zu werden. Die Aufgabe, die gestellt wird; heißt »nein«.

Du kannst die Geburt interpretieren, wie du willst, du kannst jede Theorie darüber machen. Du kannst sagen, wie es die Mediziner tun, daß das Neugeborene noch keine Gefühle hat und es sei deshalb egal, wie du es behandelst. Du kannst die Geburt sehen, wie es die Primärtherapie tut, als überstarke Traumatisierung der Körperlichkeit, die ihre tiefen Spuren im emotionalen System hinterläßt. Du kannst sie sehen, wie Leboyer es tut, der der ankommenden Seele mit seiner ganzen Liebe entgegentritt. Du kannst glauben, das Schlimmste seien die Kontraktionen oder der Streß der Mutter oder die Nabelschnur um den Hals oder die klinische Routine, oder das Schlimmste seien nicht diese Äußerlichkeiten, sondern diese erste fundamentale Trennung: »Niemand ist mehr um mich herum!« Du kannst es sehen, wie du willst. Alles sind erst einmal Äußerlichkeiten. Das, was sich formt, ist ein tiefes und archaisches »Nein«.

(Natürlich gibt es Unterschiede: Das Leboyer'sche ›Nein‹ mag weniger tief in die Grundsubstanz deines Denkens eingegraben sein. Aber es ist wichtig, zu sehen, daß das nicht an Leboyer liegt – er ist nicht die Ursache dafür, daß du eine »sanfte Geburt« hattest. Er ist nur Werkzeug. Jeder Geburtshelfer, jede Mutter, jede Nabelschnur, jedes Narkotikum ist nur Werkzeug, dein »Nein« entsprechend deines Weges zu modifizieren.)

Jede Geburt ist erst einmal Einübung in das fundamentale »Nein« zum Leben. Deine Lichter stehen auf rot. Von Beginn an immer. Und so trittst du ein auf die Ebene, auf der du jetzt verweilst. Das »Nein« bringst du mit – nenne es meinetwegen Karma. Du kamst von den blauen Bergen – das ist nicht nur ein Bild – und jetzt bist du da. Und du sagst: nein! – erst einmal zu allem, was ist. Und in deiner Phantasie, in deinen Wünschen, in denen Hoffnungen, in deinen Träumen wünscht du dir nur eines: ja!

Das Problem, wenn es eines gibt, liegt jetzt darin, daß dieses

Nein immer da ist, hier, jetzt, und das Ja immer in der Zukunft liegt – immer dort draußen. Wenn ich doch nur ... (gesund wäre ... im Lotto gewänne ... meine Freiheit wieder hätte ... endlich *die* Traumfrau fände ...) ... »ja« sagen könnte. Das eigentliche Problem besteht darin, das Ja aus der Zukunft in die Gegenwart zu holen. Hier und jetzt »ja« zu sagen. Es klingt nicht besonders schwierig, es klingt vielleicht für deine Ohren so, als hättest du es schon oft getan. Ich mußte entdecken, daß ich in meinen 37 Lebensjahren dieses Wort noch nicht einmal aus den Tiefen meiner Seele heraus gesagt hatte. Noch nie. Und ich glaube fast, du hast es auch noch nicht gesagt.

(Ich will damit nicht sagen, daß es keine Menschen gibt, die »ja« sagen können. Es gibt solche und es sind sehr wenige. Aber eines ist sicher: sie würden dieses Buch nicht lesen. Was sollten sie damit. Es wäre für sie sinnlos. Du aber, der du dieses Buch liest und ich, der ich es schreibe, wir beide können es nicht. Deshalb sind wir ja auf diese Weise miteinander verbunden.)

Wir gehen also durch unser Leben und sagen – von klein auf – nein, und wünschen uns »ja«. Und vielleicht tröstet es dich, daß das »Ja«-Sagen zu den schwersten Dingen gehört. »Ja« sagen heißt »annehmen«, einverstanden sein«, heißt »sich öffnen«, »sich fallenlassen«, heißt: die Menschen und Dinge und Geschehnisse zu sich hineinnehmen, zu sich hineinbitten, heißt: sie als zum eigenen Dasein dazugehörig zu betrachten. Und das gehört zum Schwersten.

Und es ist gleichsam die wichtigste Vorbedingung: Wenn du das »Ja«-Sagen lernen willst (ob du es nun willst oder nicht: es ist deine Aufgabe, du kommst nicht drumherum!), dann mußt du dir erst schonungslos über dein »Nein« klarwerden. Daß es da ist, und daß es nicht deshalb aus der Welt verschwindet, weil du es nicht mehr haben willst. Denn das *Nein nicht mehr haben zu wollen,* ist wieder gleichbedeutend mit Neinsagen! Logik. Du siehst, du steckst in der Falle. Wenn du dich aufmerksam beobachtest, siehst du, daß du ständig »nein« sagst; wenn du das eingesehen hast, siehst du, daß du noch nicht einmal zum

Nein-Sagen »nein« sagen darfst, sonst kommst du nicht zu deinem »Ja«. Und es gibt nur einen Weg aus der Paradoxie heraus: sage »ja« zum Nein-Sagen. Lebe dein Nein ganz bewußt, und heraus kommt ein Ja. Versuchst du aber dein Ja (das nicht da ist) zu leben, kommt ein Nein heraus.
Einfach und doch das Schwerste.
Und da wir mal wieder nur in einem Bild sind, gebe ich dir jetzt ein etwas konkreteres Beispiel dafür, wie es aussehen kann, wenn man »ja« zu seinem Nein sagt.

Protokoll einer Therapiesitzung
(30. 9. 1982, 11.30 Uhr. Schallisolierter rundum gepolsterter Raum. Das Licht ist so weit gedimmt, daß man gerade noch Schemen sehen kann. Die Klientin liegt auf der [gepolsterten] Erde. Ich sitze direkt daneben auf der Erde. Während der ganzen Sitzung läuft die Musik »Cyborg« von Klaus Schulze.)
Kl.: Ich habe ein völlig steifes Gefühl hier mitten in der Brust (sie legt ihre Hand etwa 10 cm oberhalb ihrer Brüste), das drückt mich und quält mich. Und irgendwie weiß ich auch, das hat zu tun mit meiner Sexualität. Gestern habe ich mit ... geschlafen und es war so schön wie noch nie. Aber hinterher hatte ich wieder das Gefühl, das war jetzt nur so schön ... um mich hereinzulegen. Um mich in Sicherheit zu wiegen. Denn das darf ja gar nicht so schön bleiben. Ich weiß genau, irgendwann, wenn ich mit ... (gleicher Name wie oben) verheiratet bin (Klientin will demnächst heiraten), dann wird meine Sexualität wieder, wie sie vorher war. Dann kriege ich wieder meinen Ekel davor. Und seit gestern, also seit danach ... ist wieder dieser Druck auf der Brust da.
P. O.: (Die Klientin hatte die ganze Zeit die Augen geschlossen) Schau doch mal, ob du dieses Etwas, das da auf deine Brust drückt, sehen kannst. Wie könnte das aussehen?
Kl.: Wie so ein Klumpen. Wie so ein dunkler, irgendwie scheußlicher Klumpen.
P. O.: Schau dir den Klumpen genauer an. Geh näher ran an den Klumpen. Beschreibe ihn.
Kl.: Er ist widerlich, eklig. So schleimig, klebrig, grünlich. Einfach ekelhaft.
P. O.: Beschreibe seine Gestalt.
Kl.: Irgendwie lebt der auch, es ist ein lebendiger Klumpen, fast so, als wäre es ein Wesen, das atmet und ... pulsiert. Aber über und über mit Eiter oder Schleim und Blut bedeckt. Mit offenen Stellen, die naß sind – ganz widerwärtig.

P. O.: Wo siehst du diesen Klumpen? Ich meine, ist er irgendwo mitten in einer Landschaft, oder in einem Zimmer, oder wo? Wo ist er?
Kl.: Es sieht so aus, als wäre er in einer Art Höhle.
P. O.: Geh näher ran an die Höhle.
Kl.: Das will ich nicht, ich trau mich nicht. Ich will dieses scheußliche Ding nicht mehr sehen!
P. O.: Okay, kannst du die Höhle noch sehen?
Kl.: Ja, aber ich bin etwas davon entfernt. Irgendwie bringe ich es nicht fertig, da näher hinzugehen.
P. O.: Kannst du das Etwas noch sehen?
Kl.: Nein, es ist in der Höhle. Aber ich weiß, die Höhle ist nicht tief. Sie geht so etwas nach unten und endet dann da.
P. O.: Ja, ich kann es auch sehen. (Das ist kein therapeutischer Schmuh. Ich sehe mein [!] Ding tatsächlich.) Ich sehe die Höhle vor mir. Ich kann auch das Ding sehen. Wenn du magst, gehe ich mit dir etwas näher an den Rand der Höhle.
Kl.: Jetzt sehe ich es wieder, es ist ein Lebewesen, so ... so wie der Glöckner von Notre Dame. So habe ich mich früher als Kind auch gefühlt. Ich habe immer geglaubt, ich bin total mißgestaltet, mit Verwachsungen, so verkrüppelt ... alle Kinder mußten mich für einen Krüppel halten. (Klientin hat keine derartigen Stigmata, eher im Gegenteil.)
P. O.: Schau noch mal in die Höhle hinein, in der dieses verwachsene Wesen haust. Was siehst du.
Kl.: (mit Abscheu und Ekel im Gesicht) Es ist so eine Mulde, angefüllt mit Schleim ... Dreck, Blut, Eiter ... stinkend, faulend und gräßlich.
P. O.: Ja genau, schau noch genauer hin, geh noch näher ran ...
Kl.: (sie muß würgen) Eklig ... widerlich ... aahhh (Pause)
P. O.: Und jetzt bist du dieses Wesen. Schau dir an, wie das ist, wenn du dich in all dem Unrat und Ekel befindest.
Kl.: (sie windet sich, schmerz- und ekelverzerrtes Gesicht, stößt Töne höchsten Abscheus aus) Ich will hier nicht drin sein, in all dieser Scheiße ...
P. O.: Spüre die Scheiße ... überall um dich herum, spüre das Blut und den Dreck und den Eiter und in dieser ganzen Scheußlichkeit bist du jetzt drin. Wie ist das da?
Kl.: (wälzt und windet sich) Aaahhh, aaahhh, aaahhh
P. O.: (nach einer ganzen Weile, während derer sie Laute des Abscheus ausstößt) Jetzt schau aus der Höhle heraus. Da draußen kannst du die Hilde (ihr eigener – freilich geänderter – Name) sehen, wie sie vor der Höhle steht. Wie fühlst du dich, wenn du sie siehst?
Kl.: Sie mag mich nicht. Sie findet mich widerwärtig. Das macht mich ganz traurig. Ich bin so traurig ... und allein. (Sie weint)

(Das Weinen wird immer heftiger) Sie will mit mir nichts zu tun haben. Sie läßt mich allein. Sie schickt mich immer weg. (Tiefes Schluchzen) Ich bin so traurig. Die ganze Zeit, die ganzen Jahre muß ich mich hier in dieser ekligen Höhle verbergen, weil sie mich nicht haben will. Ich bin so allein ... Und all die Jahre mag sie mich nicht. (Weint weiter)
P. O.: Ja, genau so ist das. Genau so! So ist das.
Kl.: (Weint noch ein ganze Weile und wiederholt die obigen Worte)
P. O.: (Nachdem das Weinen etwas verebbt ist) Möchtest du der Hilde etwas sagen?
Kl.: Schick mich nicht immer weg. Ich möchte nicht hier in der Höhle bleiben.
P. O.: (Nach einer Weile) Jetzt bist du wieder die Hilde, die draußen vor der Höhle steht. Dein Körper verändert sich wieder. Jetzt schau in die Höhle hinein. Was siehst du?
Kl.: (staunend) Ein kleines Kind. Ganz klein noch.
P. O.: Ist es noch in all dem Dreck?
Kl.: Nein, es ist ganz sauber und rein und süß.
P. O.: Was möchtest du tun?
Kl.: Ich nehme es auf den Arm.
P. O.: Ja, das ist eine tolle Idee. (Ich bin tief gerührt und traurig darüber, daß mein eigenes kleines Kind weiterhin tief in der Scheiße steckt.)
Kl.: (Wiegt das Kind im Arm, und es sieht aus, als küßte sie es dauernd)
P. O.: (Ich habe das Gefühl, ich bin jetzt störend, außerdem wird es mir gerade zu viel) Ich lasse euch jetzt beide allein. Du kannst ihm jetzt sagen, was du ihm sagen möchtest. (Ich verlasse den Therapieraum)
Nach etwa 10 Minuten kommt die Kl. aus dem Keller hoch und strahlt aus stark verheulten Augen.

Dies ist ein Beispiel für einen Prozeß. Die Dynamik dieses Prozesses ist – immer – eine dreifache. Im ersten Schritt – und dieser Schritt entspricht unserer Alltagserfahrung und unserem Alltagserleben – haben wir ein Problem. Im Falle unseres Beispiels nistet sich dieses Problem ein in das Sexuelle. (Es nistet sich immer irgendwo ein, und das Sexuelle ist ein bevorzugter Nährboden, doch die Frau hatte kein sexuelles Problem. Es gibt keine sexuellen Probleme.) Aber wir ängstigen uns davor, uns dieses Problem einzugestehen, und so taucht es auf als eine latente Angst (eine Befürchtung). Eine Angst, die uns immer begleitet. Wir wissen, es ist ein »Nein« da – in

diesem Fall ein Nein zur sexuellen Lust. Und normalerweise bleiben wir bei diesem Nein stehen und hoffen, daß durch irgendwelche Umstände sich dieses ›Nein‹ (wenn nur der richtige Mann kommt) in ein »Ja« verwandeln wird. Entangstung geschieht aber nicht aus der Hoffnung auf etwas Neues – in der Zukunft – sondern nur indem wir einmal »ja« zu der Angst, zu dem »Nein« sagen. Indem wir uns ganz tief in das »Nein« einlassen. Es anschauen, ehrlich sind und hinschauen auf den ›ekligen Klumpen, der da auf unserer Seele sitzt. »Ja« zum »Nein«. Das ist der zweite Schritt.
Haben wir lange genug hingeschaut, haben wir uns das »Nein« zugestanden, es erlebt, und auch die Traurigkeit des Nein erfahren, das Unglück, das uns aus diesem – uns eigenem – Nein erwächst, dann kann das Kind geboren werden. Es ist immer ein Kind. (Auch wenn es anders aussieht – ich habe dieses Beispiel gewählt, weil hier wirklich ein Kind da war.)
Fast hätte ich gesagt: Es ist immer ein Christkind. Es ist wirklich so. Im tiefsten Dunkel der Nacht (deiner Seele), im tiefsten Stall, in der tiefsten Stelle des Jahres, (Weihe-Nacht) wird das Kind – aus dem Kot und dem Schmutz des Stalles – geboren. Eigentlich wird dort das Licht geboren. Die Weihnachtsgeschichte ist ja nur ein Bild, ein Modell für jeden Vorgang der Heilung.
Und die Geburt dieser neuen Gestalt, dieses Kindes, ist das dritte Stadium des Dreischrittes zum »Ja«-Sagen!

Eines der größten Probleme innerhalb dieses Phänomens des »Ja«-Sagens ist die Tatsache, daß das »Nein« meist in einer Gestalt auftritt, die du nicht mehr als die deine erkennen kannst. In dem Moment, in dem das Nein – wie bei der Patientin gerade – *aus dir heraus* z.B. als körperliches Symptom auftritt, geht es ja noch an, daß du es als *dein* Thema identifizierst. Aber wenn es von außen kommt, stehst du meist hilflos da. Ein Unfall passiert, deine Katze wird überfahren. Dein »Nein« beginnt: Nein zu den rücksichtslosen Autofahrern, nein zu der Katze, die so dumm war, auf die Straße zu

laufen, nein zu deinem Schicksal, das dich so leiden läßt. Viele Neins. Und du bist davon überzeugt, du hast recht mit deinem Nein nach außen.
Dein Hauswirt erhöht die Miete. Nein zu dem ausbeuterischen Wirtschaftssystem, nein zu deinem Hauswirt, der so herzlos ist und an dir verdienen will, nein zum Hauseigentum überhaupt. Tausend Neins.
Auschwitz kommt dir ins Gedächtnis. Nein und abermals nein zu dem, was dort passiert ist, nein zum Faschismus, nein zum Führerprinzip, nein zur Gewalt. Es ist ja alles außen, hat nichts mit dir zu tun. Und so kommt dir dein Nein leicht über die Lippen.

Stolz nennen sich ganze Richtungen Nein-Richtungen.
Nihilismus. Negative Dialektik. Ganze Universitäten, ganze Parteien bestehen als wichtigstes aus einem Nein. Baum ab – Nein danke. Atomkraft – Nein danke. Rauschgift – Nein. Strauß – Nein danke.
Und du merkst es gar nicht, daß du unter der Hand immer mehr in Richtung des Nein-Sagens geraten bist, daß viele Teile deines Lebens unter diesem Bann stehen. Du nennst es nicht so, du nennst dich »kritisch«, »gefühlvoll«, »intellektuell«, du bist bekannt für deinen Zweifel. Für dein Nein.
Wenn man einmal wissenschaftliche Diskussionen oder Podiumsdiskussionen verfolgt, so liegt eine der Hauptauffälligkeiten jeweils darin, möglichst gekonnt, möglichst überzeugend, möglichst auch noch ohne (nach außen sichtbar) wehzutun, dem anderen ein Nein entgegenzusetzen. So, daß der andere am Ende ziemlich dumm dastehen soll.
Jede »Diskussion« hat diese Dynamik. Thorwald Detlefsen sagt am Beginn seiner Seminare etwa folgendes: »Wir werden hier in diesem Seminar nicht diskutieren. Es gibt nämlich nichts zu diskutieren. Es gibt auf der ganzen Welt nichts zu diskutieren. Jeder hat eine Meinung und *jede* Meinung besteht zu recht, denn sonst hätte man sie ja nicht. Diskutieren aber heißt soviel wie: Ich möchte, daß du meine Meinung als deine übernimmst.

Also geht es bei jeder Diskussion erst einmal um ein Machtspiel.«
Es geht um ein Jasagen zu meiner Position, aber auch um ein Neinsagen zur Position des anderen. Und damit ist das Neinsagen wieder im Spiel.

Es sei hier nur am Rande notiert, daß es zu den Kerngedanken jeder Hypnose, zu der Essenz jeder Suggestion gehört: »*Sage nie etwas Verneinendes*«. Darin liegt eine tiefe Weisheit. Statt zu suggerieren: »Es möge mir *nie* mehr *schlecht* gehen« (hierin liegen schon zwei Verneinungen), sage: »Es geht mir von Tag zu Tag besser und besser«. Da unser Unbewußtes keine Logik hat, oder zumindest eine ganz andere, als wir glauben, ist die »Grundidee« des ersten Satzes das »Schlechtgehen« und das »Nein« (denn wir erbitten ja ein Nein, ein Nicht-mehr), während die Grundidee des zweiten Satzes das Besserwerden und das Wachsen (von Tag zu Tag) ist. So arbeitet seelische Logik. Die nimmt uns nämlich beim Wort.

Wir sind von Geburt an zu Neinsagern geworden. Und damit ist – neben vielem anderen – eines erreicht worden: Einseitigkeit. Wir haben uns in dem Nein eingerichtet, häuslich niedergelassen. Und dagegen wäre ja auch nichts einzuwenden, wenn nicht ... ja, wenn nicht in uns eine tiefe Sehnsucht nach der anderen Seite wäre. Nach der Seite des Ja, nach der Seite des Lichts, nach der Seite, die zu den blauen Bergen führt ...
(Bezeichnenderweise hatte ich heute nachmittag einen Traum, der mich zu einer Stadt führte, die den Namen Azurstadt trug. Bisher hatte ich eine Vorstellung darüber, wie es in den blauen Bergen aussieht, jetzt weiß (?!) ich, daß es dort sogar kleine Städte gibt. Kann ich das beweisen? Nein.)
Was könnte der Sinn des »Nein«-Sagens sein? So fragst du vielleicht, wenn du einmal probeweise davon ausgehen willst, daß es wirklich keine Kausalität gibt und du nicht etwa deshalb »nein« sagst, *weil* du eine schwere Geburt hattest.
Ich bin mir da wiederum nicht sicher, aber vielleicht besteht der einzige Sinn unseres Neinsagens wirklich nur darin, daß wir es endlich ent-decken sollten. Daß wir die Decke wegziehen, unter der wir uns verstecken mit all unseren Hoffnungen auf unsere Zukunft, und daß wir sehen sollen, es gibt in uns einen

Teil, der ist *ganz anders* als das, was wir glauben. Daß wir endlich entdecken sollen, es kommt aus uns und nicht von außen. Otto Buchinger, der große Fastenarzt, drückt diesen Zusammenhang so aus: »Suche einen Menschen, gegen den du eine Abneigung hast, einmal auf und du wirst einen Unglücklichen finden – oder deine eigene Bosheit«.

Du findest bei jedem Nein, bei jeder Abneigung immer beides: es macht dich unglücklich und es zeigt dir, du bist nicht so edel, wie du glaubst.

Wenn Reinkarnationstherapie einen tiefen Sinn hat, so ist es der: Du schaust dir dabei 5 oder 10 deiner Erdenleben an und du findest heraus, daß du in jedem Leben einseitig bist, einer Seite den Vorzug gibst, und daß deshalb für dich die andere Seite, die du nicht lebst, übermächtig wird. Sie sich ereignet. Alles, was du nicht lebst, muß sich ereignen. Je mehr du »nein« sagst, desto mehr drückt dich dieses Nein in seine Bereiche hinein. Verwickelt dich in sein.

Schwarze Magie heißt *auch:* so laut »nein« zu sagen, so oft, daß das Thema, zu dem du »nein« sagst, herbeigezwungen wird. Das geschieht zwangsläufig: *mehr brauchst du nicht zu tun!* Du rufst mit deinem Nein das herbei, wogegen du ›nein‹ sagst.

Ich möchte für diesen Zusammenhang noch ein anderes Bild anbieten:

Stell dir vor, in deinem Inneren sitzt eine kleine Person. Das bist auch du, aber irgendwie kleiner. Manchmal ist diese kleine Person ganz bei dir, sie ruht sozusagen ganz in dir, ist ganz da. Du und die Person sind eins. In dem Moment hast du das Gefühl, *du* bist jetzt ganz da. Du kannst alle Dinge genau sehen, kannst zu allen Menschen Verbindungen aufnehmen. Du bist, wie man so schön sagt, »ganz bei dir«. Ganz wach. Zugegeben, dieser Zustand ist ganz selten, aber es gibt ihn. Dieser Zustand ist der Ja-Zustand.

Er tritt hauptsächlich auf, wenn du ganz am Anfang einer Verliebtheit bist. So richtig verliebt, meine ich. Ohne Wenn oder Aber, ohne »Ja, wie ist es denn morgen«. (Es gibt diesen Zustand auch als religiöse Erfahrung oder nach der Einnahme

von Drogen. Doch im Zustand absoluter Verliebtheit hat ihn wohl jeder schon einmal erlebt.)
Die Person in dir ist ›da‹, so wie bei den Peanuts oft ein Schild steht: »Der Doktor ist *da*«.
Doch wie gesagt, gar so oft bist du in diesem Zustand nicht. Und auch bei jeder Verliebtheit treten früher oder später Unsicherheiten, Ängste, Eifersüchteleien, Haß, Wut usw. auf. Du fragst: Bei jeder Verliebtheit? Ich antworte: Ja, bei jeder Verliebtheit. Immer!
Das heißt: Das Männlein (Weiblein), die kleine Person in dir läuft weg. Sie versteckt sich, hat Angst, hat Mißtrauen, fängt an zu toben. (Rumpelstilzchen ist ein gutes Bild)
Das ist der Nein-Zustand, der Zustand: »Der Doktor ist *nicht da*«. Jetzt sitzt das Männlein (Weiblein) irgendwo in deinem Körper im Verborgenen und intrigiert. (Auch das »Ekel« bei Asterix paßt sehr gut.)
Es kann sich in deinem Kopf einnisten und schickt dir Haßgelüste, Racheimpulse, Vergeltungsschläge in den Sinn (so ist es bei mir). Es kann sich im Magen einnisten, und du mußt dann – damit die kleine Person etwas zu tun hat, damit sie beschäftigt ist – unentwegt etwas zu essen zu kriegen. Am ehesten mag sie dann Süßigkeiten oder fette Speisen. Nur wenn du ihr etwas opferst, schweigt sie vorübergehend. Und natürlich wirst du fett dabei.
Sie kann dir auch Bauchschmerzen, Kopfschmerzen, Migräne, Halsschmerzen oder Ohrenschmerzen verursachen.
Jede Krankheit ist ein Zeichen dafür, daß du nicht ›da‹ bist. Das ist überhaupt der Sinn der Krankheit. Du kannst nämlich jetzt daran, daß du ein Symptom hast, zweierlei sehen. Erstens: Du bist nicht »da«, du bist nicht im »Ja«. Zweitens: Du weißt sofort, wo die kleine Person, die dir weggelaufen ist, zu *suchen* ist.
Freilich sieht das Suchen – zum Beispiel bei Krankheit – in der Regel so aus, daß du einem Doktor folgenden Auftrag gibst: »Lieber Doktor, bei mir im Bauch sitzt eine kleine Person, die mich quält. Ich erteile dir hiermit den Auftrag: mach die da

weg.« Und der Doktor, der in der Regel leider auch nicht »da« ist, weiß, was hilft. Entweder nimmt er eine Fliegenpatsche und haut so lange drauf, bis das Männlein (Weiblein) Ruhe gibt. (Wer jetzt allerdings genau hinhört, kann das Männlein (Weiblein) bei diesem Versuch des Doktors kichern hören.) Derartige Doktoren gehören zur weichen Richtung – Naturheilkunde.
Oder aber es gehört zur harten Richtung und er flüstert dir vertrauensvoll ins Ohr (so daß das Männlein es nicht hören soll): »Operieren! Weißt du was, wir schneiden das Bürschchen einfach raus!« (Hierauf wachsen der kleinen Person Hörner, sie grinst teuflisch und brummt: »Na warte!«)
Jede Operation ist ein »Nein«, mit dem Skalpell in den Körper eingegraben. Jede Narbe ist ein von außen sichtbares »Nein«, ist ein Mahnmal, ein Denkmal (denk mal!) für dein »Nein«.*
Und eines ist sicher: Noch nie hat eine Operation eine Krankheit geheilt. Sie mag mitunter notwendig sein, damit du überlebst und dich überhaupt noch mit dir, mit deinem ›Nein‹ auseinandersetzen kannst. Aber deinem »Nein«, dieser kleinen, verborgenen Person, die dir etwas so Wichtiges zu sagen hat, nähergebracht hat eine derartige Prozedur dich noch nie. Wie du ihr näherkommen kannst? Such sie, frage deinen Körper um Rat. Die einzig mögliche Therapie (= die Arbeit der Götter tun): Sage endlich »Ja« zu ihr. Ja zu deinem Nein.
Wenn eine verschüchterte Katze tief unter dem Sofa sitzt, schmeißt du auch nicht mit Steinen nach ihr. Versuche, sie zu verstehen, daß sie Angst hat, vor dir. Auch wenn sie nicht sofort kommt, gib nicht auf. Rede mit ihr. Versuche sie in ihrer – lebenslangen – Angst zu begreifen. Versetze dich in ihre Lage und stell dir vor, was du dir wünschen würdest, wenn du an ihrer Stelle wärest. Denn: Du bist an ihrer Stelle.
Aber du bist auch an einer anderen Stelle.

* Eine der interessanten Therapieformen ist die Neuraltherapie. Bei ihr wird mit einer Spritze eine Flüssigkeit in alte Narben injiziert, d. h. der Doktor sticht in dein »Nein« hinein.

Das große »Ja«, sagt Otto Buchinger, darf erst kommen, wenn oft genug »nein« gesagt worden ist.
Die Tatsache, daß *du* dieses Buch bis hierher gelesen hast, könnte dir auch anzeigen, daß du jetzt *oft genug* »nein« gesagt hast.

Kapitel 8: Über die Liebe

Für Kathreinerle...

> Ich möchte sagen, die Liebe ist die größte Macht auf Erden.
> (Zauberer Merlin im Zeichentrickfilm »Merlin und Mim«)

Die Liebe ist ein seltsames Spiel, singt der Schlager. Und das ist sie in der Tat.
Zuerst einmal ist sie das, worauf du und ich – jeder jeden Tag – warten.
Sodann ist sie, als Eigenschaft, das, was jeder erst einmal nicht kann. Lieben. Woher sollten wir es können? Wer sollte es uns beigebracht haben?
Gleichzeitig ist Liebe aber auch etwas, was man nicht lernen kann. Jedenfalls nicht aktiv. Man kann es allenfalls geschehen lassen. (Freilich ist das etwas, wovor wir eine höllische Angst haben.)
Bei Licht besehen ist das, was wir uns am meisten wünschen – Liebe – auch das, was wir am meisten fürchten. Die Liebe wird mit der Farbe rot in Verbindung gebracht. Ist es ein Zufall, daß rot oft auch dort im Spiel ist, wo es um Kampf geht?
Und schließlich ist die Liebe ein Spiel, ein grandioses Spiel.
Und jetzt mal der Reihe nach.
Stell dir vor, du bist wieder auf der Ebene, die staubig im Sonnenlicht von den blauen Bergen zu den blauen Bergen führt. Aber diesmal ist auf der Ebene eine Straße. Deine Straße. Stell dir einen Highway vor (wie die Frau in dem Protokollbeispiel Seite 114 ihn sah). Es ist die Straße, auf der du gehst. Und am Rande der Straße, hinter dir – du bist schon längst daran vorbei – liegen all die Häuser, in denen du gewohnt hast, all die Plätze, auf denen du gespielt hast.

Manchmal führt diese Straße dich durch kleine, in der Sonnenglut liegende Städte, manchmal durch grüne Täler, manchmal durch Einöden und dann wieder durch verschneite Winterlandschaften. Aber immer ist es deine Landschaft, immer dein Leben, deine Straße. Du gehst auf ihr. Sie führt dich – immer – da hin, wohin du sollst. Immer zu den blauen Bergen.

Und da du ja nicht allein auf der Welt bist, oder zumindest tun wir jetzt einfach mal so, als gäbe es, was nicht so ganz sicher ist, außer dir noch andere Menschen auf dieser Welt, hier auf Erden, müssen wir das Bild erweitern und davon ausgehen, daß es noch andere Straßen auf dieser Ebene gibt. Parallel zu deiner. Es sind die Wege anderer Menschen (oder Tiere usw.), die ebenfalls auf ihrer Straße unterwegs sind zu den blauen Bergen.

Stell dir die Erde ruhig vor, als wäre sie eine riesige Ebene*, sie fängt bei einer Bergkette an und hört bei einer Bergkette auf. Und auf dieser Ebene liegen parallel Millionen und Abermillionen von Straßen. Sie haben alle den gleichen Anfang und alle das gleiche Ziel. Jeder ist auf seiner Straße.

Aber da wir Menschen sind und Wünsche haben und Hoffnungen und Sehnsüchte, verlangt es uns seit undenkbaren Zeiten danach *auf unserer Straße nicht allein zu gehen.* Es ist unser Traum, tief innen oder schon nah an der Oberfläche (oder bereits *wieder* sehr tief drinnen) zusammen mit jemandem – gemeinsam – auf meiner (deiner) Straße zu sein. Und an diesem Bild wird sogleich deutlich, daß das nicht geht. Wenn jeder auf seiner Straße ist, dann kann er nicht auf deiner sein.

Ja, aber – fällst du mir jetzt ins Wort – es war schon einmal so, damals mit der Rebecca in der Knesebeckstraße, da waren wir gemeinsam auf einer Straße, und hätte damals nicht ... ja, hätte ... Noch nie warst du mit jemandem auf einer Straße.

Natürlich ist es mitunter so, daß Straßen eine Zeitlang sehr

* Daß die Erde, von außen gesehen dem Betrachter als eine Kugel erscheint, hat nichts mit dir zu tun (verwirrt dich nur). Was wirkt, ist ihre Gestalt als Ebene.

dicht nebeneinander verlaufen. Nur getrennt durch einen kleinen Grünstreifen. Die Häuser, die an dieser parallelen Route lagen, sind dieselben, die Plätze sind dieselben, und doch – wenn du genauer hinsiehst – sind es zwei Straßen. Sie lagen nur eine Zeitlang nebeneinander. Aber es war immer, immer etwas dazwischen.

Nun hat dieses Bild noch nicht unbedingt etwas mit Liebe zu tun. Es kann dir nur zeigen, wie deine Sehnsüchte aussehen, und auch, daß es unmöglich ist, den anderen auf deine Straße zu kriegen.

Das aber ist es, was du dir tief in deinem Inneren erhoffst. Wozu du mitunter die andere Person zu zwingen versuchst. Du willst sie auf deine Straße rüberkriegen, und du merkst dabei nicht, daß allein dadurch schon eure beiden Straßen sich wieder voneinander entfernen.

Es mag sein, daß mitunter (etwa im Orgasmus – um ein beliebtes Beispiel zu nennen) *das Gefühl* entsteht, ihr beide würdet *eins* – eine Straße –, daß ihr euch kreuzt und jetzt zusammen seid. Aber dieses Gefühl ist Illusion, vielleicht wirst du im Orgasmus für einen Moment von der Ahnung befallen, wie es ist, wenn *du* eins wärest.

Aber ihr beide werdet nicht eins. Denn das würde, wie im normalen Straßenverkehr auch, zu einer Einengung, vielleicht sogar zu einem Stau. Der Durchgangsverkehr, dem vorher zwei Spuren zur Verfügung standen, würde dann auf eine Bahn zusammengezwungen. Wie bei einer Baustelle auf der Autobahn. Du mußt runter auf 60. Sonst ist es zu gefährlich. Und eigentlich bist du froh, wenn die Baustelle vorbei ist, damit du wieder schneller vorankommst und nicht mehr so angestrengt und genau fahren mußt.

Aber in deinen Sehnsüchten willst du weiterhin den anderen auf deine Straße kriegen. Stell dir das einmal vor aus der Warte des anderen. Er soll seine Straße in deiner aufgehen lassen. Ist es so? Und stell dir bitte auch vor, du sollst deine Straße in die des anderen hineinlegen, deine eigene Route aufgeben und sie in die des anderen einmünden lassen. Bist du dazu bereit? Wie

schon gesagt, das alles hat mit Liebe nicht unbedingt etwas zu tun. Nur mit deinen Wünschen und damit, was wir für Liebe *halten,* und deshalb scheint mir das Bild schon richtig gewählt.
Ich weiß noch genau, wie mein erstes Bild von der Liebe war, das ich als 17jähriger hatte: Es sollte eine Frau mit Wildledermantel sein. Sie würde ich lieben können; derartige Frauen tauchten in meiner Phantasie immer wieder auf. Ein Wildledermantel war mir teuer. Und eine solche Frau wäre mir auch teuer gewesen. Gerade das Richtige für mich. Nun ist es nicht so, daß ich heute von solchen Gedanken frei wäre; nur ist es jetzt kein Wildledermantel mehr. Was ich *haben will,* hat sich schon verändert (in dem Maße, in dem ich mir selbst einen Wildledermantel leisten konnte).
Mein weiteres Leben und meine Klienten haben mich gelehrt, daß es viele andere Beweggründe gibt, warum man einen Menschen haben will. Zum Beispiel: weil man ihn nicht kriegen kann. Das ist auch ein Wildledermantel: Solange der andere unerreichbar ist, liebe ich ihn und kämpfe um ihn mit meiner ganzen Kraft. Ist er dann da, habe ich ihn dann, ist er eigentlich (und ich gestehe mir das lange nicht ein) schon wieder uninteressant geworden. Kämpft er dann gar um mich, wird er mir lästig. Und ich finde garantiert irgend etwas an ihm auszusetzen, was mir nicht paßt*, so daß ich ihn wieder abschieben kann. Bis jemand neues kommt. Ein seltsames Spiel. Natürlich bist du jetzt erst einmal entsetzt: »So ist es bei mir nicht!« Selbstverständlich ist es bei dir anders. Weißt du, *wie* anders? Du liebst deinen Partner wirklich?
Viele halten etwas für Liebe, was ungefähr so aussieht: »Ich habe große Angst, daß du gehst.« Sie halten ihre *Angst vor dem*

* Der Satz »Das paßt mir nicht« weist auf einen sehr schönen Zusammenhang hin: »Das paßt (noch) nicht in mich hinein«. Ich bin nämlich noch zu klein, so daß das, was mir da entgegentritt, noch nicht in mich hineinpaßt. Also muß ich mich, mein Bewußtsein, *weiter* machen. Hier bekommt der modische Begriff der »Bewußtseins-Erweiterung« auf einmal Tiefe. Nur wenn mein Bewußtsein weiter (größer) wird, kann das, was jetzt noch nicht hinein*paßt,* in mich Eingang finden. Und es begegnen mir ja auch nur deshalb Dinge, die mir nicht passen, damit ich mich endlich erweitere.

Alleinsein für Liebe. Sie wissen nämlich, daß sie beim Alleinsein zusammenbrechen würden. Da ist man schon lieber zu zweit allein. Besonders bei längeren Beziehungen ist dieses Motiv am deutlichsten vorzufinden. Auch das hat mit Liebe wohl wenig zu tun – obwohl es oft dafür gehalten wird.
Der Leser sollte mich hier nicht falsch verstehen: Ich sage das alles nicht abwertend, als wüßte ich, was Liebe ist, und machte mich jetzt daran, aufzudecken, was alles nicht wahre Liebe ist. Ganz und gar nicht. Weder weiß ich, was Liebe ist, noch bin ich mehr in der Lage zu lieben als du. Ich zähle hier nur auf, welche Erfahrungen ich gemacht habe. (Nebenbei, ich halte mich auch noch für zu jung, um die Liebe zu kennen.)
Bevor ich weitererzähle, möchte ich dieses Motiv der Einsamkeit, das in der Liebe immer wieder deutlich zum Vorschein kommt, in Form einer Phantasiereise darstellen. Und du tust gut daran, diese Passage nicht einfach zu lesen, sondern sie dir von jemandem vorlesen zu lassen (und dabei eine Kerze anzuzünden und die angegebene Musik abzuspielen).

Die Reise des Helden

Einsamkeit

Teil 1: (Musik: Klaus Schulze »Timewind«)

Im Leben eines jeden Menschen kommt irgendwann einmal eine Zeit, in der er nicht mehr daran vorbeigehen kann, zu sehen, daß er im Grunde seines Herzens allein ist. Ganz allein. Früher oder später steht jeder von uns da – hält seine leeren Hände vor sich – und muß den anderen, aber vor allem auch *sich selbst* eingestehen: Ich bin allein.
Lange Jahre, mitunter Jahrzehnte, ist dieses Thema für uns nicht weiter interessant und wir sehen dieses Lebensmotiv lange nicht, weil wir uns immer auf die eine oder andere Art

geborgen oder doch zumindest beschäftigt finden. Meistens gibt es so viel zu tun, daß wir das Thema Einsamkeit lange nicht anschauen müssen.

Als Kinder sind wir meist in eine Familie integriert, als Erwachsene erst einmal in einer Beziehung – jedenfalls viele von uns. Doch manche erleben es bereits hier, daß ein Gefühl entsteht: es interessiert sich keiner für mich, oder: ich bin nicht attraktiv genug, und keiner kann mich leiden, wahrscheinlich bin ich ein Versager, und das bleibt jetzt mein ganzes Leben so.

Doch normalerweise gehen wir als Erwachsene erst einmal in eine Beziehung – viele gehen in eine Ehe – und hier werden zunächst andere Probleme dringlicher. Eine Wohnung muß gefunden werden, Möbel angeschafft – es soll ja schön sein, warm.

Dann kommen Kinder und ergeben sich Krabbelstuben-, Kinderladen- und Schulprobleme. Das Kind wird krank, und so kommt eins zum anderen. Und das Thema des Alleinseins, der Einsamkeit stellt sich jahrelang nicht – oder nur ganz tief im Untergrund.

Wir wissen nichts davon, daß bei vielen Völkern das Erwachsenwerden immer damit verbunden ist, daß die heranwachsenden Kinder für einige Tage oder Wochen allein in die Wildnis geschickt werden und sich dort mit diesem Thema auseinanderzusetzen haben, denn bei uns – in unserer Kultur – gibt es diese Möglichkeit, erwachsen zu werden, nicht. Und so ist es auch nicht verwunderlich, daß viele, ja, wohl die meisten Erwachsenen, die heute hier leben, diesen einen Schritt noch nicht vollführt haben. Den Schritt, wirklich erwachsen zu werden.

Und noch etwas sollten wir uns bewußt machen: In den Kulturen, die diese Initiation, diese Einführung in den Status des Erwachsenen, durchführen, passiert regelmäßig folgendes: Das Kind, das durch seine Einsamkeit hindurchgegangen ist, erhält in dem Moment, in dem es dieses Stadium überlebt hat, vom Häuptling oder vom Schamanen oder von der ganzen erwachsenen Dorfbevölkerung *seinen Namen,* seinen wirklichen Namen. Der erste Name, der dem Kind gegeben wurde, fällt dann ab wie eine Haut von einer Schlange, die sich häutet, und jetzt hat die erwachsene Person ihren richtigen Namen. Die Person kann ihn erst jetzt haben, da sie erst jetzt einsgeworden ist mit sich selbst. Denn die Einsamkeit hat sie geeint, hat sie ganz gemacht. In unserem Land ist dieser Brauch unbekannt. Hier ist er nur noch als ein entstelltes Rudiment vorhanden in dem Brauch, daß die Frau in dem Moment, in dem sie heiratet, einen anderen Namen bekommt. Aber paradoxerweise bekommt sie dabei nicht ihren Namen, ihren Erwachsenen-Namen, sondern meistens erhält sie den Namen ihres Mannes. Sie verliert dann ihren alten Namen und erhält einen ihr gänzlich fremden. Bei Licht besehen ist es freilich so, daß auch dieser neue Name ihren jetzt sehr realen Lebensabschnitt auszudrücken vermag. Niemand erhält einen falschen Namen. Und so ist es für jede verheiratete Frau eine sehr lohnende Angelegenheit, über ihren bei der Heirat erworbenen Namen nachzudenken, weil er meistens schon vom Wort her genau das Verhältnis ausdrückt, in das sie hineingeht.

Und so ist unsere Namensgebung auch nicht verbunden mit einem Akt der Freiheit, sondern mit der Bindung an einen anderen Menschen. Und da ist es nicht verwunderlich, daß im Leben vieler Menschen der Punkt kommt, an dem sie sich frei machen müssen, an dem sie, wie eine Frau es genannt hat, in die »Fröste der Freiheit« müssen.

Bevor wir jetzt in einem ersten Schritt jenen Bereich unserer Seele aufsuchen, in dem wir unfrei sind, wollen wir erst einmal 5 Minuten meditieren und die Frage in uns größer werden lassen:

Wie einsam sind wir?

(Musik: Vangelis: »la fête sauvage«, S. 1)

Öffnet jetzt *die* Tür zu eurer Seele, auf der in großen Buchstaben sehr deutlich das Wort »Einsamkeit« steht, und schaut euch an, was hinter der Tür liegt.

(5 Minuten)

Teil 2: (ohne Musik)

Und jetzt entspannt euch. Entspannt euren ganzen Körper. Und ihr tut das, indem ihr tief atmet, tief ein und tief aus, ihr spürt die Atemzüge, wie sie tief in euren Körper eindringen – nicht nur in eure Lungen. Wie die Atemzüge euren Körper in einen tiefen Zustand der Entspannung und der Ruhe hineinbringen.

Atem ist Leben und tiefer Atem ist tiefes Leben. — — Ihr atmet ganz tief in euren Körper hinein und mit dem Atem atmet ihr Entspannung in euren ganzen Körper. Ihr atmet so tief, daß ihr die Entspannung bis hinunter in die Fußsohlen, in die Zehen hineinatmet. — — Ihr atmet die Entspannung tief in eure Zehen. Und jetzt tief in eure Waden. Und jetzt tief in die Knie und die Oberschenkel. Und jetzt tief in eure Genitalregion und in eure Hüften. Und jetzt atmet ihr tief die Entspannung in euren Bauch und in eure Brust. Und jetzt tief in die Hände und die Arme. Und jetzt tief in eure Schultern und in euren Nacken. Tief in euren Hals. Und jetzt in euer Gesicht, eure Augenmuskeln entspannen sich dabei. — — Und jetzt tief in euren Kopf hinein, und mit diesem Atem atmet ihr auch Entspannung in eure Gedanken, ihr atmet eine tiefe Gleichgültigkeit in eure Gedanken. Ihr atmet sie nicht weg, sie dürfen da sein, sie stören nicht. Sie sind gleichgültig. — — Und ihr atmet weiter, eure Kopfhaut entspannt sich.

Und jetzt atmet ihr eure Entspannung ganz tief in den Raum hinein, der um euch herum ist und ihr könnt dabei spüren, daß ihr ebenso, wie ihr die Entspannung in euren Körper hineinatmen könnt, auch den Raum um euch herum mit eurem Atem entspannen könnt.

Ja, mehr noch, ihr könnt mit eurem Atem dem Raum um euch herum eine bestimmte Färbung geben. Ihr könnt ihn ganz entspannt mit eurem Atem einfärben. Ihr könnt diesem Raum die Farbe rot geben, ihr könnt dem Raum um euch herum die Farbe grün geben, oder welche Farbe ihr sonst wollt. Tief entspannt könnt ihr die Außenwelt mit eurem Atem gestalten.

Ihr könnt jede Farbe, die ihr wollt, mit eurem Atem in die entspannte Außenwelt hineinatmen. Und ihr tut das jetzt. Und jetzt gehen wir noch einen Schritt weiter, wir atmen jetzt alle gemeinsam eine hellblaue Farbe in diesen Raum. Alle atmen wir jetzt – tief entspannt – eine hellblaue Farbe, eine Farbe, so wie der klare Himmel am frühen Morgen ist, in diesen Raum hinein.
Gemeinsam atmen wir hellblau, und jetzt atmen wir Wolken, zarte, feine Wolken in diesen hellblauen Raum hinein. Und je mehr wir das tun, desto mehr formt sich etwas aus, was aussieht, wie eine Wolkenwiese. Es ist eine Wiese aus Wolken. Eine Wolkenwiese.

Teil 3: (Musik: Schulze »Trancefer«)

Du kannst sie sehen, diese Wiese, die zartblau ist und aus Wolken besteht. Und du betrittst diese Wiese. Du kannst auf ihr stehen, du bist ganz leicht und du bist allein auf dieser Wolkenwiese. Die Wiese ist ganz zart und sanft, und die Sonne bescheint dich von oben. Schmetterlinge sind auf dieser Wiese und Blumen, Blumen, die zu diesem Blau ganz ungewöhnlich gut harmonieren. Aber sonst bist du allein. Du kannst etwas herumgehen auf dieser Wiese, du bist barfuß und du kannst spüren, daß die Wolken wie sanftes Gras – ein wenig feucht – deine Füße kitzeln.
Und jetzt kannst du noch etwas sehen. In einiger Entfernung kannst du ein kleines Etwas erblicken und je näher du kommst, desto deutlicher wird es: Es ist ein kleines Kind, etwa drei oder vier Jahre alt. Es ist nackt und es spielt mit dem Gras, das aus Wolken besteht, die die Wiese bilden. Es spielt mit den Blumen, die ebenfalls aus kleinen Wolkenschwaden bestehen. Und jetzt – du bist noch näher herangekommen – siehst du, daß du es bist, der dort spielt. Es bist du, als du noch klein warst. – Schau dich an, schau dir an, wie du warst, als du noch klein warst.

(3 Minuten)

Und jetzt wächst das Kind langsam, es wird größer, älter. Und die Wiese bleibt, du bist jetzt so alt, wie du warst, als du dich das erste Mal verliebt hast. Du kannst dich sehen auf dieser Wolkenwiese. Vielleicht siehst du auch das Bild derjenigen Person, in die du verliebt warst. — — Schau dir dieses Bild an, dieses Bild von dir, als du so alt warst, daß du dich ein erstes Mal verlieben konntest.

(3 Minuten)

Und du wirst älter, noch älter. Du bist jetzt so alt, wie du heute wirklich bist. Du kannst dich sehen auf dieser Wolkenwiese, wie du heute bist, wie es dir heute geht. Du siehst die Person, die du heute bist. Du siehst, ob du verliebt bist, ob du unglücklich bist, du siehst auch, ob du einsam bist oder ob du Sehnsucht hast. Eine Sehnsucht, die du benennen kannst oder vielleicht eine Sehnsucht, die du nicht benennen kannst. Schau dir jetzt deine Person an und deine Sehnsucht.

(3 Minuten)

Und jetzt wirst du noch älter, du wirst älter und du kannst sehen, wie du älter wirst. Dein Körper bekommt Falten, du bekommst vielleicht einen Bauch, deine Brüste werden schlaff. Und du fühlst dich jetzt schon ein wenig müde, du kannst dich jetzt sehen, wie es ist, älter zu werden. — — Schau dich an, was aus dir und deiner Sehnsucht geworden ist. Jetzt.

(2 Minuten)

Und jetzt bist du wirklich müde geworden. Du setzt dich unter einem großen Baum nieder und schaust dir noch einmal diese große Wolkenwiese an, die dein Leben war. Du hast noch Zeit, noch viel Zeit, denn gerade im Alter will die Zeit nur sehr langsam vergehen – mitunter viel zu langsam. — — Es ist noch nicht deine Zeit abzutreten. Erst mußt du noch etwas gesehen haben. Etwas, was du bisher noch nicht sehen wolltest.
Eine Gestalt tritt von hinten auf dich zu, und der Name dieser Gestalt ist »Einsamkeit«. Es ist *deine* Einsamkeit, die da auf

dich zutritt, eine dir wohlvertraute Gestalt. Du kennst sie. Und wenn du es dir richtig überlegst, weißt du auch, daß sie immer da war. Immer. Aber du hast dich nie zu ihr umgeschaut. Du hast sie nie richtig angesehen. Höchstens manchmal – aus den Augenwinkeln. Jetzt ist sie da, dreh dich um. Schau sie an. Schau zu ihr hin. — — Schau ihr ins Gesicht. Jetzt.

(Kleine Pause, etwa 3 Minuten)

Und schau dir auch an, wie ihr Gesicht sich verändert, je mehr du hinschaust.

(2 Minuten)

Du kannst jetzt spüren, daß die Einsamkeit einer der ganz wenigen Freunde ist, die du im Leben hattest. Sie hat dich nie enttäuscht. Sie ist immer für dich da. Und du hast sie nie beachtet. Du wolltest sie nicht. Du hast immer nach anderen Gesichtern Ausschau gehalten. Aber jetzt kannst du sehen. Du kannst sehen, daß sie nicht dein Feind ist, du kannst sehen, daß sie dein anderer Teil ist. Der Teil, der dir bisher gefehlt hat. Der dir gefehlt hat, weil du dich nie richtig umgedreht hast. — — Deine Einsamkeit wird jetzt zu dir sprechen und du wirst ihr jetzt ein erstes Mal zuhören. Sie wird dir etwas sagen, was für deinen weiteren Weg sehr wichtig sein wird. Aber vielleicht gibt sie dir auch nur ein Zeichen – doch du wirst es verstehen. Achte also jetzt sehr gut auf das, was sie dir zu übermitteln hat.

(2 Minuten)

Und nachdem du jetzt verstanden hast, was sie dir sagen wollte, jetzt, nachdem du deine Einsamkeit kennengelernt hast, nachdem du einsgeworden bist mit ihr, denn das ist ihr Name: *Eins-samkeit,* jetzt wird dir deine Einsamkeit deinen Namen geben. Sie wird dir den Namen geben, der *deiner* ist, der immer deiner war. Den Namen, der dir zusteht auf deinem Weg, erwachsen zu werden. — — Öffne dich jetzt und nimm deinen Namen entgegen.

(4 Minuten) (Neue Musik: Vangelis »Ignatio«)

Du bist jetzt eingeweiht in *ein* wichtiges Geheimnis deines Lebens. Du weißt jetzt, was es heißt, der Einsamkeit zu begegnen, du weißt jetzt, daß du eins bist mit ihr. Und du weißt deinen Namen, der eigentlich ein gemeinsamer Name ist. Der gemeinsame Name von dir und deiner Einsamkeit, die ihr jetzt eins seid. — — Du hast jetzt die 9. Tarotkarte verstanden: Der Eremit, der mit seiner Laterne in das Innere seiner Seele hineinleuchtet.

(Pause)

Du kannst jetzt noch einen Moment die tiefe Verbundenheit mit deiner Einsamkeit spüren, und dann gehst du langsam daran, dich für heute von ihr zu verabschieden.
Vergiß nicht, ihr zu danken für die Einweihung, die sie dir gegeben hat. Für die Einweihung in den Zustand des Erwachsen-Werdens, in dem du deinen eigenen Namen hast. Und du solltest auch wissen, daß diese Einweihung, die hier erfolgt ist, für dich eine Aufgabe bedeutet. Erst wenn du etwas aufgibst, kann dein Erwachsensein erfolgen. Erst in dem Moment fängt dein Erwachsensein an, d. h. du fängst an zu wachsen. Du bist es noch nicht. Aber du hast die Schwelle hierzu übertreten. Du weißt jetzt, daß du einen Freund hast, der dir helfen wird, vor dem du keine Angst mehr zu haben brauchst.
Und jetzt verläßt du die Wolkenwiese wieder – alle Bilder ziehen sich zurück, alle Bilder verschwinden. Du nimmst deinen Atem wieder zur Hilfe, und du atmest dich wieder ins Hier und Jetzt empor. Ganz bewußt atmest du Frische und Wachheit in deinen Körper, und es geht dir sehr gut dabei. — — Du wirst immer frischer und immer wacher, und jetzt reckst du langsam und sehr genüßlich deine Glieder – sie sind wieder frei beweglich – und öffnest dann vorsichtig die Augen. Du bist jetzt *hellwach*.

Ende der Reise.

Ich will einmal versuchen, mich dem Thema Liebe jetzt von einer anderen Seite her zu nähern.
Was ist es, was zwei Menschen zusammenbringt – so daß sie füreinander etwas empfinden, was wir hier einfach einmal (solange wir noch nicht wissen, was es ist) mit dem Wort ›Liebe‹ bezeichnen wollen? Was wollen sie voneinander?
Es gibt ein sehr schönes Bild bei Platon in der Rede des Aristophanes: Ursprünglich waren alle Menschen eine Art Doppelmensch, mit zwei Gesichtern, vier Armen, vier Beinen usw. nach der Art, daß die eine Hälfte nach vorn, die andere nach hinten schaute. Doch diese Menschen frevelten gegen die Götter und beschworen so ihren Zorn herauf. Zur Strafe zerteilten die Götter diese doppelten Kreaturen entlang der Wirbelsäule und zerstreuten die beiden Teile in verschiedene Gegenden der Welt. Seitdem leiden auf dem ganzen Erdenrund die beiden Teile an dieser Trennung – und suchen jetzt ihren jeweils anderen Teil.

»Wenn nun jemand auf seine eigene Hälfte trifft, dann werden sie wunderbar erschüttert von Freundschaft, Vertrautheit und Liebe und wollen voneinander nicht lassen, auch nicht einen Augenblick. Diese sind es auch, die gemeinsam das ganze Leben zubringen und nicht einmal zu sagen wüßten, was sie voneinander haben wollen.«

Wenn es sich auch nicht unbedingt so zugetragen haben muß (wer will das schon entscheiden), so ist dieses Bild doch sehr tief mit unserem Thema verwoben. Hier kommt etwas zum Vorschein, was du in den gängigen Theorien – auch in den Triebtheorien – über die Liebe sonst nicht auffinden kannst: Es geht um die Suche nach dem anderen, nach dem verlorengegangenen Teil.
Der andere Mensch, der mir entgegentritt (in den ich mich verliebe), verkörpert etwas, *was mir fehlt.* Und darin wird natürlich schlagartig klar, warum die Liebe, d. h. das Hingezogensein zum anderen, eine so starke Macht ist. Nur im anderen (als realer Person) finde ich jene Teile von Menschsein, die ich in mir *allein* nicht finden kann. Nicht etwa, daß ich sie nicht hätte, sie sind ohne Zweifel auch in mir vorhanden (sonst hätte

ich nicht die Idee, wonach ich suchen müßte), doch sie sind so verborgen, daß ich sie ohne äußere Hilfe, ohne das Gegenüber, nicht *schauen* kann.

Sie sind Schatten. Verborgenes. Geheimnis (Geheim – Geh heim!) Und so ist der andere not-wendig, damit ich im anderen mich finden kann. Und die Liebe? Sie ist einerseits: Köder. Denn da wir niemals – ich betone: niemals – freiwillig jene Teile anschauen, die uns fehlen, die uns nicht zur Verfügung stehen, die Schatten sind, brauchen wir einen starken Anreiz, gleichsam einen Köder für die Falle, um Teile von uns einfangen (blödes Wort) zu können.

Aber natürlich ist die Liebe nicht nur Köder. Sie ist wesentlich mehr. Sie ist Erkenntnisinstrument. Oder, in der genialen Formulierung von Konrad Wilutzky: »Die Liebe ist Organ, wie das Auge.«

Die Liebe ist ein Organ? Wie ist das zu verstehen? *Sie ist derjenige Teil, der den anderen erkennt.* Das Auge als Organ erkennt das Licht, weil, wie Goethe sagt, es selbst ›sonnenhaft‹ sei, d. h. das Auge ist so beschaffen – sieht sogar so aus – wie die Lichtquelle (die Sonne), die es wahrnehmen muß.

Die Liebe als Organ erkennt den anderen. Deshalb muß sie sein wie der andere. Sie kann nur das erkennen, was sie ist. Nur das, was sie in sich hat. Sie ist auch deshalb nicht zu verstehen als ein konkretes Organ, wie beispielsweise die Niere – denn dann könnte sie ja nur Nierenhaftes (Saures) erkennen. Als Organ bezieht sich die Liebe auf die Erkenntnis – das Erkennen – des gesamten Menschen. Daher ist auch der gesamte Mensch dieses Organ. Jetzt sehen wir sehr deutlich, was die kleine Anna meinte, als sie den Satz sprach: »Ich weiß, daß ich Mister Gott lieb habe und Leute und Katzen und Hunde und Spinnen und Blumen und Bäume . . . und überhaupt alles; *ich allein mit meiner ganzen Figur.*«

Wir alle lieben mit unserer ganzen Figur, weil unsere ganze Figur Organ ist für die Liebe. Organ der Erkenntnis.

Und wenn ein Mensch in Liebe am ganzen Körper zu einem anderen Menschen entbrennt, dann heißt dieses Entflammen nichts anderes als der Satz: *»Du bist es!«* Und dieser Satz schlägt gesamtkörperlich ebenso durch wie das »Heureka« (Jetzt habe ich's!) des Archimedes.

Die Liebe ist Erkenntnisorgan, weil sie sagt: »Du bist derjenige, der mir fehlt!« oder »Du bist gemeint!« Wir können es nicht besser erkennen als an dem wonnigen Erschauern des Gefühls, daß *wir* lieben.

»Minne«, der frühe deutsche Ausdruck für Liebe, kommt auch von ›meinen‹. Darin steckt: »Du bist gemeint«, aber auch »Du bist ein *Teil von mir*«, »Du bist *mein*!« Es steckt darin aber ebenso: »Jetzt erinnere ich mich an dich!«* Hans Blüher, dem diese Erkenntnisse zum Teil zu verdanken sind, faßt es folgendermaßen zusammen:

»Dies alles heißt: dem Urphänomen der Liebe genau ins Gesicht sehen. Sie ist das *Organ für die Person.* Durch sie allein wird mit der reinsten und todbereiten Leidenschaft bezeugt, daß der andere, das heißt, der Mensch, den ich liebe, wirklich *jemand ist,* unersetzlich, nur einmal da, nie wiederkehrend, in jeder seiner Handlungen und Erduldungen bestimmt durch das, was er selber ist und worauf allein sich die Liebe bezieht. Daß ich aber überhaupt geliebt werden kann, liegt nicht daran, daß ich schön oder gut oder tugendhaft oder geistvoll bin, sondern allein daran, daß ich *Person* bin.« (Die Achse der Natur)

Aber natürlich geht es nicht allein darum, daß ich (oder der andere) Person bin, sondern darum, daß ich eine bestimmte Person bin. Daß ich die andere Hälfte eines verlorengegangenen platonischen Doppelmenschen bin. Und daß du der Teil bist, von dem ich (einst?) getrennt bin (worden war?).

Und wenn ich sage: »Ich liebe dich«, dann meine ich eigentlich »Du fehlst mir« (Du hast mir die ganze Zeit gefehlt). Wir kommen dabei unversehens wieder auf den Satz des Parzival zurück: »Oheim, waz wirret dir?« (Oheim, was fehlt dir?) und ebenfalls auf den Satz eines jeden Arztes, der ein wahrer Arzt ist: »Was fehlt Ihnen?«

* Denn das lateinische »meminisse«, von dem das deutsche »minne« abgeleitet sein könnte, heißt: »sich erinnern«, und im Schwedischen heißt »minne« Erinnerung, Andenken, Gedächtnis.

Denn natürlich – wir wäre es anders möglich – auch in der Liebe geht es um *Heilung*, um Ganzwerdung. Es geht auch um das Heilige daran, denn Heilsein und Heiligsein heißt – was immer du aus deinem Religionsunterricht zum Heiligsein in Erinnerung hast – dasselbe.

Bei jedem Märchen, bei jeder Therapie, bei jeder Religion, bei der Liebe, bei allen Handlungen, die wir – da wir Menschen sind – durchführen und denen wir unterliegen, geht es immer und überall um das gleiche Thema. Und auch wenn wir es nicht sehen können und nicht sehen wollen, es geht bei der Liebe darum, daß *der andere mich mir zeigt* und mir dadurch die Möglichkeit gibt, mehr Teile von mir zu Gesicht zu bekommen. Daß ich mehr Teile von mir schauen kann.

Das ist der Köder. Das magische Angezogensein vom Körper und von der Seele des anderen*. Du merkst, du wirst magnetisch. Und die Falle? Natürlich ist es keine Falle. Aber es kann sein, daß es dir die ersten 25 Jahre so erscheint. Es ist sogar ziemlich sicher so.

Da die Welt nun einmal polar aufgebaut ist, ist das Erste, was die Liebe (ich meine nur die, die du am ganzen Körper spürst – nicht deine Vorstellung von einem Wildledermantel oder die Vision von einem knackigen Busen – sondern ich meine die Liebe, die von Seele zu Seele geht) nach einer gewissen Zeit (sagen wir einmal 30 Tage plus minus vier Wochen) hervorbringt: *Haß*.

»Zwei Monate nur waren seit der Hochzeit vergangen und das Lächeln hatte aufgehört, alles Gespräch sogar; die Liebe hatte sich in sinnlosen Haß verwandelt, und er begann sich häßlich zu finden. Am letzten Tag mußte er sich aussprechen, um nicht zu platzen:
›Du warst schön, solange ich dich liebte; vielleicht hat meine Liebe dich schön gemacht, nicht nur meine Neigung. Jetzt bist du die häßlichste und die elendeste Person, die ich in meinem Leben getroffen habe.‹

* Liebe hat sehr viel zu tun mit Magie. So ist das Ritual, das zwei Verliebte miteinander – ohne darüber nachzudenken – abhalten, ein so starker Bindungs-Zauber, daß es schon jahrelanger Übung bedarf, um – ohne Verliebtheit – ähnliche Wirkungen zu erzielen.

Darauf antwortet sie:
›Ich weiß, daß ich niemals gegen irgendeinen Menschen so boshaft gewesen bin, wie gegen dich, *ohne daß ich dafür Gründe angeben könnte.*‹
›Ich kann es‹, antwortete er, ›du hassest mich, weil ich ein Mann bin, und zwar dein Mann.‹« (Hervorhebung von mir)

Hier versucht August Strindberg (in seiner Roman-Biographie »Entzweit«), den Grund für den Haß seiner Frau zu finden. Wie kann er das? Es gibt keinen. Außer dem: Es ist Haß da. Bei ihm. Bei ihr. Bei dir. Bei mir. Nicht nur bei der Liebe. Aber solange du nicht liebst, solange du nicht mit großer Gewalt in die eine Seite deines Wesens – in deine Liebe – gehst, hast du es ziemlich schwer, auf deine andere Seite zu stoßen. Auf deinen Haß. Auf den Haß, der in dir steckt. Warum er in dir steckt? Die Frage ist ebenso töricht wie die gegenteilige: Warum steckt so viel Liebe in dir?
Warum hasse ich? Weil er mir fehlt und ich den Haß nicht haben will. Jetzt, indem ich dich liebe, habe ich die Chance, meinen Haß kennenzulernen. Den Haß, der Teil jedes Menschseins ist. Haß ist nie schlecht. Er ist einfach da. So, wie deine Nase da ist. (Du merkst, mit der Nase hab' ich's.) An deine Nase hast du dich gewöhnt. Niemand fragt: Was ist der Grund für meine Nase. Der Haß ist ebenso da. Aber du kannst ihn nicht im Badezimmerspiegel sehen. Um deinen Haß anzuschauen, brauchst du eine *Person,* die ihn spiegelt.
Du solltest nur wissen: *Du willst ihn nicht sehen.* (Kann sein, du sagst: *Ich kann ihn nicht sehen.* Doch das ist nur die Formulierung für Unschuldige.) Nicht um alles in der Welt willst du ihn sehen. Willst nicht sehen, daß er da ist. Und deshalb sagst du: »Ich hasse dich, *weil* du ...« Und du suchst dir jetzt tausend Gründe und du findest auch tausend Gründe. »Du haßt mich, weil ich ein Mann bin.« (Das ist nebenbei gesagt, ein sehr tiefer Grund. Strindberg versteht wirklich etwas von der Liebe.)
Sobald du jedoch anfängst, dir *deinen* Haß anzuschauen, was sehr viel schwerer ist, stehst du eines Tages da, hast alle Gründe

der Welt gefunden (meine Mutter, die Umweltverschmutzung usw.) und siehst einfach: du haßt. Haß ist da. Das ist alles. Und weil du so gut in Übung bist, haßt du dann sogar noch deinen Haß. *Weil* er da ist. Warum bin ich nur so haßerfüllt?

Und ein *wesentliches* Element der Liebe ist es, dir zu zeigen, daß er da ist.

Und gegen den Haß ist – wie gesagt – nichts einzuwenden. Doch ein ganz wichtiges Faktum macht den Haß zur häßlichsten Sache der Welt: Wir wollen ihn nicht haben, wir gestehen ihn uns nicht zu, wir verstecken ihn auf Teufel komm' raus. Und dann kommt der Teufel ja auch raus. Hasse ich? Nie! Jeder Haß, der nicht geschaut wird, der verborgen wird, drückt sich nach hinten raus. Und nur der nach hinten rausgedrückte Haß ist die häßlichste Sache der Welt.

Und seine Äußerungsformen kennen wir genau: Es ist die Hölle, durch die jede Beziehung zu gehen hat. Es ist nicht etwa die Hölle des Hasses, es ist die Hölle des *versteckten* Hasses. Es ist auch die Hölle des Hasses, der nach Gründen beim anderen sucht. Es ist die Hölle der kleinen Gemeinheiten, die gerade eben die Haut ritzen und die deshalb so weh tun, weil sie so unmerklich sind, daß man sich noch nicht einmal laut zu schreien getraut.

Und das Schwierigste daran ist die Schuldfrage. Nach allem, was ich bis hierher gesagt habe, ist schon klar: Wenn der andere dich haßt, bist du unschuldig. Denn er erlebt jetzt *seinen* Haß, und damit hast du nichts zu tun. Du bist also *nie schuldig*, wenn der andere dich haßt. Aber: Du bist auch *nie unschuldig**, denn: Sobald du unschuldig sein willst, bist du automatisch schuldig.

Noch einmal: Unschuldig bist du, weil du in der Tat am Haß des anderen keine Schuld trägst. Schuldig bist du, weil du unschuldig sein willst. Unschuldig wirst du erst, wenn du haßt *und* diesen Haß dem anderen nicht anlastest.

* Es könnte nach diesem Satz dir leicht ein zur Zeit sehr beliebtes Gesellschaftsspiel einfallen:
Sie: Ich hasse dich! Er: Das ist dein Problem. Bei diesem Spiel – das leider oft auch therapeutisch gespielt wird – hat noch nie jemand etwas begriffen.

Das Unschuldsspiel ist das schwierigste überhaupt. Es geht ungefähr so: Angenommen, ich hasse gerade eben jetzt. Egal warum. Es gibt keine Gründe. Aber ich habe Angst davor. Ich darf dir und mir nicht eingestehen, daß ich hasse. Man hat mich gelehrt, Haß ist böse. Haß ist eine ziemlich miese Sache. Und da ich nie gelernt habe, meinen Haß da sein zu lassen, auch von ihm zu lernen, wer ich bin, brauche ich jemanden, der mir einen Grund liefert, damit mein Haß zum Vorschein kommen darf (ich brauche diesen Grund auch vor mir selbst). Also brauche ich dich. Ich brauche nicht nur dich, sondern ich brauche auch noch einen Grund für meinen Haß. Und den mußt du mir liefern. Und du kannst sicher sein, wenn *ich* einen Grund brauche, finde ich ihn. (Ich habe oft bemerkt, daß zuerst meine Wut da war, und der Grund dazu ist mir erst (manchmal Tage) später eingefallen.) Denn wenn ich einen Grund für meinen Haß suche, ist er ja bereits da und wie solltest du – da du ihn ja ganz deutlich spürst – dich dabei so verhalten können, daß ich garantiert nichts finden kann?

Also nimmst du meinen Haß jetzt zum Anlaß, auch deinen Haß zum Vorschein bringen zu dürfen. Du spürst meinen Haß und bist erleichtert, weil du darauf jetzt mit deinem Haß reagieren darfst. Dabei hast du jetzt freilich folgenden Platzvorteil (es ist für dich ein Heimspiel): Dein Haß ist reaktiv, d. h. er ist für dich gerechtfertigt, denn ich habe ja zuerst gehaßt. Eigentlich müßtest du jetzt sagen:

»Lieber Peter, ich danke dir, daß du mir die Gelegenheit gibst, meinen Haß zu spüren. Daß er da ist, daß er zu mir gehört, daß ich dadurch einen Teil mehr von mir zu Gesicht bekomme.«

Aber du sagst lieber: »Du bist eine Sau, ich hasse dich, weil du so schlecht bist, weil du so böse bist, weil du mich haßt. Du hast angefangen zu hassen, du bist schuld.«

Und du sagst damit auch: »Ich bin unschuldig«.

Aber du bist nie unschuldig. Nie. Denn wenn dir Haß entgegentritt, dann *nur,* um dir deinen eigenen zu zeigen. Und erst wenn du zu *deinem* Haß »ja« gesagt, wenn du ihn akzeptiert hast, ihn als Freund genauso angenommen hast, wie

du deine Einsamkeit als Freund annehmen kannst, dann erst hat Haß keinen Grund mehr, dir entgegenzutreten. Was sollte er dann vor deinem Angesicht? Jeder Haß, der dir vors Gesicht tritt, ist eine Aufforderung: Mach mich zu deinem Freund, mach mich zu deinem Verbündeten. Bitte lehne mich nicht ab. Ich bin doch da. Ich bin doch in dir. Verstoß mich nicht.
Aber wir verbergen unseren Haß lieber vor uns und vor anderen. So, wie wir vor einen Pickel im Gesicht unsere Hand halten oder gar dick Schminke draufschmieren. Damit ihn ja niemand sieht. Und dann wird Haß häßlich.

Natürlich funktioniert auch das Bewußtsein einer ganzen Gesellschaft auf diese Weise. Sobald ein spektakulärer Mord passiert, rufen große Teile der Bevölkerung nach der Todesstrafe. Das heißt, einer hat gemordet, und das ist so abscheulich, daß jetzt er (legal) ermordet werden soll. Es ist die gleiche Dynamik: Ich habe Mordlust in mir, darf sie mir nicht eingestehen, muß also jetzt warten, bis jemand anderer (der sie natürlich auch in sich hat) gemordet hat, damit ich meiner Mordgier endlich freien Lauf lassen kann. Und: Ich bleibe dabei unschuldig. Sauber. Er hat ja angefangen. Betrachtet man diesen Zusammenhang einmal so, dann sieht man sofort, daß jeder Mörder einer ganzen Gesellschaft den Spiegel vorhält. Und in dem Spiegel steht geschrieben: So, Gesellschaft, bist du. Nicht etwa: So bin ich, der Mörder, sondern so bist du, der du dir deine mörderischen Gedanken nicht eingestehen willst. Und ich als Mörder muß dazu herhalten, dir das zu zeigen. Aber noch keine Gesellschaft hat das so gesehen. Weil jede Gesellschaft unschuldig sein wollte. Und damit wird sie automatisch schuldig, weil ... (siehe oben!)

Zurück zur Liebe. Natürlich ist der Haß – auch wenn ich ihn hier sehr aufgebauscht habe – keineswegs alles, was dir der Köder Liebe zeigen will (und soll). Aber er ist sicherlich das *erste* Thema, das bei jeder Liebe als Lernaufforderung wirksam wird. Schon am Wort kannst du es lesen.* Viele Liebesge-

* Wenn du von jedem Begriff, der dir begegnet, das polare Wort bildest: Liebe-Haß, Krankheit-Gesundheit, Opfer-Täter, dann weißt du bei allem, was auf dich zukommt, was dir fehlt. Ist dir schon einmal aufgefallen, daß die *vier* wirklich großen Psychologen dieses Jahrhunderts Namen hatten, die sehr leicht »lesbar« sind? Bei denen man sofort – nur vom Namen her – sehen

schichten bleiben sogar darin stecken. Sie lernen dabei nicht ihren Haß kennen und so gehen sie auseinander, und das Spiel beginnt von neuem. Und jedesmal wieder tragen sie dieses Thema zutiefst in sich. Du kannst diesem Thema nicht dadurch entkommen, daß du es ablehnst oder dich von jemandem trennst; der nächste, der kommt, trägt es *noch deutlicher* an dich heran.

Was passiert, wenn du dich deinem Haß, deiner Wut, deinen Aggressionen nicht stellst? Angenommen, du kehrst das alles unter den Teppich (wie es die Regel ist)? Die Antwort ist einfach: Deine Liebe stirbt. Die Liebe gerät dann genauso unter den Teppich. Sie wird zum täglichen Einerlei. Eintopf. Ebenso wie dein Haß jetzt nicht mehr zum Vorschein kommt, kommt jetzt auch deine Liebe nicht mehr durch. Du hast dann all die Ehen – oder Beziehungen – vor dir, die du tagtäglich siehst. Haß *darf* nicht da sein, Liebe *kann* nicht da sein. Willst du das eine nicht, kriegst du das andere auch nicht. (Du kannst dann gerade zum nächsten gehen – da kannst du dann wenigstens wieder zwei Monate lieben.) Aber auch da, wo der Haß nicht da sein darf, ist er anwesend. In kleinen Portionen: versteckt, verdeckt, entschuldigt, unschuldig. Und das ist deshalb, weil er ja die Aufgabe (Auf-geben!) ist, die bewältigt werden muß, damit du weitergehen darfst, ihr weitergehen dürft. Man kann mit der Arbeit an seinem Haß – auch das ist soul-making – ein ganzes (oder viele) Leben verbringen oder, indem man sich ihm überläßt, eine wesentlich kürzere Zeit. Aber aussparen kann ihn niemand. Drum herum mogelst du dich nicht.

Was ist die Liebe noch? Sie ist der Wegweiser auf dem Weg zweier Seelen zum Licht. Zur Vollkommenheit. Zur Einheit. Ich bin mir dabei nicht sicher, ob du *mit einem anderen* in der Vollkommenheit anlangst, eventuell mußt du das letzte Stückchen Wegs allein gehen. Jedenfalls ohne deinen *sichtbaren*

kann, was ihnen fehlte bzw. was sie in dieser Inkarnation lernen sollten? Freud, Jung, Adler, Reich. Ist das nicht merkwürdig? Kannst du dir Freud schallend lachend vorstellen? Ich verdanke diesen Hinweis Rahimo Täube.

Partner. (Dante ist mit Beatrice angekommen – freilich war sie nie seine Geliebte.) Ziemlich sicher bin ich mir, daß du mit deiner Braut (deinem Bräutigam) ein gutes Stück des Weges zur Einheit gelangst. Denn der jeweils andere ist ja immer deine andere Hälfte.

Mitunter machen sich die Menschen darüber lustig, daß ein Mann und eine Frau im Verlauf eines langen Lebens (eines langen Weges) einander immer ähnlicher werden (auch zwischen Tier und Mensch kann man das beobachten – und das gibt dann immer ein besonders lustiges Gekicher). Sogar im Aussehen. Und in einer Zeit der Individualität, in der die Ideologie des »Singles« geprägt werden konnte (daß nur ja niemand an mich rührt), liegt darin eine Möglichkeit des Spottes.

Doch selten wird dabei gesehen, daß es gerade darum geht, daß der andere in mir und ich in ihm so aufgehen, daß sich jetzt beide Seiten vereinigen, vermählen können. Das erst heißt Hochzeit. Alles andere ist Heirat. Und heiraten kann ich, sooft ich will. Es gibt in Deutschland den eigenartigen Brauch, den Ring bei der Heirat rechts anzustecken. Die rechte Körperseite entspricht aber, wie wir im zweiten Kapitel sahen, der Seite der Vernunft, der Rationalität. Und so sind unsere Ehen dann ja auch. Hochzeit – die hohe Zeit – ist mit der rechten Hälfte nicht möglich.

Jede wahre Hochzeit, die zwei Seelen vor Gott (oder wie *du* den großen Uhrenaufzieher nennen möchtest) verbindet, ist erst einmal nichts anderes als ein Versprechen. Ist das Versprechen: Es möge einmal so werden, daß wir Hochzeit halten können. Davor gibt es viel zu tun. Und wir verbinden uns erst einmal, damit wir nicht bei der ersten besten Gelegenheit (oder Schwierigkeit) auseinanderlaufen, gerade wie es uns gefällt. Hochzeit in der Kirche – oder nach welchem Ritual auch immer (das Standesamt ist ein sehr dünnes, ein staatliches Ritual – und von Ritualen hat der Staat noch selten etwas verstanden) – Hochzeit ist erst einmal das Herstellen einer Verbindlichkeit: »Hiermit versprechen wir, uns so zu verhalten, daß eines Tages Hoch-Zeit möglich werden kann.« (Wo wirst du schon je sonst aufgefordert, klar und deutlich »ja« zu sagen? Merkst du was?)

Die tiefe Sehnsucht nach Hochzeit kommt in dem Satz zum Ausdruck, den mitunter sehr verliebte Menschen einander sagen und der erst einige Zeit nach dem »Ich liebe dich« ausgesprochen werden kann (sozusagen die Steigerungsform des Satzes ist): »Ich möchte mit dir alt werden«.

Das tiefe Wissen um diesen Zusammenhang ist in dem alten Brauch vorzufinden, daß nach einer bestimmten Zeit des Zusammenseins *noch einmal* Hochzeit gehalten wird: silberne, goldene und sogar diamantene.

Dabei steht das Silber, die Farbe des Mondes, für das Gefühl und die Seele. Das Gold, die Farbe der Sonne, steht für das Herz und die gesamte Persönlichkeit. Und der Diamant schließlich, Symbol des Planeten Saturn, von jeher »Hüter der Schwelle«, steht für die *endgültige Form.*

Kapitel 9: Spiel ohne Grenzen

> »Darf ich dir noch etwas Tee zugießen?« fragte der Schnapphase Alice mit ernster Miene.
> »Ich habe ja überhaupt noch keinen bekommen«, versetzte Alice gekränkt, »und darum wirst du mir kaum etwas zugießen können.«
> »Du meinst, er kann dir nichts *weggießen*«, sagte der Hutmacher; »*zugießen* kann man immer, und zwar um so mehr, je leerer die Tasse ist.«
> ... und die Haselmaus sagte mürrisch: »Wenn du dich schlecht benehmen willst, kannst du die Geschichte selber zu Ende erzählen.«
>
> (Alice im Wunderland)

So ist es immer, wir können nicht nur, sondern wir *müssen* die Geschichte selber zu Ende erzählen.
Doch es gilt ebenso: die »Reise des Helden« hat kein Ende. Sie ist, wie eine Seminarteilnehmerin es einmal genannt hat, ein »Spiel ohne Grenzen«.
Ich möchte in diesem – dem letzten – Kapitel erst einmal innehalten und überdenken, was in den ersten 8 Kapiteln geschrieben steht.
In der Einleitung habe ich gesagt: ich weiß nicht, wohin mich diese Zeilen führen werden. Und so ist es auch gewesen: viele der Zusammenhänge, die ich hier geschildert habe, waren für mich relativ neu. Sie entstanden während und am Rande des Schreibens. Ich ahnte vorher nicht, daß ich sie wußte.
Ich glaube nicht, daß die hier beschriebenen Zusammenhänge der Weisheit letzter Schluß sind. Ja, ich fürchte, sie sind noch nicht einmal der Weisheit erster Schritt. Es sind Fragen, ein Suchen ist es. Und wenn ich manchmal so tue, als wären die Dinge so, dann ist das nicht allzu ernst zu nehmen. Sicher ist nur eines: Diese Seiten geben dir und mir den augenblicklichen

Stand meiner Reise an. Und was sie enthalten, beansprucht nicht, die Wahrheit zu sein, sondern nur, daß es für mich, als ich es schrieb, Wahrheit war. Kann es überhaupt für einen anderen wahr sein?

Jedes Leben hat seinen eigenen Text und jedes Buch über eine »Heldenreise« ist notwendigerweise ein Buch, das zunächst nur etwas über das Leben des Autoren aussagt. Für den Bereich der Literatur ist es noch leicht, das einzusehen: weiß doch sogar die kritische Textanalyse schon lange, daß jeder Text erst einmal die Psyche – ich möchte lieber sagen: die Seele – des Schreibenden spiegelt. Deshalb ist jeder Text Biographie. Autobiographie. Für Wissenschaft gilt diese Erkenntnis bis heute leider nicht: hier darf sich noch immer jeder Wissenschaftler in der Sicherheit wiegen, er schriebe über irgend etwas oder über irgend jemanden. Das ist nicht so. Er schreibt über sich. Immer.

Und wenn ein Mensch wie Sigmund Freud (als Beispiel) die Gespaltenheit und die Tiefen seiner eigenen Seele in einem Monumentalgemälde (in 17 Bänden) darstellt, so ist das eben auch Autobiographie. Geniale Autobiographie. Für ihn hat das so gegolten, denn seine Seele sah eben so aus. Die Entwicklung der Psychoanalyse war seine »Heldenreise«.*

Und so will dieses Buch denn auch deutlich machen, daß es keine wissenschaftlichen Wahrheiten gibt. Wahrheiten stellen sich in diesem Augenblick dar, im nächsten sind sie schon wieder anders. Und wir wachsen nicht etwa daran, daß wir an ein System glauben (jedes System ist Wanderstab), sondern indem wir beginnen, uns auf die eigenen, uns eingegebenen

* Übrigens findet man die gesamte Psychoanalyse als ein Prinzipiensystem bereits in Freuds Geburtshoroskop. Also in einem Meßblatt, das Ausdruck einer herrschenden Zeitqualität ist, in die »zufällig« Freuds Geburtsstunde hineinfiel. Das soll nicht etwa Freuds große Leistung schmälern: jeder Genius (und es gibt nur sehr wenige) zeichnet sich dadurch von uns übrigen aus, daß er *neben* seiner autobiographischen Darstellung in einem Prozeß des leidvollen Ringens der Natur ein Prinzip abtrotzt, das sie vorher noch niemandem mitgeteilt hat. Jemanden, der so tief in die Natur eindringt, daß sie ihm eines ihrer Geheimnisse offenbart, nennen wir »genial«.

Wahrheiten zu verlassen. Uns von ihnen leiten zu lassen, wohin sie uns auch bringen.
Denn: jedes System, auch das revolutionärste, stößt *immer* an Grenzen. Die Psychoanalyse stieß schnell an die Grenze des zweiten Lebensjahres. Darunter liegt nichts mehr, über das verhandelt werden könnte. Die Primärtherapie stieß schnell an die Grenze der Konzeption (Konzeptionsschock!). Darunter liegt nichts mehr, über das verhandelt werden könnte. Auch die Reinkarnationstherapie stieß schnell an die Grenzen der Inkarnationen – Atlantis – Lemurien – Hyperborea. (Namen sind Schall und Rauch). Darunter liegt nichts mehr, über das verhandelt werden könnte. Und in der demnächst zu begründenden Therapie gehen wir wahrscheinlich durch die Urknälle hindurch (»Gestern war ich vor dem 7. Urknall!«). Und dann jenseits von Zeit und Raum (Eternity-Therapy, abgekürzt E. T.).
Dagegen ist ja überhaupt nichts einzuwenden. Ich kann in jedem Thema mein (jetziges) Leben aufsuchen (wie schon gesagt: auch beim Nasebohren – siehe jetzt meine Biographie!) und daraus lernen, an welcher Stelle meine Seele gerade steht. Doch jedes System stößt, eben weil es Hilfsmittel ist, früher oder später an seine Grenzen, diese nämlich, daß man glaubt, etwas sei *so,* weil etwas anderes *so oder so* sei.
Die »Reise des Helden« ist »Spiel ohne Grenzen«, deshalb ist sie auch *kein therapeutischer Ansatz* und deshalb kann sie alle therapeutischen Ansätze verwenden, gerade wie es Spaß macht oder sinnvoll erscheint.
Sie kann Bioenergetik, Gestalt, Primär, Psychoanalyse, EST, Reinkarnation, Phantasie-Reisen, Astrologie, Tarot, Homöopathie, Bach-Blüten, Kabbala, I Ging, Runen, ja, Kaffeesatz und Nasebohren verwenden. Als *Hilfsmittel* für das »Kehre um und schau dir an, wer hinter dir steht!«, für das: »Du hast ein tiefes Geheimnis in dir, deshalb frage alles und jeden, das oder der dir entgegenkommt, nach seinem Namen«.
Und wenn du eine Antwort bekommen hast, halte dich nicht daran fest, denn du bist in einem Spiel ohne Grenzen, also

fange nicht an, deine Antworten als Grenzziehung zu verwenden in der Hoffnung: »Das ist jetzt so«. *Jetzt* ist es so, ja aber morgen schon nicht mehr.

Am liebsten erzähle ich Geschichten. Hier ist noch eine:

Im letzten Kapitel habe ich meinen Traum von der Azurstadt dargestellt, jener Stadt in den blauen Bergen, von der ich vorher nicht wußte, daß sie existiert. Dieser Traum hatte ein etwas abruptes, fast dämonisches Ende. Nachdem ich mich nämlich eine Weile in dieser Stadt aufgehalten hatte (sie war reizend, mit malerisch kleinen alten Gäßchen und einem sehr gemütlichen kleinen Café) sagte mir gegen Ende des Traumes der Bürgermeister den *wahren Namen* dieser Stadt. Er lautete: Theresienstadt. Das Malerische schlug um ins Grauen.

Sehr nachdenklich beschäftigte mich am nächsten Tag die Verbindung zwischen einer wunderhübschen (jenseitigen?) Stadt in den blauen Bergen und einem jüdischen Ghetto, dem ein Konzentrationslager angeschlossen war. (Zu dieser Zeit wußte ich noch nicht einmal, wo Theresienstadt lag.) Das Wort »nachdenklich« ist hier nicht ganz richtig. Indem ich mich nach »hinten« wendete, erahnte ich einen Zusammenhang – ohne ihn in Worte bringen zu können. Etwa 14 Tage später fuhr ich mit meiner Frau nach Prag. »Zufällig« gerieten wir in eine Synagoge, in der Kinderzeichnungen aus dem Konzentrationslager Theresienstadt ausgestellt waren. Fast alle dieser Zeichnungen enthielten im Hintergrund »blaue Berge«. Ein Umstand, der uns beide – meine Frau wußte von meinem Traum – wieder sehr »nachdenklich« stimmte. Wir hörten jetzt auch, daß Theresienstadt etwa 70 Kilometer von Prag entfernt liegt, und so fuhren wir am nächsten Tag hin. Schon 5 Kilometer vor Theresienstadt wurde mir die Landschaft vertraut. Blaue Berge tauchten im Vordergrund auf. Theresienstadt liegt inmitten des Erzgebirges, umgeben von Bergen, es war jene malerische Hügellandschaft aus meinem Traum.

Irgend etwas habe ich dabei begriffen – und ich weiß nicht genau, was. Es läßt sich in Worte schwer fassen. Nach diesem Besuch und der Besichtigung des Konzentrationslagers, der uns beide wieder sehr »nachdenklich« gemacht hatte, kam eine Art Heiterkeit über mich. Wieder einmal begriff ich, daß *jedes* Ding zwei Seiten hat: Vorn steht das Grauen, hinten der Frieden – oder umgekehrt. Diesseits das Dunkle, jenseits das Helle, unten die Nacht, oben der Tag. Mein Traum wollte es mir zeigen. Aber erst indem ich meinem Traum nachging, indem ich mich umdrehte – gewöhnlich steht der Besuch von Konzentrationslagern nicht auf meinem Urlaubsplan –, entschlüsselte sich mir ein Geheimnis.

Mit allen meinen Geschichten möchte ich etwas sagen, weiß vorher jedoch meist nicht, *was*. So auch mit dieser:

Lernen ist eine Reise. Und um etwas zu be-greifen, muß man in seine Nähe gehen. Sonst kann man es nicht anfassen, drumherumlaufen.

»Alles in der Welt ist versiegelte Botschaft. Der Signaturkundige entsiegelt das Geheime, es wird ihm zur Offenbarung, zum Heil. Die Schöpfung ist heilige Schrift, das betont Paracelsus immer wieder. Wer sich in die Signatur der Dinge versetzt und sie zu deuten vermag, wird, wie Böhme sagt, der göttlichen Weisheit inne.« (Herbert Fritsche)

Aber, um die versiegelte Botschaft zu entziffern, mußt du dort hingehen, wohin die Botschaft dich führt. Das ist nicht immer als eine wirkliche Reise zu denken. Doch mitunter mußt du auch reisen, zu jenen Orten, an denen du einmal warst, zu deinem Geburtshaus, dem Haus deiner Kindheit usw. Denn wer etwas schauen will, muß vor dessen Angesicht treten. Und auch das gehört normalerweise zum Schwersten.

Wir alle haben die Angewohnheit, die Dinge aus unserer Stube heraus zu betrachten.

Die meisten unserer Meinungen über das Leben haben wir uns zu Hause durch die Lektüre von Büchern oder durch das Fernsehen gebildet. Aber, um zu einer Erkenntnis heraufzukommen, mußt du buchstäblich herabsteigen, d. h. du mußt dich einlassen können auf den Abgrund, der sich vor dir (und in dir) auftut. Und dazu gehört, daß du dich einläßt.

Sich auf etwas »einzulassen«, heißt jedoch ebensoviel wie das

andere in dich »hineinzulassen«. Das ist der tiefe Sinn des Wortes »Lernen«.
Nehmen wir ein ganz einfaches Beispiel: du verbrennst dir die Handfläche oder die Finger, weil du »versehentlich« auf die heiße Brennplatte deines Ofens gefaßt hast. Vielleicht hast du geglaubt, sie wäre gar nicht an, jedenfalls hast du dir die Hand ganz schön schmerzhaft verbrannt. Du fluchst, ziehst deine Hand blitzschnell weg und hütest dich, sie noch einmal in die Nähe der Platte zu bringen. Deine erste Reaktion besteht also aus einem Entfernen der Hand weit aus dem Bereich der Platte. Flucht. Als zweite Reaktion drehst du meist den Wasserhahn (mit kaltem Wasser) auf, hältst deine Hand, die mit »Heißem« verbrannt wurde, unter »Kaltes«. Du reagierst gegensinnig, d. h. du versuchst die Wirkung des einen aufzuheben, indem du es mit seinem Gegenteil bekämpfst. Vielleicht schmierst du dir auch Brandsalbe drauf, das wäre dasselbe, in jedem Fall ein *Kampf* dagegen.
Beides – Flucht und Kampf – kannst du tun, beides hilft dir vorübergehend. Aber: keines von beiden heilt! Weder hilft es dir, das Feuer zu meiden, noch eine geschehene Verbrennung mit dem Gegenmittel zu bekämpfen. Ja, aber was heilt?
Fragst du einen Koch, also jemanden, der berufsmäßig mit heißen Herdplatten zu tun hat und der noch in einer alten Tradition steht, d. h. der sein Wissen als Koch von einer Generation von Köchen überliefert bekommen hat (möglicherweise sind das heute nicht mehr allzu viele), so wird er dir das antworten, was er einst von seinem »Meister« beigebracht bekommen hat: Hast du dir die Hand verbrannt, so bringe sie sofort wieder in die Nähe der gleichen heißen Herdplatte. Das erhöht zwar einen Moment lang deinen Schmerz, aber es verhindert, daß sich eine Brandblase bildet, die dich dann tagelang quält. Und auch die Heilung geschieht wesentlich schneller.
Köche haben in der Regel nichts von Homöopathie gehört. Tatsächlich ist hier – aus gelebter Erfahrung – das alte homöopathische Gesetz »Ähnliches kann nur mit Ähnlichem

geheilt werden« im Alltagswissen und – handeln gegenwärtig. Eine derartige Reaktion zeigt jedoch wesentlich mehr als die Bestätigung eines Gesetzes der Heilkunst. Es illustriert sehr schön den Zusammenhang, um den es hier geht: »Lasse dich ein!« Laufe nicht weg, kämpfe nicht, sondern *bringe dich in die Nähe des Geschehens.* Nur dort kann Heilung erfolgen. Nur dort kannst du etwas lernen.

Hast du ein Symptom, und mit Symptom meine ich nicht nur eine Brandblase, ich meine auch: eine ›untreue‹ Frau, einen Verkehrsunfall, eine Kündigung, dein Kind wird krank usw. usw., so flüchte nicht (jedenfalls nicht zu weit weg – selbstverständlich mußt du dich und dein Kind als erstes aus der unmittelbaren Gefahrenzone bringen, denn um etwas lernen zu können, mußt du zunächst einmal überleben) und kämpfe nicht sofort los (natürlich kann es erforderlich sein, erst einmal zu kämpfen: wenn dein Haus brennt, halte also nicht die Feuerwehr davon ab, Wasser hereinzupumpen), sondern bringe dich selbst in die Nähe des Symptoms, lasse dich auf das Symptom ein. Lasse dich in es hineinfallen.

Nur dann wirst du seinen Sinn in dich aufnehmen. Nur dann wirst du lernen, *warum du dir heute* »die *Finger verbrannt* hast«. Denn über eines solltest du dir klar sein: sich die Finger zu verbrennen, hat nichts zu tun mit einer heißen Ofenplatte, auch nicht damit, daß einer sie »zufällig« angelassen hat, sondern nur mit dir.

Neues Beispiel: angenommen du bist eine Frau und du bekommst auf einmal eine unglaublich starke Regelblutung, innerhalb von Minuten ist alles vollgeblutet, aber 5 Minuten später ist alles wieder vorbei. Du hast Angst, es könnte etwas nicht in Ordnung sein, es quält und ängstigt dich, *so lasse dich ein.* (Du kannst auch erst zum Arzt gehen, wenn es dich beruhigt.) Angenommen es war der 5. Februar, an dem das passiert ist. Lasse dich ein.

Gehe alle 5. Februare deines Lebens zurück. Was war da? Vielleicht kommst du lange nicht dahinter, aber wenn du dabei bleibst, kommst du drauf. Du entdeckst dann vielleicht, daß du

am 5. Februar vor 7 Jahren eine Fehlgeburt hattest (oder eine Abtreibung usw.) und mit dieser Fehlgeburt bist du noch nicht fertig. Sie liegt jetzt auf deinem Weg, auf deiner Heldenreise, und du sollst sie dir anschauen, um ein ganz bestimmtes Prinzip deines Lebens kennenzulernen. Denn damals hattest du dieses Prinzip und das Ereignis zur Seite geschoben, du wolltest nicht hinschauen, was es für dich zu bedeuten hat. Vielleicht konntest du es damals noch nicht. Heute kannst du es. Deshalb kommt ja *heute* die Erinnerung daran *in dieser Form* in dir hoch. Will heraus. Lasse dich ein. Höre zu. Es ist immer so, daß eingesperrte Ereignisse (»Schatten«) aus uns heraus in die Bewußtheit wollen. Eigentlich brauchen wir nur zuzuhören. Doch erscheint der Schatten meist in so bedrohlicher Gestalt, daß du auch heute noch nicht zuhören, dich auch heute noch nicht einlassen willst. Aber drücken kannst du dich nicht. Denn du mußt wissen: solange du nicht zuhörst, verbrennst du dir immer wieder die Finger, blutest du immer wieder von innen heraus.
Denn: auch die Brand*blase* (die dich jetzt körperlich erweitert, sozusagen deinen Körper um die Blase ausdehnt) oder das Blut, das nach außen will (und damit auch wieder dich – nach außen hin – erweitert) geben dir schon Hinweise, daß es um eine Erweiterung geht, um ein Sich-Weiten.
Aber solange dieses *Weiter*werden auf der körperlichen Ebene steckenbleibt, solange dein Bewußtsein nicht ebenfalls weiter wird, ist eine Ungleichheit vorhanden. Denn leider geht es nicht darum, den Körper zu erweitern; all diese Symptome drücken symbolisch aus, daß dein *Geist,* deine *Seele,* dein *Bewußtsein weiter werden will.* Bleibst du aber auf der körperlichen Ebene stehen, muß das Spiel so lange weitergehen, bis endlich auch dein Bewußtsein diesen Schritt ausführt. Ohne Erweiterung deines Geistes nützt die körperliche Erweiterung nichts. Im Gegenteil, du leidest daran.
Schau dir dicke Menschen an (vielleicht bist du ein solcher). Ihr *Körper* signalisiert: ich mache mich jetzt *weit* als Hinweis für dich, daß es Zeit ist, daß du endlich einen Bewußtseinsschritt

vollführst. Du hängst fest, du hast zu viel in mich hineingesteckt, zuviele Pläne, Hoffnungen, Erwartungen und jetzt mußt du so viel essen als Hinweis für dich, daß du mich permanent zu vollgestopft hast. Ich brauche nicht das ganze Essen, ich brauche nicht so viele Süßigkeiten oder so viel Bequemlichkeit, meine Grenzen werden mir zu eng, aber es sind die Grenzen des Bewußtseins, die mir zu eng sind. Deine Grenzen sind zu starr – erweitere sie endlich. Versuche ein neues Spiel, ein Spiel ohne Grenzen. Fange an damit.

Schau dir einen Alkoholiker an (vielleicht bist du ein solcher): seine *Leber* signalisiert: ich schwelle jetzt an, ich mache mich *weit* als Hinweis für dich, daß du endlich einen Bewußtseinsschritt ausführst. Du hängst fest, du hast mir zuviel zugemutet. Ich brauche keinen Alkohol. Meine Grenzen sind mir zu eng, aber als Leber bin ich – nach alter überkommener Weisheit – das Organ der Einsicht, deshalb erweitere deine Einsichten, erweitere dein Bewußtsein. Dann kann ich wieder auf mein normales Maß schrumpfen – denn ich bin nur ein Symbol.

Man kann diese Beispiele beliebig erweitern. Alle zeigen dasselbe, jedes Symptom zeigt dir nur eins: du bist zu eng. Öffne dich.

Diese Dynamik gilt immer. Sie gilt auf der untersten Ebene der Brandblase bis zu den höchsten Ebenen der Vollkommenheit. Auch hierfür ein Beispiel:

»Daß der heilige Franz von Assisis die Vögel belehrte, und daß diese ihn verstanden, ist ein Zeichen hohen Grades von Erlösung. Er verstand diese Tiere und verspürte ohne weiteres verwandtes Wesen zwischen sich und ihnen dadurch, daß er Einlaß in ihre Idee hatte. Er wurde ein Wesen mit ihnen: kein Wunder, daß sein Sprechen ihnen zugänglich war. Es gibt auch Menschen, die mit der Tatsache des körperlichen Schmerzes so vertraut sind, d.h. die die Idee des Schmerzes so ganz in sich aufgenommen haben, daß sie selbst sich nicht mehr von ihm unterscheiden und ihn also nicht spüren. Denn man spürt nur, was verschieden ist, nur das Differente.« (Blüher: In medias res)

Man spürt nur, was verschieden ist, was unterschieden ist, was nicht eins ist mit uns. Und nur daran leidet man. Dieser

Unterschied gilt bis in den letzten Atemzug hinein. Nur wenn du den Tod kennengelernt hast, wenn du ihn ganz in dich hast einziehen lassen, wenn du tatsächlich mit dem Tod auf Du stehst (»Lebe dein Sterben« heißt der sehr treffende Titel eines Buches von Stanley Keleman). Nur wenn du vor dem Sterben keine Angst mehr hast, hast du auch vor dem Leben keine Angst mehr. Es kann dir dann nichts mehr passieren.
Der Satz eines bekannten Philosophen (Adorno) lautet: »Nur wenn, was ist, sich ändern läßt, ist das, was ist, nicht alles!« Er könnte heißen: »Nur wenn, was ist, in dich Eingang findet, ist das, was du bist, alles!«
Diesen Sachverhalt hat, wie vor ihm schon jahrtausendelang alle Mystiker, Hermann Hesse ebenfalls formuliert:

»Tief in dir weißt du recht gut, daß es nur eine einzige Magie gibt ... und die heißt Liebe. Liebe somit dein Leiden. Kämpfe nicht dagegen an und fliehe nicht vor ihm.
Gib dich ihm hin.
Es ist nur deine Abneigung, die schmerzt und nichts anderes.«

Deutlicher kann man es kaum ausdrücken: Was wehtut, ist das Nicht-Hinschauen. Es ist die Enge, die schmerzt.
Das Wort ›Angst‹ kommt von ›Enge‹, und mehr ist zu diesem Wort wirklich nicht zu sagen.
Die »Reise des Helden« ist eine Reise in die Enge. Indem du in die Angst hineinreist, verschwindet sie augenblicklich. Es beginnt ein Spiel ohne Grenzen, ohne Begrenzungen.
Einen Fehler solltest du aber nicht machen: Warte nicht auf Ergebnisse. Denke nicht, wenn du dich einmal umgewendet hast, müßte die Erleuchtung über dich kommen. Oder gar, du müßtest dann *wissen,* warum etwas so ist. Es gibt oft Schilderungen, in denen jemand sich ein Stück Schatten angesehen hat, und auf einmal war die Welt verändert. Jetzt wüßte er, warum er immer Kopfschmerzen hat, jetzt auf einmal sei es ihm wie Schuppen von den Augen gefallen. Es gibt solche Erlebnisse in der Tat, doch 99 Prozent derartiger Schilderungen sind Glamour.

Wir alle warten darauf, daß es einen Schlag tut und dann sind wir aus allem heraus. Sei mißtrauisch, am meisten bei dir. Glaube nicht an Schläge. Sie wollen dich täuschen. Die deutlichsten Veränderungen sind die, die du erst nach Monaten merkst. Gottfried Keller sagt: »Der liebe Gott verhält sich mäuschenstill, darum regiert er die Welt«. Es ist die gleiche Aussage wie: »Was wird, wird still.« (Wilhelm Raabe). Jemand, der herumläuft und erzählt, was sich bei ihm schon alles verändert hat, möchte sich etwas nicht eingestehen. Er will andere nur deshalb überzeugen, weil er selbst nicht überzeugt ist.

Von jeder Therapie, die »toll« ist, laß erst einmal die Finger und Dankschreiben begeisterter Patienten sollten für dich ein Grund sein, besser zu jemandem zu gehen, der »unmöglich« ist (obwohl das leider auch keine Garantie ist). Es gibt keine Rezepte für das »Umdrehen« und es gibt keine Erfolge im Handumdrehen. »Was wird, wird still.« Und du merkst es kaum.

Wenn dir irgendwann einfällt, daß du ja schon lange keine Kopfschmerzen gehabt hast – obwohl du eigentlich deshalb deine Reise angetreten hast – dann hast du etwas zu dir geholt, was du vorher nicht bei dir hattest. Aber natürlich bist du jetzt schon wieder ganz woanders, bei einem ganz anderen »Problem« (= Thema deiner Heldenreise), von dem du vorher noch nicht einmal wußtest, daß es in dir steckt. Etwas, was dich jetzt so sehr beschäftigt, daß du dich demnächst »weiten« wirst. Und wenn du dort *weit* genug bist, daß auch dieses Problem verschwunden ist, merkst du es wieder gar nicht, weil du ja schon wieder ganz woanders bist ... Spiel ohne Grenzen.

Ja, hört denn das nie auf?

Nein, es hört nie auf!

Es gehört zu deiner Philosophie (ganz tief drinnen), daß du irgendwann einmal »durch« bist (*den* idealen Partner gefunden hast, *den* idealen Beruf, *die* idealen Arbeitsbedingungen, *die* ideale Figur, *die* idealen Kinder – oder doch wenigstens ein *bißchen* davon), aber es ist diese Philosophie, die schmerzt.

Diese Bedingungen gibt es nicht, oder besser gesagt, du hast sie längst. Beides gilt. Und beides macht dich verrückt.
Aber die anderen haben mitunter das alles!
Ja, das stimmt, aber ihnen fehlt dann etwas ganz anderes. Etwas vielleicht, was du schon längst hast.
Eine Deutsch-Rock-Gruppe singt: »Was ich will, das krieg ich nicht und was ich krieg, gefällt mir nicht.«
Ja eben, deshalb kriegst du es ja.
Dem größten Geheimnis des Lebens ist die kleine Anna auf die Spur gekommen, als sie erklärte, warum diese Blumen, die da auf dem Tisch stehen, »gelb« sind. (Und nicht etwa rot oder blau.) Sie sehen deshalb »gelb« aus, weil sie die Farbe gelb zurückwerfen. Also: »wenn die Blumen da gelb zurückwerfen, dann *mögen* sie eben gelb nicht. Sie behalten alle Farben, weil sie sie gern haben, bloß die eine nicht.«
Anna meinte damit, daß die gelben Blumen *alle anderen* Farben in sich hineingelassen haben, sich auf alle anderen Farben eingelassen haben, nur auf die gelbe Farbe nicht. Für diese eine Farbe sind die Blumen noch nicht *weit* genug. Und jetzt haben die gelben Blumen ihr ganzes Leben lang Zeit, die Farbe gelb lieben zu lernen. Zu lernen, daß auch gelb eine Farbe ist, die so ist, wie alle anderen Farben auch. Und es gibt keinen, absolut keinen Grund, nicht gelb zu sein.
Sollte die gelbe Blume eines Tages alle Farben in sich aufgenommen haben, auch die gelbe Farbe, dann gibt sie keine Farbe mehr her, dann behält sie alle Farben in sich, und übrig bleibt reines Weiß. Dann strahlt die Blume in der Farbe, die alle anderen Farben in sich aufgenommen hat: Weiß.
Ein strahlendes Weiß, ein Gleißen, ein Funkeln, es ist eine Farbe, die sonst nur vorkommt im »Heiligenschein«, jener Strahlung über dem Kopf eines erlösten Menschen, die in der Natur nur wenige wahrnehmen, die wir aber alle von den Bildern alter Meister kennen. Auf solchen Bildern wird dieser Schein freilich mit der Farbe »Gold« wiedergegeben. Warum? Das ist wieder eine ganz eigene Geschichte.

Ein praktischer Hinweis für das »Spiel ohne Grenzen«

Das »Spiel ohne Grenzen« beginnt (meist) an einer Stelle, wo die alltäglichen Verrichtungen des Alltags auf einmal empfindlich unterbrochen werden. Zumeist recht schmerzhaft tritt ein Ereignis auf, das entweder von *innen* (körperliche Schwierigkeit, Krankheit, Angst, Befürchtung, usw.) oder von *außen* (der Tod eines nahen Menschen, eine Trennung, eine Kündigung, finanzielle Schwierigkeiten, Krankheiten, die dir außen begegnen, ein Unfall, usw.) dein Bewußtsein berührt und dich zu der Frage veranlaßt: »Warum denn jetzt wieder das?« Du erlebst es als ein »Übel«. Und es ist dabei vollkommen unerheblich, ob es von innen oder von außen kommt, in jedem Fall geht es um einen Lernprozeß, in den du jetzt verwickelt wirst. Es geht um etwas, was sich um dich herumwindet, was du in dich hineinnehmen sollst, es geht um einen Bewußtseinsschritt. Dein Bewußtsein soll (will) sich weiten.

Das ist der Beginn. Du trittst ein in das Spiel. Und jeder Eintritt in das Spiel ist verbunden mit einem Ereignis oder mit einer Feststellung, das oder die dir nicht ›paßt‹. Immer. Und – wie du weißt – liegt in jeder Formulierung ›das *paßt* mir nicht‹ schon der Hinweis, daß du (dein Bewußtsein) vorerst noch zu *klein* und die Sache, um die es geht, vorerst noch zu *groß* ist. Sie paßt noch nicht in dich hinein. Du trittst also ein in das Spiel, so wie du in das »Mensch ärger dich nicht«-Spiel mit einer gewürfelten »Sechs« hineingelangst. Jetzt bist du drin.

Worum geht es bei diesem Spiel? Es geht immer um das Aufdecken eines *Geheimnisses*. Zwar ist es ein Spiel, doch es ist noch nicht so formalisiert, daß es Ähnlichkeit mit »Mensch ärger dich nicht« hätte – außer vielleicht, daß du dich ärgerst. Jedes Spiel (das man spielen kann) und jedes Leben (das man leben muß) hat drei unabdingbare Bestandteile. Erstens: du trittst ein auf eine bestimmte Weise. Und die Art und Weise des *Eintritts* sagt dir schon sehr viel darüber, worum es bei diesem Spiel geht. Deshalb zeigt dir die Art deiner Geburt auch schon das Thema deines Lebens an, ebenso wie dir jedes Symptom, das du hast, schon den Themenbereich angibt, den du zu lösen (von dem du dich zu lösen) hast. Zweitens: es gibt den *Weg* (die ›Reise des Helden‹), der dich über verschiedene Stadien an dein Ziel bringen wird. Drittens: es gibt ein *Ziel* und du weißt vorher nie, wie es aussieht.

Diese Dreiteilung* gilt für das Ganze (eines Lebens) ebenso wie für jedes Einzelphänomen, das dir im Laufe deines Lebens entgegentritt.

Du hast also einen Spielplan vor dir, der einen Anfang hat: das erste Feld, und darauf steht geschrieben (als ein Beispiel unter 1000): »Immer wenn ich mich mit meiner Freundin treffe, ist es erst ganz harmonisch, doch dann macht sie irgend etwas, und wir beide fühlen uns nach spätestens zwei Stunden beschissen, wir streiten uns dann wie die Besenbinder!« (Ebensogut könnte dort stehen: »Meine Firma hat mir gekündigt!« oder »Ich bin zuckerkrank.«) Wie das erste Spielfeld aussieht, weiß jetzt jeder selbst, wenn er sich sein Leben oder seinen aktuellen Konflikt anschaut.

Noch etwas ist bekannt: das letzte Spielfeld. Es ist das, wo du hinwillst, und ganz sicher ist es so, daß dort ein riesengroßes Fragezeichen steht. Das Fragezeichen bedeutet »Geheimnis«. Dort sollst du hin, dort willst du hin, dort ist deine Heimat, also geh-heim!

Zwei Dinge sind ganz sicher. Das erste: vergiß alles, was du *glaubst,* wie dieses Geheimnis aussehen könnte. Es ist hier wirklich das Wichtigste, was du dir klarmachen mußt: alles, wirklich *alles,* was du dir darüber am Anfang vorstellst, ist falsch. Noch nicht einmal wenn du ein Feld vor dem Ziel bist, hast du eine Ahnung, wie es aussehen könnte, und am Anfang des Spiels bist du blind wie ein Maulwurf. (Leider hast du

* Für astrologisch Interessierte: man kann diese Dreiteilung ebenfalls im Horoskop und in jedem Märchen ablesen: Astrologisch wird der erste Schritt, der Eintritt, vom Aszendenten, der zweite Schritt, der Weg, vom Sonnenstand und der dritte Schritt, das Ergebnis, vom MC symbolisch dargestellt. Im Märchen ist der erste Schritt die »Verzauberung«, der zweite der Weg des Frosches durch das Märchen und der dritte Schritt: die Erlösung, da fliegt der Frosch an die Wand.

jedoch schon ziemlich genaue Vorstellungen, was es sein könnte. Diese Vorstellungen haben jedoch nur die Funktion, das Spiel so zu erschweren, dir das Leben so schwer zu machen, daß du weiterhin mit voller Kraft in Richtung auf das Ziel marschieren mußt.)

Das zweite ist folgendes: *bevor du nicht weißt,* wie das Ziel aussieht, glaubst du, es sei das finsterste Geheimnis, daß du je in deinem Leben entdecken wirst. Reiner Horror. Auch noch wenn du es entdeckst, bist du entsetzt über die Häßlichkeit dieses Frosches, der du bist. Aber *danach* merkst du, daß es die Entdeckung eines *Schatzes* war. Der Frosch wird zum strahlenden Jüngling.

Ich begreife deshalb dieses Spiel gern als Schatzsuche. Es heißt: *Entdecke das Geheimnis des Schatzes.* Damit sind Anfangspunkt und Ziel beschrieben. Zwischen diesen beiden Punkten liegt der *Weg.* »Die Reise des Helden«. Und es sind in der Regel sehr viele Schritte notwendig, um vom »Ausgangspunkt« zum »Endpunkt« zu gelangen. Das Problem ist folgendes: du weißt nie, wie viele Schritte du zu gehen hast, denn die Zahl der Schritte (und auch deren Richtung) ist auf dem Spielplan nicht vorgezeichnet.

Du hast eigentlich nur einen großen Bogen Papier. Links unten ist der Ausgangspunkt »A« eingezeichnet, rechts oben der Endpunkt »B«.

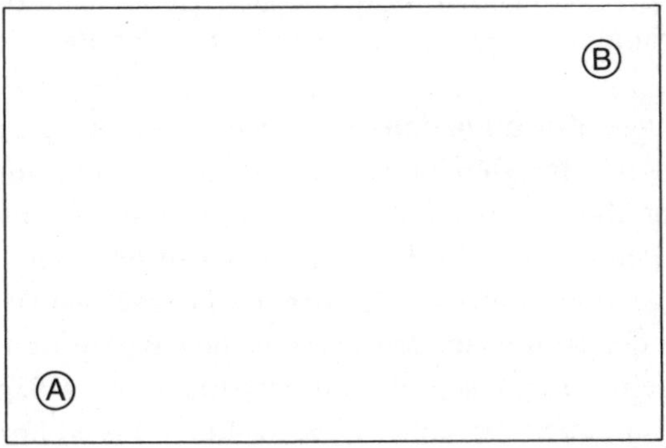

Und jetzt gehst du los.

Der erste Schritt ist die »Umkehr« des Denkens: vom jammernden und verzweifelten »Warum passiert das immer mir?« zum »Was soll es mir sagen?«, »Welche Botschaft enthält das Symptom?«
Beginnst du einmal so zu fragen, erhältst du in kürzester Zeit Hinweise (»Ereigniskarten«): Du triffst einen Freund, den du lange nicht mehr gesehen hast. Du hast einen Traum, dessen Inhalt dir etwas sagen wird. Du verbringst einen schönen Abend vollkommen außerhalb deiner Routine. Deine Hände fangen an zu zittern. Deine Augen tränen. Du findest ein wichtiges Buch. Das alles trägst du in deinen Spielplan ein:

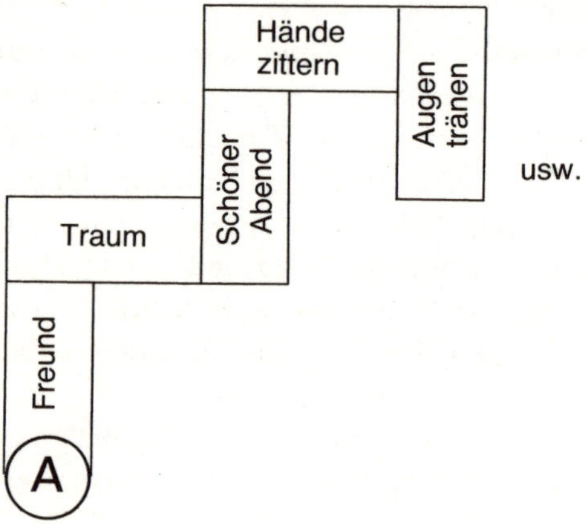

Führe ein Tagebuch (für den Tag) und ein »Nächtebuch« (für deine Träume), in denen du jedes Detail der Reise aufzeichnest.
Vielleicht gehörst du zu den Menschen, die von sich sagen: »Ich träume nie« oder »Ich kann meine Träume nicht erinnern«, so mache dir klar, daß das Unsinn ist. Verwende folgenden Trick: Jeden Abend, wenn du das Licht gelöscht hast, gib dir selbst eine Suggestion: »Sobald ich morgen früh wach werde, fällt mir als erstes der Traum ein, den ich heute Nacht geträumt habe. Er fällt mir ein und ich schreibe ihn sofort nieder!« Sage diesen Satz mit deinen eigenen Worten fünf- bis zehnmal sehr ernsthaft und eindringlich, und ich bin sicher, daß du spätestens

nach einer Woche jeden Morgen einen Traum in dein Buch einträgst.
Alles, *alles,* was dir begegnet, wenn du dir einmal diesen Spielplan angelegt hast, ist ein Hinweis für deinen Weg. Probiere neue Dinge aus, gehe neue Wege, lies neue Bücher, höre auf mit deiner Routine. Denke daran, Routine ist nur dazu da, dich in Sicherheit zu wiegen. Diese Sicherheit ist trügerisch: sie ist keine, und außerdem müssen die Dinge dann von hinten kommen. Dich überfallen. Heimtückisch dir in den Nacken schlagen. Auch das ist der Vorteil des ›Kehre dich um‹: alles, was vorher blind von hinten kam, kommt jetzt von vorne, du kannst es sehen, kannst dich lange vorher mit ihm beschäftigen und ihm entgegengehen, statt dich davon überfallen zu lassen.
Ich meine das wirklich so: Zeichne dir den Plan dieses »Spiel ohne Grenzen«. Nimm es aber nicht *zu* ernst, es ist ein Spiel, *spiele* es. Denn: du spielst es ohnehin.
Es gibt nur zwei Möglichkeiten: du weißt, du bist in diesem Spiel, und du setzt dich mit jedem Schritt, mit jedem Ereignis so auseinander, daß dir die Botschaft deutlich wird. Oder du weigerst dich zu akzeptieren, daß du in diesem Spiel bist und lamentierst: »Schon wieder ich!«
Natürlich du! Wem sonst solltest du auf *deiner* Reise begegnen. Deshalb machst du ja diese Reise. Du hast nur die Wahl zwischen der bewußten und der unbewußten ›Heldenreise‹. Auf deiner *Reise* bist du immer. Aber du könntest jetzt anfangen, *deine* Reise zu verstehen.
Und schiele nicht nach dem Ziel. Du wirst es nie erreichen, *der Weg ist das Ziel.* Denn spätestens nach vier Monaten bist du schon wieder in einem ganz anderen Spiel. Was vorher das Ziel war (B), liegt jetzt vielleicht schon hinter dir (du hast es möglicherweise gar nicht bemerkt), denn du bist schon längst einem neuen Geheimnis, einem neuen Schatz auf der Spur in deinem »Spiel ohne Grenzen«.
Denn das letzte Ziel dieses Spiels ohne Grenzen ist es: grenzenlos zu werden. Du zu werden – ganz allein, mit deiner ganzen Figur.

Nachwort

Jeder Gedanke auf dieser Welt ist bereits gedacht worden. Bücher können deshalb nichts anderes sein als das Wiederkäuen bereits gedachter Gedanken. So ist auch dieses Buch zu sehen.

Es gibt in mir eine große Dankbarkeit jenen Menschen gegenüber, die mir im richtigen Moment mit den richtigen Hinweisen für meine eigene Reise entgegentraten.

An erster Stelle nenne ich hier meine Klienten, die mir vertrauensvoll große Teile meines Weges gezeigt haben. Die mich sogar noch dafür bezahlt haben daß ich etwas lernen durfte. Ich danke Euch.

Ebenso die vielen Studenten der Frankfurter Universität, die mir nicht nur die Gelegenheit gaben, meine Ideen auszuprobieren, sondern die darüber hinaus durch ihre Kritik, ihren Mut und – nicht zuletzt – ihre oft freiwillig erstellten Protokolle die Möglichkeit gaben, viele Dinge zu verstehen, die ich vorher nicht verstand. Herzlichen Dank dafür!

Weit mehr Anregungen, als ich je durch Literaturhinweise kenntlich machen könnte, verdanke ich zwei »Pionieren« der Heldenreise: Jean Houston und Thorwald Dethlefsen. Aus ihren Texten und aus ihren Seminaren habe ich bedenkenlos das Material genommen, das mir für dieses Buch brauchbar erschien. Für die Erfahrungen, die ich selbst auf ihren ›Reisen‹ machen durfte, bin ich sehr dankbar.

Literatur

Für die eigene »Reise« findet der Leser in der folgenden Zusammenstellung empfehlenswerter Literatur vielleicht »seine« Hinweise:

Im Buchhandel erhältliche Titel:

Joseph Campbell: Der Heros in tausend Gestalten, Frankfurt a. M.: Suhrkamp, 1978.
Dante Alighieri: Die Göttliche Komödie, München: dtv, 1978.
Thorwald Dethlefsen: Schicksal als Chance, München: Goldmann, 1982.
Thorwald Dethlefsen: Das Erlebnis der Wiedergeburt, München: Goldmann, 1978.
Betty Edwards: Garantiert Zeichnen lernen, Reinbek: Rowohlt, 1982.
Michael Ende: Momo, Stuttgart: Thienemann, 1973.
Michael Ende: Die unendliche Geschichte, Stuttgart: Thienemann, 1978.
Herbert Fritsche: Die Erhöhung der Schlange, Göttingen: Burgdorf, 1980.
Herbert Fritsche: Samuel Hahnemann, Göttingen: Burgdorf, 1980.
Herbert Fritsche: Der große Holunderbaum, Göttingen: Burgdorf, 1982.
Fynn: Hallo, Mister Gott, hier spricht Anna, Frankfurt a. M.: Fischer TB, 20. Aufl. 1981.
Liz Greene: Kosmos und Seele, Frankfurt a. M.: Krüger, 1978.
Jean Houston: Life-Force, New York: Delacorte Press, 1980.
James Hillmann: Träume – Brücke der Seele, München: Kösel, 1983.
I Ging, das Buch der Wandlungen, Düsseldorf: Diederichs, 1980.
Sheldon B. Kopp: Triffst Du Buddha unterwegs . . ., Frankfurt a. M.: Fischer TB, 1982.
Sheldon B. Kopp: Kopfunter hängend sehe ich alles anders, Düsseldorf: Diederichs, 1982.
Manfred Kyber: Die drei Lichter der kleinen Veronika, Engelberg/München: Drei Eichen, 8. Aufl. 1981.
Robert Masters und Jean Houston: Mind Games. Deutsche Ausgabe in Vorbereitung. München: Kösel, 1984.

Erich Neumann: Ursprungsgeschichte des Bewußtseins, München: Kindler, 1978.
Papus: Tarot der Zigeuner, Interlaken: Ansata, 1981.
Mechthild Scheffer: Bach Blütentherapie, München: Hugendubel, 1981.
Karl Otto Schmidt: Das abendländische Totenbuch, 2 Bde., München: Drei Eichen, 1976 und 1978.
Arthur Schult: Dantes Divina Comedia als Zeugnis der Tempelritter-Esoterik, Bietigheim: Lorber, Turm, 1979.
Nur noch über Bibliotheken zu bekommen:
Hans Blüher: Traktat über Heilkunde, Jena, 1926.
Hans Blüher: Die Achse der Natur, Hamburg, 1949.
Robert Ornstein: Die Psychologie des Bewußtseins, Frankfurt a. M., 1976.

Musik, die für Phantasiereisen zu empfehlen ist

Georg Deuter: Ecstasy, Kuckuck 044
Michael Garrison: In the Regions of Sunreturn, Windspell Records
Harald Grosskopf: Synthesist, sky records
Kitaro: Oasis, Kuckuck
Kitaro: Silk-Road, Kuckuck
Kitaro: KI, Kuckuck
Claude Larson: Panorama, Selected Sound
Enio Morricone: Der Profi
Michael Rother: Flammende Herzen, sky records
Robert Schröder: Floating Musik, IC
Klaus Schulze: moondawn, Isadora
Klaus Schulze: Bodylove, metronome
Klaus Schulze: X, ariola
Klaus Schulze: Trancefer, ic records
Tangerine Dream Live: Encore, Virgin records
Vangelis: Spiral, RCA
Vangelis: Ingnatio, Barclay
Vangelis: Opera sauvage, Polydor
Vangelis: La fete sauvage